조선왕조 MBTI 실록

일러두기

▸ 인물명, 지명 등은 국립국어원의 표기법을 따르되 일부는 절충하여 실용적인 표기를 따랐다.

▸ 도서는 『　』로 표기하고, 미술작품과 영화, 드라마, 시 등은 〈　〉로 표기했다.

▸ MBTI는 '마이어스 브릭스 유형 지표(Myers-Briggs Type Indicator)'의 줄임말로 성격유형을 16가지로 구분해 놓은 지표로, 크게 4가지 선호지표로 분류된다.

E 외향형	←	관심 방향	→	I 내향형
S 감각형	←	인식 방법	→	N 직관형
T 사고형	←	판단 기준	→	F 감정형
J 판단형	←	생활 방식	→	P 인식형

조선왕조 MBTI 실록

조선왕조MBTI실록의 시작

조 짜는 데 진심인 선생님의 작전하에 MBTI 궁합으로 맺어졌던 아이들은 기대 이상의 시너지 효과를 발휘했다. 학기 초라 어색했던 친구들 사이는 금세 가까워졌고, 서로의 장점을 활용하거나 단점을 이해해갔다.

'오! 굿 타이밍!'

나는 아이들이 만들어 낸 MBTI의 효과와 흥미를 놓칠 수 없어 수업활동으로 역사 인물의 MBTI를 분석하는 시간을 가졌다. 태조 왕건과 태조 이성계를 MBTI로 비교하면서 고려와 조선의 개국 초반의 흐름에 대해 이야기 나누는 방식으로 말이다. 결과는 매우 성공적이었다.

호족을 포섭하여 고려를 세웠던 왕건은 절대적인 '외향형 E'가 나왔다. 그에 비해 노래 '말 달리자'를 부르며 군을 호령했을 이성계는 '외향형 E'라는 의견과 훗날 '함흥차사'를 고수하며 칩거했으니 '내향형 I'라는 의견으로 갈렸다. 그 후에도 아이들은 역사 인물을 분석할 때마다 하하호호 열심이었다. 대부분의 리더들에게서 '판단형 J'를 발견하기도 했고, 교과서에 나오지 않는 내용 속에서 '인식형 P'를 찾아내기도 했다. 찾아낸 사료를 통해 각기 다른 해석이 나오자 갑론을박 떠들썩해지며 어느새 교실은 활기가 넘쳤다. 마치 역사 인물들이 살아나 함께하는 듯 교실 가득 역사가 출렁거렸다.

아이들이 너무 기특하여 교실 뒤에 '역사 인물 MBTI 게시판'을 만들어두었더니 다른 학년 아이들까지 덩달아 난리였다.

> "오예, 나 세종대왕이랑 같은 MBTI야!"
> "어? 고려 광종 들어본 것 같은데… 나랑 같은 MBTI라니 검색 들어간다!"
> "너도 ENFP야? 어쩐지…."
> "이 인물은 나처럼 완벽주의가 분명해."

MBTI의 인기 덕분에 아이들이 늘 지루해하는 정치사 수업을 유쾌하게 마쳤던 기억이 새록새록 나는 날이다. 나의 『조선왕조MBTI실록』은 이렇게 시작되었다.

역사 공부의 시작

역사책을 폈을 때 머리가 아득해지는 사람들은 낯가림이 심한 INFP나 INFJ일 가능성이 높다고 생각한다. 물론 그들은 자신과의 관심사가 비슷한 사람을 만나거나 뭐 하나에 꽂히는 순간 누구보다 푹 빠지는 사람들이기 때문에 특정한 역사 인물에 대한 전문가가 될 가능성도 매우 높지만 말이다. 물론 역사에 대한 호불호는 MBTI로만 설명하기 어렵다. 하지만 학교에서 아이들을 지켜봤을 때, 주로 '감정형 F'인 아이들이 역사에 대한 흥미를 많이 보였다. 같은 이야기에도 각기 다른 공감 반응을 보이는 것과도 관련이 있을 것이다. 열심히 노력하는데도 성적이 잘 나오지 않아 슬퍼하며 "역사 공부도 재능인 것 같아요!"라고 말하던 아이의 말에 진정 역포자를 구할 방법은 없을까에 대해서 자주 고민했다.

역사는 역사 속에 아는 인물들을 많이 만들어서 마음껏 반가워하고 궁금해야 가까워질 수 있는 과목이라고 생각한다. 자꾸만 아는 척하고 싶어져야 하고, 더 알고 싶어져서 물음표가 마구 생성되는 것처럼 말이다. 물음표가 열쇠가 되어 미지의 세계로 가는 문이

저절로 열릴 수 있도록 하는 것이 중요하다. 역사책 속에서 자신과 비슷한 사람을 만나 인생 해법도 들어보고, 책을 펼 때마다 반가운 사람들을 만나는 마음이 들 수 있도록 하는 것이 가장 즐거운 역사 공부의 시작이 아닐까?

체크리스트로 시작

자, 우선 내가 어떤 사람인지를 아는 것이 가장 중요하다. 다음 항목 중 자신에 해당하는 것에 체크해보자!

☐ MBTI에 진심이다.

☐ MBTI에 대해 들었을 땐 폭풍 공감하다가도 뒤돌아서면 뭐였더라 하게 된다.

☐ MBTI를 믿지는 않지만 은근히 재밌긴 하다.

☐ 역사는 좋지만 여전히 낯설다.

☐ 역사와 제발 친해지고 싶다.

☐ 역사 인물 이름을 들으면 알 것도 같은데 사실 잘 모르겠다.

☐ 태정태세문단세 밖에 모른다.

☐ 성공과 실패에 대한 이야기가 필요한 시간을 보내고 있다.

☐ 인생의 터닝 포인트가 필요하다.

☐ 잔소리가 필요하다.

위 항목 중 한 개 이상 선택했다면 감히 『조선왕조MBTI실록』이 딱이라고 말하고 싶다. 이 책에는 역사에 한 획을 그을 정도로 성공한 사람들도 있고 실패의 쓴맛을 제대로 맛본 사람들도 있기 때문이다. 그 안에서 나와 내 주변 사람들을 발견하는 재미를 듬뿍 느낄 수 있기를 바란다.

시작

세 아들의 엄마로만 살다가 용기 내어 시작한 국제학교 역사교사를 13년째 하고 있다. 역사의 재미를 널리 알리고 싶어서 만든 블로그 '세상에서 가장 영화로운 수업'을 통해 좋은 사람들을 많이 만나 흥미로운 컨텐츠를 나눴다. 이것도 모자라 실록 스터디 모임인 '역사라면'까지 만들어 라면님들과 함께 역사에 깊이 파고들었다. 『박시백의 조선왕조실록』을 읽다가 역사 인물 MBTI 이야기를 전해드렸더니 라면님들이 글로 써보기를 적극 추천했고, 다시 용기를 내어 브런치 스토리에 '세종대왕 MBTI'를 올린 것을 시작으로 글을 정말 신나게 써나갔던 것 같다. 그러다 기적처럼 출판 제의를 받게 되었다.

1년 남짓 『조선왕조실록』 속 인물들과의 만남을 가졌는데 교과서 밖에서 만난 인물들의 민낯이 낯설기도 했고, 상상했던 MBTI가 아닐 때는 대혼돈의 멀티버스에 빠지기도 했다. 하지만 결국 32명의 MBTI를 완성했다. ENFP인 내가 해내기에는 버거웠던 부분이 없지 않지만, 책을 집필하는 동안 수많은 '플래너'와 '투두리스트'의 도움을 받으며 'J력'이 +1 되었다. 인생 선배들을 만나 밤새 술을 마신 기분이 들기도 하고, 잔소리를 들은 기분이기도 했다.

> "당신들은 그저 높은 파도를 잠시 탔을 뿐이오.
> 우린 그저 낮게 쓸려가고 있을 뿐이었소만…
> 뭐 언젠가 오를 날이 있지 않겠소?
> 높이 오른 파도가 언젠가 부서지듯이 말이오."
>
> ─영화 〈관상〉 中─

그들을 통해서 파도 타는 법을 배웠다. 책을 쓰는 내내 높은 파도를 타며 좋았다가도 파도가 부서져 심해까지 내려가기도 했지만, 다시 시작할 수 있는 힘도 생겼다. 이 책을 읽는 여러분께도 그저 작은 힘이 되어 드릴 수 있으면 좋겠다.

차례

ESTJ
태종 ★ 문정왕후

ESFP
양녕대군 ★ 사도세자

ENFP
신숙주 ★ 명성황후

ESFJ
세조 ★ 이순신

ENFJ
연산군 ★ 소현세자

ENTP
중종 ★ 허균

ESTP
선조 ★ 김삿갓

ENTJ
숙종 ★ 홍경래

ESTJ - 태종

이름	이방원(李芳遠)/조선 3대 왕 태종(太宗)
출생	1367년(고려 공민왕 16년) 6월 21일
사망	1422년(세종 4년) 6월 8일(향년 54세)
재위	1400년 12월 7일~1418년 9월 18일

#킬방원 #왕권강화 #세종대왕아빠

시작하면 끝을 봐야 하는 ESTJ의 역성혁명

ESTJ는 시작하면 끝을 봐야 직성이 풀리기 때문에 목표를 설정하면 그것을 이룰 때까지 한 우물만 판다.

1383년

방원이의 확언

나는 과거에 합격한다.
나는 과거에 반드시
급제한다.
나는 과거 시험에서
좋은 성적을 얻는다.

이방원은 1367년(고려 공민왕 16년) 6월 21일 동북면 함주목(현재의 함경남도 함흥시)에서 태어났다. 즉, 아버지 이성계가 조선을 세우기 이전 고려에서 태어났다. 무인 집안의 막내아들인 그는 무예도 출중했지만 16세의 나이에 최연소로 과거(문과)에 급제한 수재였기 때문에 변방의 무인 출신이라 은근히 멸시를 받던 아버지에게 늘 자랑거리였다.

고려의 과거시험은 현 대한민국 행정고시보다 어렵고, 조선의 과거시험보다도 합격하기 어려워 과거에 급제하기 위해서는 지독한 노력이 필요했을 터, 일단 시작하면 끝을 봐야 직성이 풀리는 ESTJ 이방원이었기에 가능했던 일이었다. 아마 그는 매일 아침 확언을 통해 자기 최면을 걸고, 자신의 세운 목표를 달성하기 위하여 노력하지 않았을까 추측해 본다. 결국 10대의 나이로 전국 10등 (병과 7등)을 차지하며 '조선 시대 왕 중 유일한 과거 급제자'라는 기록을 갖게 되었으니까 말이다. 이렇듯 목표를 설정하면 그것을 이룰 때까지 한 우물만 파는 ESTJ 이방원의 다음 우물은 '역성혁명[01]'이었다.

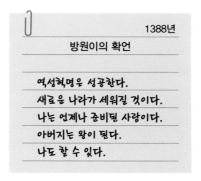

1388년(고려 우왕 14년) 22세였던 이방원은 아버지를 도와 위화도 회군[02]을 반드시 성공시키고 싶었다. 그러기 위해서는 아직 개경에 있는 어머니와 동생들을 피신시켜 안전을 확보해야 했는데 이방원이 그 일을 해냈다. 그리고 1392년

---

01 중국 유교 정치사상의 기본 관념의 하나로, 제왕이 부덕하여 민심을 잃으면 덕이 있는 다른 사람이 천명을 받아 왕조를 바꾸고 새로운 왕조를 세워도 좋다고 하는 사상이다.

02 1388년(고려 우왕 14년), 명나라의 랴오둥(遼東)을 공략하기 위하여 출정하였던 이성계 등이 위화도에서 회군하여 왕을 내쫓고 최영을 유배한 뒤 정권을 장악한 사건으로, 조선 왕조 창건의 기반이 되었다.

(고려 공양왕 4년)에는 아버지가 벽란도에서 낙마 사고를 당하여 반(反) 이성계 세력에게 암살을 당할 뻔한 위기가 있었는데 그때도 그는 바람같이 달려가 지켜냈다.

역성혁명을 위해 차근차근 공을 쌓아가던 이방원의 마지막 목표는 최대 걸림돌이었던 정몽주[03]를 제거하는 일이었는데 아버지의 반대까지 더해져 쉬운 일은 아니었다. 하지만 포기할 이방원이 아니었다. 목표를 이루기 위해서 호시탐탐 기회를 엿보던 중 정몽주가 낙마사고를 당한 이성계를 위문하는 척 나섰던 날이야말로 이방원은 정몽주를 죽이기에 놓칠 수 없는 적기라고 판단하였다. 이성계의 회유에도 끝까지 정몽주가 조선 건국을 반대하자 이방원은 부하를 시켜 선죽교에서 기어이 그를 제거하였다. 아버지도 속으론 이해해주실 것이라 믿으며 과감하게 철퇴를 날려버린 것이다. 물론 이성계는 불같이 화를 냈지만 그는 후회하지 않았다. 결국 정치 거목을 없앤 후 석 달 뒤 개경 수창궁에서 아버지는 왕이 되었고, 새로운 나라를 열었다.

이방원은 정안군으로 봉해졌고, 새로운 국가 조선을 여는 데 큰 공을 세웠다. 하지만 막상 뚜껑을 열어보니 자신과 형제들은 공신 명단에 없었고, 정치적 실권에서도 배제되어 있었다. 분노가 치밀어 올랐지만 준비성이 투철한 ESTJ 이방원은 내색하지 않고, 다음 목표로 나아가기 위해 머릿속으로 큰 그림을 그리기 시작했다. 아침마다 다음과 같은 확언을 하면서 말이다.

'나도 할 수 있다.'

'나도… (왕을) 할 수 있다.'

---

03 고려 말기의 충신·유학자이며 삼은의 한 사람으로 오부 학당과 향교를 세워 후진을 가르치고, 유학을 진흥하여 성리학의 기초를 닦았다. 명나라를 배척하고 원나라와 가깝게 지내자는 정책에 반대하고, 끝까지 고려를 받들었다.

T지만 I로도 보이는 ESTJ의 칼 같은 인간관계

ESTJ는 인간관계에서 필요 없다고 생각하면 더 이상 에너지를 쓰려고 하지 않는 편이라 두 얼굴로 살아가는 경우가 있다.

개국 후의 가장 큰 이슈는 다음 왕이 될 세자를 책봉하는 것이었다. 누구보다 공이 많았던 이방원도 내심 기대를 하고 있었지만 위로 형이 넷이나 있었고, 새어머니 신덕왕후에게서 태어난 이복동생도 둘이나 있었으니 쉽게 결정될 문제는 아니었다. 첫째 형 이방우는 고려 말 권문세족의 사위였기 때문에 일찌감치 탈락하였다. 그다음으로 둘째 형 이방과가 세자로 가장 유력했지만 대반전의 결과가 일어났으니, 바로 이복동생인 막내 이방석이 세자로 책봉된 것이다. 신덕왕후의 욕망과 이성계의 희망, 그리고 정도전의 도움 아래 고려라는 꼬리표가 조금이라도 붙어있는 형제들을 철저히 배제하여 결정되었다. 이에 열 살의 나이로 왕세자의 자리에 오른 막내는 그렇지 않아도 불만이 가득했던 형님들의 분노를 표면으로 끌어내는 비극의 씨앗이 되고 말았다.

이방원은 새어머니 신덕왕후를 곧잘 따랐고 정치적으로 같은 방향을 향했었지만 자신의 큰 그림을 망쳐버린 이상 당장 아웃이었다. 훗날 그녀의 무덤에 사용했던 십이지상들을 청계천 다리로 세워 사람들이 함부로 밟게 했을 정도로 말이다. 정도전 또한 더 이상 스승이 아닌 숙적이라 여겼고, 자신의 뜻에 반하는 형제들이나 관련자들은 평소 친분과는 상관없이 모조리 손절 대상 리스트에 올려버렸다.

ESTJ 유형의 사람들은 인간관계에서 필요 없다고 생각하면 더 이상 에너지를 쓰려고 하지 않는 편이기 때문에 분명한 외향형이지만 내향형으로 보이는 이방원처럼 두 얼굴로 살아가는 경우가 많다. 자신에게 필요한 사람들이라고 생각될 때는 애정과 신뢰를 아끼지 않았지만 분명한 목표가 있었던 ESTJ 이방원에게 방해되는 사람이 된다면 안면몰수에 토사구팽의 대상일 뿐이었다.

그는 먼저 1398년(태조 7년)에 제1차 왕자의 난을 일으켜 자신을 도려내려 한 정도전을 비롯해 이복형제인 이방번과 세자 이방석을 죽였다. 난에 성공한 다음에는 둘째 형 이방과에게 왕위를 양보하여 그럴싸한 모양새와 민심까지 고려하는 치밀함을 보였다. 물론 형이 2대 왕 정종에 오른 후에는 실질적 권력자로서 압박을 가하며 과도기에 올 수 있는 위험 요소에 대해서도 철저하게 대비하는 등 정치적 노련함도 보였다. 그 이후 1400년(태조 9년)에 일어난 제2차 왕자의 난은 1차 때 큰 공을 세우고도 평가절하되었던 박포[04]와 이방원의 넷째 형 이방간이 이방원을 선제공격했던 사건으로 이방원의 압승으로 끝이 났으며, 이후 그는 정종의 뒤를 이을 왕세자가 되었다.

> **"방원이는 문무가 출중하고, 덕이 높다.**
> **개국뿐만 아니라 과인의 정사에 큰 공이 있으므로 왕세자로 삼겠다."**
> – 「정종실록」中 –

그리고 얼마 가지 않아 정종은 재위 2년 만에 이방원에게 왕위를 물려주었다. 드디어 이방원이 조선의 3대 왕 태종이 되었으니 다시 세운 목표 역시 완벽 달성하였다 하겠다. 하지만 그에게 가장 까다로웠던 인간관계 정리 사업이 남아 있었으니 그것은 바로 아버지 이성계와 아내 원경왕후 민씨였다.

---

04 조선 전기의 무신으로 무인정사 때에 이방원을 도와 공을 세웠으나 공적에 대한 대가가 박하자 불만을 품어 불평하다 유배되었다. 그 후 이방원에게 원한을 품고 이방간을 충동질하여 군사를 일으켰다가 그 죄로 처형되었다.

피도 눈물도 없는 ESTJ 태종

불도저 같은 ESTJ는 자기주장이 강해서 타인의 감정 정도는 무시해버릴 수도 있다. 하지만 가까워지기 어려워서 그렇지 한번 친해지면 누구보다 든든한 친구가 되어준다.

이성계는 자신이 아끼던 모든 이들을 제거해버린 아들이 야속하고 미웠다. 너무 화가 난 나머지 고향인 함흥에 처박혀 그 어떤 부름에도 응하지 않아 훗날 '함흥차사'라는 사자성어를 만들어냈다. 그러다 이성계는 신덕왕후 강씨의 원한을 갚겠다는 조사의[05]로 하여금 난을 일으키게 하여 아들을 몰아내고자 하였다. 작전의 명수 이방원조차 예상치 못한 시나리오였지만, 가볍게 진압해버렸다. 그는 아버지에게 화가 났지만 보는 눈이 많아 오히려 더욱 극진히 모시는 척했다. 하지만 고향 땅에 묻어달라는 아버지의 유언을 들어주지 않고, 동구릉(경기도 구리시)에 함흥 억새와 함께 모신 것으로 보아 그의 마음을 대충은 알 것 같다.

이방원의 아내 원경왕후는 남편이 왕이 될 때까지 물심양면으로 도와준 일등 공신이자 정치적 파트너이다. 하지만 이방원은 불도저 같은 ESTJ 왕으로 최종 목표였던 강력한 왕권을 위하여 목표를 재설정하고, 개혁 정책을 위하여 모든 시스템을 풀가동시키는 과정에서 아내에게 등을 돌릴 수밖에 없었다. 우선 왕이 되자마자 자손 번성을 이유로 후궁들을 들였고, 외척에게 휘둘릴 것을 경계해 민무구, 민무질 등 외척 세력 손절 작업에 돌입하여 민씨 집안을 풍비박산 내버렸다. 따라서 조강지처인 원경왕후 민씨와는 왕이 된 후로 내내 갈등할 수밖에 없었다.

그 다음 차례는 세종이 즉위한 이후 영의정에 오른 세종의 장인 심온이었다. 태종은 심온이 명나라에 사신으로 떠나있는 동안 일을 추진했다. 당시 아들 세종에게 병권만큼은 넘겨주지 않았던 상왕 태종은 병조참판 강상인이 병조의 일을

---

05 조선 전기 문신이자 안변부사(安邊府使)로서 신덕왕후 강씨의 친척이다. 1차 왕자의 난에 불만을 품고 당시 태종에게 학대받은 신덕왕후의 원수를 갚는다는 명분 아래 반란을 일으켰다가 실패하여 참형되었다.

세종에게만 보고했다는 이유로 관련자들을 역모죄로 처형하였다. 또한, 평소 "군사가 한 곳에 모이는 것이 옳다."라고 주장해왔던 심온 역시 이 사건 관련 자로 연루시켜 귀국하자마자 체포하여 사약을 내린 후 자진하게 하였다. 이처럼 태종은 왕권을 위협할 수 있는 모든 요소들을 제거하기 위하여 온 힘을 다하였다.

이방원 : "다 주상(세종)을 위한 일이오.
주상의 손에 피를 묻히기 싫어서 내 손에 피를 묻힌 거요.
모든 악행들은 내가 짊어지고 갈 것이오.
하니 주상은 이제 오직 백성을 보살피는 일에만 집중하시오.
부디 성군이 되어 태평성대를 열어가시오."

이방원 : "선비가 가야 할 길과 국왕이 가야 할 길은 다르오.
국왕은 필요하면 잔인한 일도 서슴지 않는 거요.
그래 놓고도, 죽은 자들을 가여워하며 위선의 눈물도 흘리는 거요.
그게 국왕이오. 사람다운 군왕은 없소. 군왕다운 군왕이 있을 뿐이오."

– 드라마 〈태종 이방원〉 中 –

목적을 이루기 위해서라면 피도 눈물도 없이 냉철한 결정을 내렸던 군주 이방원은 그것이 국왕의 역할이자 강한 나라로 가기 위한 길이라고 생각했다. 비록 그의 말과 행동이 너무 강해서 많은 이들에게 상처를 주기는 했지만 가만히 들여다보면 애정이 있고, 이유가 있는 결정이자, 그들을 위한 쓴소리일 수도 있겠다는 생각이 들었다. 하지만 자기주장이 강한 이방원은 왕이 아니었더라도 거침없이 무언가를 밀어붙이며 타인의 감정 정도는 무시해버리는 ESTJ라서 주변인들은 상처투성이였을 것이다. 물론 ESTJ·이방원 옆에서 쓴소리 가시를 기꺼이 심장에 박으며 버텨낸다면 성공은 보장되니 선택은 그들의 몫이었다.

이방원 세상에서 살아남은 하륜[06]과 조영무[07]처럼 말이다.

인생 조언이 필요하다면 이방원 같은 ESTJ 리더를 찾아가 버텨보는 것도 나쁘지는 않을 것 같다. 가까워지기 어려워서 그렇지 한번 친해지면 누구보다 든든한 친구가 되어주는 ESTJ이기 때문이다.

워커홀릭 이방원의 그림자

ESTJ는 현재에만 집중하여 미래를 보지 못하는 경우가 많다.

이방원은 조선의 기틀을 확실히 잡을 수 있도록 많은 것을 남긴 업적 부자이다. 수도를 개경에서 한양으로 재천도하였고, 홍수 피해를 막기 위하여 개천(開川) 공사 실시를 명하였으니, 그것이 바로 청계천 공사의 시작이었다. 전국을 8도로 나누고, 그 아래에 부·목·군·현을 두어 각 도에 관찰사를 파견하는 등 지방 행정 제도를 정비했으며『태조실록』을 편찬을 하면서 기록 사업도 시작하였다. 또한 사병 혁파, 호패법[08] 실시, 6조직계제[09] 실시 등 그를 수식할 수 있는 업적은 차고도 넘친다.

하지만 이처럼 업적이 많다는 것은 그가 '워커홀릭'일 가능성이 매우 높다는 것이다. 일 중독에 빠져서 본인은 물론 가족, 친구, 주변의 지인들까지 함께 지칠 수도 있다. 현재에만 집중하여 미래를 보지 못하는 경우가 많은 ESTJ 이방원은 이 부분에서만큼은 잠시 생각할 필요가 있었다. 일에 빠져서 놓치고 있는 중요한 것들은 없었는가에 대해서 말이다.

---

06 고려 말기·조선 초기의 문신으로 제1차 왕자의 난 때 이방원을 도와 공을 세우고 정당문학에 올랐으며,『동국사략』을 편수하고
『태조실록』 편찬을 지휘하였다.
07 조선 왕조의 개국 공신으로 이방원의 명에 따라 조영규 등과 함께 정몽주를 죽인 뒤, 이성계를 추대하여 조선 왕조를 세우는 데 공을 세웠으며, 제1, 2차 왕자의 난에도 이방원을 도왔다. 그 공을 인정받아 좌명공신 1등에 봉해졌고, 이후 의정부의 일을 맡기도 하였다.
08 조선 시대에 신분을 나타내기 위하여 16세 이상의 남자에게 호패를 가지고 다니게 하던 제도. 태종 때 처음 시행하여 한동안 없앴다가 1459년(세조 4년)에 다시 시행하여 조선 후기까지 계속되었다.
09 조선 시대에 의정부의 실무를 폐지하고 육조(六曹)에서 임금에게 국무를 직접 보고하여 처리하게 하던 제도

태종은 강한 나라와 왕권을 위해 아무것도 내려놓지 못
하다가 사랑하는 조강지처와 자식들의 마음마저 잃었
다. 강력한 왕권을 바탕으로 시스템을 탄탄하게 갖추어
새나라 조선을 안정시켰지만 막상 그의 주변에는 남아
있는 이가 얼마 없었다. 그에게 조선은 꿈을 이루어 설
렜지만 혼자 있을 때는 외로움과 두려움이 물밀듯 밀려
오는 그런 곳이었을 것이다.

그러나 그는 끝까지 현재에 집중하며 평안하고 걱정이 없는 세상에 위안을 받
았다. 많은 이들이 떠나 버린 곳에서 하루하루가 외로웠고, 두려웠던 마음은
온전히 그에게만 드리워진 검은 그림자였을 뿐 후회는 없었다.

태종에게 일보다 사람이 먼저였더라면 어땠을까? 억울한 일이 생기면 마음껏
두드리라고 설치했던 신문고보다 그 북을 감히 칠 수 없게 만든 현실 속 백성들
의 마음은 어땠을지 먼저 살폈더라면 조선은 더 살만한 나라가 되지 않았을까
싶다. 목표 안에서 형식적으로만 사람들을 대하는 것이 아니라 유연한 태도를
장착하여 사람들의 마음을 헤아릴 수 있다면 따뜻한 온기 옵션을 숨길 필요가
없는 추진력 갑 ESTJ가 될 수 있을 것이다.

ESTJ - 문정왕후

이름   문정왕후(文定王后)/조선 11대 왕 중종의 3비
출생   1501년(연산군 7년) 12월 12일
사망   1565년(명종 20년) 5월 15일(향년 65세)
수렴청정   1545년(인종 원년) 8월 22일~
         1553년(명종 8년) 8월 30일

#중종부인 #인종새엄마 #명종엄마 #여인천하

치밀한 플래너 ESTJ의 추진력

ESTJ는 치밀한 계획의 달인으로 추진력이 강하다.

문정왕후 윤씨는 1517년(중종 12년) 8월 16일 열일곱 살에 중종의 왕비가 되었다. 7일 만에 폐위된 단경왕후와 산후병으로 훗날의 인종인 원자 이호를 낳고 엿새 만에 죽은 장경왕후 다음으로 중전의 자리에 오른 중종의 제3비였다. 그녀의 입궁 당시 궁궐은 막강한 가문 출신에 왕자까지 출산하여 기세가 등등한 후궁이 둘이나 있는, 말 그대로 '여인천하'였다. 이런 상황에서 그녀는 규칙과 규율을 잘 지키는 ESTJ답게 원자를 정성껏 양육하였고, 내명부를 엄하게 관리하며 중전의 본분을 다하였다. 하지만 궁궐 메인의 자리에 올라 권력을 탐하지 않을 자는 없으니 그녀도 아들을 낳는 날만 고대하고 있었다. 그러나 기다리던 아들 대신에 공주만 내리 넷을 낳았으니 그녀의 스트레스가 이만저만이 아니었다. 궁에 들어온 지 17년이 되던 해인 1534년(중종 29년)에 마침내 아들 경원대군을 낳았으니 점차 그녀는 마음 속 깊이 숨겨두었던 정치적 야욕을 드러내기 시작했다.

치밀한 계획의 달인 ESTJ 문정왕후는 여인천하에서 아들을 지켜낸 뒤, 용상을 차지하기 위해 내재되어 있던 추진력을 모조리 발휘하였고, 작당모의부터 토사구팽 등 목적을 위해 무엇이든 이용하면서 하나하나 해결해나갔다.

플랜 1-1 복성군 제거하기

중종은 장자인 복성군을 낳은 경빈 박씨를 가장 총애했다. 그들 모자는 왕의 총애만 믿고 기세등등하여 세자 이호의 자리까지 호시탐탐 노리고 있었다. 이에 문정왕후가 후원하고 김안로가 총감독이 되어 작당모의를 하여, 동궁의 나무에 불에 탄 쥐를 매달아 세자를 저주한 사건인 '작서의 변'을 조작하였다. 그 결과 경빈 박씨와 복성군이 범인으로 몰려 사사[01]되며 '플랜 1-1은 기묘하게 클리어!'

플랜 1-2 김안로 OUT!

김안로는 아들이 중종의 부마이며, 동궁(인종)을 보호한다는 이유로 실권을 장악한 뒤에는 정적들을 제거하기 위해 수차례 옥사를 일으키며 전권을 쥐고 있던 자였다. 하지만 문정왕후와 그녀의 형제인 윤원형과 윤원로를 숙청하려다가 발각되어 사사되었다. 중종과 인종의 외삼촌 윤임 또한 김안로를 제거하고 싶었고, 마음을 한데 모은 덕에 플랜 1-2도 아슬아슬하게 클리어! 그러나 그녀의 치밀한 플랜은 1544년(중종 39년)에 중종이 죽고 세자였던 인종이 즉위하며 위기에 봉착하고 말았다. 아들이 용상에 앉기 위해서는 인종을 넘을 명분이 필요했으니 말이다.

---

01 죽일 죄인을 대우하여 임금이 독약을 내려 스스로 죽게 하던 일을 뜻한다.

한번 정한 뜻은 절대 포기할 수 없는 ESTJ의 '용상 플랜'

ESTJ는 자신이 한번 정한 뜻은 절대로 굽히려 하지 않는다.

플랜 1-3 인종의 죽음

인종이 효자이긴 했지만 문정왕후는 내내 두려웠을 것이다. 친아들을 용상에 앉히기 위해 뾰족한 수가 없을까 골머리를 앓았을 것이고, 그럴 때마다 인종이 꼴 보기 싫었을 것이다. 게다가 '대윤'의 기세도 거셌고, 오빠 윤원로마저 탄핵 되며 설 자리를 잃어가고 있었기 때문에 누구라도 좌절할 만한 상황이었지만 자신이 한번 정한 뜻은 절대로 굽히려 하지 않는 ESTJ답게 여기서 포기할 문 정왕후가 아니었다.

당시 인종은 아버지 중종의 장례식을 치르는 동안 음식을 거부하여 몸이 매우 쇠약해진 상태였다. 대비였던 문정왕후는 그런 그를 품어주거나 챙겨주는 일은 없었고, 오히려 극도로 몰아세우며 괴롭혔다. 그의 병환을 위해 기도를 하러 다니기는 했지만 속마음은 달랐을 것이다. 다음 야사(野史)에서 보여주듯 그녀 는 이중적 모습을 보일 수 있는 사람이기 때문이다.

"(환하게 웃으며) 주상, 이 애미가 주는 떡이니 한번 잡숴보시지요."

인종은 이 떡을 먹은 뒤에 병환이 악화되어 급사하였으니, 즉위한 지 9개월 만 의 일이었다. 떡 안에 독이 들어가 있건 아니건 간에 인종은 새어머니의 사랑도 없고, 권력 다툼과 온갖 음모가 가득한 궁궐에서 힘 한 번 써보지도 못하고 죽 어 '최단 재위 기간' 기록 보유자가 되었다. 이에 경원대군이 용상에 올라 조선 제13대 왕 명종이 되었으니 기어이 그녀의 뜻대로 플랜 1-3도 클리어!

대충이란 없는 ESTJ의 반대 세력 제거 플랜

ESTJ에게 대충이란 없다.

그녀의 아들 명종이 열두 살 어린 나이에 왕이 됨에 따라 8년간의 수렴청정이 시작되었다. 플랜의 방향 은 '개혁'과 '안정'으로 수정되었고, 그녀는 플래너를 다시 작성하였다.

플랜 2-1 을사사화

인종이 사라진 마당에 인종의 외삼촌 윤임을 필두로 한 대윤은 눈엣가시였다. 그녀는 동생 윤원형에게 권력을 쥐어주고는 을사사화를 일으켜 인종의 외척 세 력들과 추종자들 제거 작전에 돌입하였다.

윤임이 봉성군(중종의 5남)에게 왕위를 계승시키려고 하였다.

– 「명종실록」 中 –

윤원형은 평소 대윤과 사이가 좋지 않았던 이들로 하여금 윤임이 역모의 혐의 가 있다며 무고하게 하였고, 이어 '윤임 등의 음모를 그의 조카 계림군 이유도 알고 있었다.'는 밀고를 더하여 관련자들을 처형하였다. 문정왕후는 그렇게 인 종의 외척 세력들과 추종자들을 제거하였고, 직간접적으로 연루된 백여 명의 사림들까지 모조리 찾아 축출하여 파평 윤씨의 세상을 구축해갔다.

1547년(명종 2년) 9월의 어느 날, 경기도 과천 양재역에 익명의 벽서가 붙어 있었다.

> '위로는 여주(女主), 아래에는 간신 이기(李芑)가 있어 권력을 휘두르니
> 나라가 곧 망할 것이다.'

이를 보고 윤원형, 이기 등은 반대 세력들을 확실하게 처벌해야 했다고 주장하며 관련자들을 유배 보내거나 사사하였다. 이때 사림계 인물을 비롯 중종의 아들인 봉성군도 제거되었다. 훗날 선조에 의해 무고로 밝혀진 이 사건은 혹시 모를 잔여 세력 및 왕족을 제거하기 위해 대충이란 없는 ESTJ 문정왕후 세력의 다소 치사한 유비무환 방책이었다. 왜냐하면 목숨을 잃은 사람 중에는 애꿎은 사람도 많았기 때문이다.

너무 강하면 부러지기 쉬운 ESTJ의 과유불급

ESTJ는 자신의 뜻을 관철시키기 위해 수단과 방법을 가리지 않는다.

문정왕후는 8년간 수렴청정을 하며 아들을 대신하여 천하를 호령하였다. 강력한 카리스마를 뽐내며 여왕의 면모를 뽐어냈다. 자신의 뜻대로 되지 않으면 주변 인물들뿐만 아니라 아들이자 왕인 명종에게도 호통을 쳤다.

> 스스로 명종(明宗)을 부립(扶立)한 공이 있다 하여 때로 주상에게
> '너는 내가 아니면 어떻게 이 자리를 소유할 수 있었으랴.' 하고,
> 조금만 여의치 않으면 곧 꾸짖고 호통을 쳐서
> 마치 민가의 어머니가 어린 아들을 대하듯 함이 있었다.

상의 천성이 지극히 효성스러워서 어김없이 받들었으나

때로 후원(後苑)의 외진 곳에서 눈물을 흘리었고

더욱 목놓아 울기까지 하였으니,

상이 심열증(心熱症)을 얻은 것이 또한 이 때문이다.

그렇다면 윤비(尹妃)는 사직의 죄인이라고 할 만하다.

- 『명종실록』 中 -

"정녕 단매에 죽고 싶은 것이더냐?"

"그 입 다물라 하였느니!"

"네 년이 단단히 미쳤구나!"

- 드라마 〈여인천하〉 中 -

드라마 대사보다는 약하지만 실록에는 "내가 아니면 네가 어떻게 왕이 되었겠느냐?"라며 호통을 치거나 아들의 뺨까지 때렸다는 기록이 남아있을 정도로 강력한 대왕대비였다. 명종이 스무 살이 되어 자리에서 물러나고도 끊임없이 정사에 관여하는 등 그녀의 지나친 욕심으로 아들과도 멀어져갔다. 하지만 그녀는 권력을 향한 욕망지수를 계속 수정하며 다소 과도해 보이는 'To do list'를 작성했다.

★To do list ① 불교 부흥

그녀는 모두가 반대하는 '불교 부흥 사업'에도 적극 나섰다. 승려 보우와 함께 승려 선발 시험인 '승과'와 승려 인증제인 '도첩제'를 부활시켰고, 서울 강남에 봉은사를 조성하며 유교 왕국에 불교 색을 입히려고 하였다.

문정왕후가 끝 모를 욕망으로 권력을 탐할수록 윤원형과 그의 첩 정난정은 매관매직의 뇌물로 받은 쌀이 넘쳐나다 못해 썩을 정도였으며, 상권을 장악하여 폭리를 취하는 등 온갖 권세와 영화를 누렸다. 뿐만 아니라 남의 노비와 논밭을 빼앗고, 심지어 정난정은 윤원형의 정실부인을 몰아낸 뒤 종1품 정경부인에 오르기까지 했다. 그들의 횡포와 만행으로 백성들의 원성이 하늘을 찔렀다. 하지만 문정왕후는 불도저처럼 밀어붙였고, 명종은 마음대로 할 수 없는 현실에 울었다. 그러나 아이러니하게도 그녀는 그토록 애지중지하던 불교 행사를 위해 목욕재계를 하다가 감기에 걸려 죽었다. 그녀가 죽자마자 그녀의 사상누각(沙上樓閣)은 무너져 내렸고, 함께 했던 보우, 윤원형, 정난정 등의 운명도 마찬가지였다.

★To do list ② 정릉

중종과 같이 묻히고 싶은 욕심에 장경왕후와 함께 묻혀있던 희릉(禧陵)에서 남편을 꺼내어 정릉(靖陵)으로 이장한 일도 있었다. 하지만 정릉은 비만 오면 침수되는 곳으로 명종은 어머니를 그곳에 모실 수 없었다. 결국 문정왕후는 태릉(泰陵)에 홀로 묻혔고, 아들 부부(강릉(康陵))만 함께 하였으니 그녀는 강북에서 남편이 있는 강남을 하염없이 바라만 봐야 했다.

심지어 그녀가 묻힌 태릉은 무후지지(无后之地)[02]의 흉지라 명종이 반대했지만 윤원형이 우겨서 능을 썼다고 한다. 그 결과 명종은 순회세자 외에는 어떠한 후궁에게서도 아들을 얻지 못하였고, 하나뿐인 아들마저 열세 살에 요절하는 비운을 겪게 되었다. 하여 어쩔 수 없이 중종의 일곱 째 아들이자 후궁 창빈 안씨가 낳은 덕흥대원군의 아들 하성군을 양자로 들여 14대 선조로 왕통을 잇게 하였다.

문정왕후는 자신의 뜻을 관철시키기 위해 수단 방법 가리지 않는 ESTJ답게 강하게 밀어붙이다가 많은 이의 미움을 사게 되었고, 허무하게 한을 품은 채 무덤에 누워있다. 조선 개국 이래 누구보다 강한 권력을 가졌었지만 '인생 참 마음먹은 대로 되는 것은 아니네.'라는 생각이 들게 하며, '욕심'과 관련한 사자성어

---

02 후사가 끊어지는 땅을 의미한다.

가 유독 잘 어울리는 인물이다. 아마 주변 사람들은 문정왕후를 굉장한 야심가라 생각했을 것이다. 물론 자기에게 이익이 된다면야 기꺼이 그녀를 떠받들며 딸랑딸랑 아부를 떨었을 테니 그녀는 인생이 자신이 짜놓은 플랜대로 잘 돌아가는 줄 알았을 것이다. 하지만 그녀의 욕심 때문에 아들 명종은 재위 내내 눈물을 흘려야 했고, 존재감조차 없는 왕으로 남았다.

너무 강하면 부러지는 법이다. ESTJ답게 쭉쭉 나아가는 것도 좋지만 때로는 융통성을 발휘하여 미래를 위해 현재의 욕심을 잠시 접어둘 필요가 있다. 계획대로 되면 좋지만 인생은 마음대로 되는 것이 아니니까 말이다.

ESFP - 양녕대군

이름 이제(李褆)/조선 4대 왕세자 양녕대군(讓寧大君)

출생 1394년(태조 3년)

사망 1462년(세조 8년) 10월 8일(향년 68세)

왕세자 재위 1404년(태종 4년) 9월 19일~
1418년(태종 18년) 7월 15일

#최초_적장자출신_세자 #태종의_금쪽같은_아들
#최초_폐세자 #세종대왕_형

공부가 싫은 분위기 메이커 ESFP

ESFP는 공감 능력이 뛰어나며 쾌활해서 늘 분위기 메이커이다.

양녕대군은 1394년(태조 3년)에 태종 이방원과 원경왕후 사이에서 태어난 장자로, 조선 왕조 최초로 적장자 승계의 원칙에 따라 왕세자로 책봉된 인물이다. 그가 태어나기 전에 세 명의 형님이 모두 요절하는 바람에 그야말로 금지옥엽이었다. 공감 능력이 뛰어난 ESFP 양녕대군은 세자 자리에서 밀려 짜증나고 온갖 견제 속에서 위태로웠던 아버지 태종에게 웃음을 주는 유일한 존재였으며, 무릎에서 떼어 놓지 않을 정도로 가장 사랑받던 아들이었다.

그는 이방원이 꿈꿨던 정통성을 세워줄 귀한 존재였기 때문에 아버지가 왕이 되기 전까지는 외가에서 안전하게 보호받으며 자랐다. 그야말로 '당신은 사랑받기 위해 태어난 사람'으로 자란 양녕대군은 쾌활한 분위기 메이커 ESFP 소년으로 성장했다.

하지만 태종이 왕이 되면서 1404년(태종 4년) 열 살에 세자로 책봉되었고, 이후 혹독한 후계자 교육이 시작되었다. 아버지 태종은 그 유명한 '조선 유일 과거 급제자 출신 왕'이 아니던가! 아들을 훌륭한 리더로 키우기 위해 당대 최고 학자였던 권근, 하륜, 성석린, 유창, 이래, 조용 등의 재상 군단을 스승으로 포진시켰고, 24시간 교육·감시 시스템을 풀가동시키는 등 조선 최초로 세자 교육 제도를 만들었다.

가뜩이나 공부를 싫어하는 세자 양녕은 경서 강론을 10시간씩 들어야 했고, 책임과 의무만을 강요하는 감시자들 때문에 공부가 더욱 싫어졌다. 게다가 애초에 책임이 막중한 일은 하기 싫은 ESFP여서 왕세자의 학습 시간인 서연(書筵)을 게을리하는 일이 잦았고, 틈만 나면 궁궐을 이탈하는 등 비행소년이 되어갔다.

> **"도승지**[01]**, 세자가 공부도 하지 않고 놀기만 좋아하며**
> **음탕함이 심하니 어쩌면 좋단 말이오."**
>
> – 「태종실록」 中 –

그런 아들을 볼 때마다 태종은 화가 났고, 실망이 큰 나머지 눈물을 흘리기도 했다. 하지만 세자를 벌하는 대신 시종하던 내시들의 곤장을 치거나 스승들을 벌했고, 세자가 "한 번만 용서해주세요."라며 빌면 "앞으로 잘해라, 이놈아!"라고 하며 용서했다.

ESFP 자녀들은 직접 체험과 오감 만족을 통해 무언가를 배우기를 선호하고, 부모와의 교감을 원한다고 하는데 태종의 엄격한 스파르타 방식의 세자교육법이 오히려 독이 된 것일까? 세자는 교육에 진심이었던 아버지가 그어놓은 선을

---

01 조선 시대 승정원의 으뜸 벼슬로 왕명을 전달하거나 신하들이 왕에게 올리는 글을 상달하는 일을 맡아보았다. 오늘날 대통령 비서실장격이다.

자꾸만 넘어버렸다. 아들 바보 태종이 그를 수차례 용서하고 눈물 어린 애원을 해봤지만 소용이 없었다.

고민에 얽매이지 않는 여유로운 ESFP

ESFP는 갈등을 싫어하고 논쟁은 더더욱 피하고 싶어 한다.

'양녕대군'이라는 이름은 폐세자가 되면서 받은 봉호로, 양보할 '양(讓)'자를 쓰고 있다. 조선 후기 전후부터 망나니 폐세자 이미지 대신 성군 자질이 충만한 동생에게 왕위를 양보한 호탕한 남자로 기록되었던 부분과 묘하게 통하는 이름이라 할 수 있다.

그렇다면 갈등을 싫어하고 논쟁은 더더욱 피하고 싶은 ESFP 세자가 그저 여유로운 삶을 위해 자신만의 라이프 스타일을 택한 것은 아닐까 생각한다. 천하의 죽일 놈에 패륜아라는 사실은 인정하지만 일부 사람들이 세자 양보설을 주장하는 데에는 모두 이유가 있을 테니까.

하지만 자신을 아껴주는 부모와 우애 깊은 동생 세종을 만난 행운 덕분이라고 하기에는 살짝 아쉬운 감이 있다. 폐위 이후에도 줄곧 풍류적 삶을 살다가 갔으며, '인격이 덕의 극치에 이르렀다.'는 뜻을 지닌 사당 '지덕사(至德祠)'에 모셔지기까지 했으니 말이다.

> 양녕은 어려서부터 글을 잘하였으나 글을 잘 알지 못하는 척했고,
> 스스로 미친 척하고 방탕한 생활을 하였지만 아무도 그의 진심을 아는 자가 없었다.
> — 이긍익, 「연려실기술」中 —

그가 제법 멀쩡하고 명석해 보이는 기록도 있다. 명나라 사신으로 가게 된 열네 살의 양녕대군은 어떤 자리에서든 좌중을 압도할 줄 아는 ESFP답게 황제

앞에서 주눅 들지 않고 당당한 면모를 보였다. 명나라의 대사 때 입는 관복인 조복을 입지 않았다는 이유로 낮은 자리에 서게 되었을 때에도 "제가 설 자리는 이 자리가 아닌 것 같습니다. 살펴주소서."라고 거침없이 부탁했다. 이에 황제는 조복을 선물하고, 자리를 바꿔주었다고 한다. 두뇌가 명석했던 세자는 부드럽지만 강한 리더십으로 큰 사고 없이 임무를 수행하여 태종의 마음을 흡족하게 했다.

세자가 초반에 보여준 모습은 일부분이긴 하지만 아주 잠시라도 태종을 포함한 많은 이들은 그에게서 성군의 모습을 그려보았을 것이다. 하지만 10대 후반으로 갈수록 그의 면모는 이해하기 힘들 만큼 망가져갔다.

> **"네가 군왕이 되고자 한다면 저 절규를 이겨 내거라!**
> **그래야 (용상을 가리키며) 저 자리를 감당해낼 수 있을 것이다."**
>
> – 드라마 〈태종 이방원〉 中 –

태종이 외척 세력을 숙청하기 위해 칼을 빼 들었을 때, 부모님처럼 따르던 외삼촌 민무휼과 민무회가 양녕대군을 찾아와 그들의 억울함을 하소연했는데 이때 그는 외삼촌들의 말을 들어주지 않고 비난하였다. 이 사실이 태종에게 전해져 결국에는 외삼촌들이 죽음에 이르는 것을 보고만 있어야 했다. 나날이 성장하여 모든 이들의 애정 어린 시선을 한 몸에 받는 동생 충녕과 비교되는 등 여러 고민에 얽매이는 것이 싫었던 ESFP 세자는 그러한 현실에서 도망치고 싶었을지도 모른다. 권력의 무게를 이겨내기에는 마음이 쓰이는 사람들이 너무 많았고, 신나고 재미있는 일을 하면서 지내기에도 아까울 정도로 자신의 하루하루가 너무 소중했던 ESFP였기 때문이다. 결국 그는 공부 대신 사냥이나 활쏘기에 빠졌고, 급기야 여색을 밝히며 쾌락의 나날을 보냈다. 마치 그는 자신을 세자 자리에서 쫓아내라고 고사를 지내는 것처럼 막장으로 살았다.

금사빠 사랑꾼 ESFP

ESFP는 자신의 이야기를 들어주는 사람을 좋아하지만 T 스타일의 따끔한 충고에는 서운한 마음이 드는 유리멘탈이다.

양녕대군은 조선의 27명의 왕 중 가장 많은 후궁을 거느린 태종 못지않게 여색을 밝혔다. 열네 살에 김한로의 딸과 결혼했지만 죄다 아버지 편밖에 없는 지긋지긋한 궁궐 대신 자신의 이야기를 들어줄 이들이 필요했던 ESFP 세자는 마음을 편안하게 하고 애정 표현을 많이 해주는 사람들과 함께 하고 싶었다. 자신의 속마음을 털어놓으며 위로 받는 것을 좋아하는 ESFP지만 T 스타일의 따끔한 충고에는 서운한 마음이 드는 유리멘탈이기 때문에 함께 웃어주고, 울어주는 벗이면 족했을 것이다.

그러한 이들 가운데에는 사랑꾼 양녕대군의 마음을 훔친 여인들이 많았다. 1410년(태종 10년) 열여섯 살 사춘기 양녕대군 마음에 '봉지련'이라는 기생이 가장 먼저 들어왔다. 중국 사신을 접대하는 연회 자리에서 그녀를 처음 본 후 상사병에 빠져 지내다가 결국에는 정을 통하여 궁궐에 불러들였다. 이를 알게 된 태종이 그녀를 가두었지만 예상치 못한 세자의 단식투쟁에 태종은 백기를 들어 그녀에게 비단까지 하사하며 풀어주었다.

첫사랑의 상처는 4년 정도 사냥과 활쏘기에 빠지는 것으로 달랬지만, 이후 ESFP로서는 감당할 수 없는 감옥 같은 생활에 지쳐 다시 여인들을 찾기 시작했다. 그중에는 큰아버지 정종의 여자 초궁장과 매형 이백강의 기생 칠점생도 있었다. 심지어 신하 중추원[02] 부사 곽선의 첩으로 유부녀인 어리와 깊은 사랑에 빠져 아기까지 낳았다. 이러한 사실을 들킬 때마다 그는 반성문을 쓰고,

---

02 조선 시대 자문기관으로 부사는 정3품 관직에 해당한다.

눈물로 호소하며 용서를 빌기도 했지만 인내심이 한계에 도달해버린 태종은 냉담했다. 이에 양녕대군이 택한 마지막 카드는 그야말로 무리수가 아닐 수 없었다.

> **"아바마마의 시녀는 다 중하게 생각하여 궁중에 들이시면서,**
> **어찌 어리만 내보내려 하십니까!"**
>
> – 『태종실록』 中 –

틀린 말은 아니었지만 '대들기'로 논리를 펴다니, 찍히고 싶어서 안달이 난 사람 같았다. 게다가 열한 살 어린 막내 동생 성녕대군이 병에 걸렸을 때, 동생이 죽어가는 순간에도 활을 쏘며 놀이에 빠져 있었으니 유교의 기치를 세워 조선을 다져가던 태종은 더 이상 그의 방패막이 되어줄 수도, 용납할 수도 없었다.

> **"세자가 여러 날 동안 불효하였으나**
> **집안의 부끄러움을 바깥에 드러낼 수 없어**
> **항상 그 잘못을 덮어두고자 하였다.**
> **직접 깨달아 뉘우치기를 바랐지만,**
> **이제는 원망하려 드니 어찌 감히 숨기겠는가?"**
>
> – 『태종실록』 中 –

결국 태종은 오랜 고민 끝에 결정을 내렸다.

세상의 중심은 나, 쫓겨나도 잘 살면 그만

ESFP는 감정적이고 충동적이다.

> "충녕은 비록 술을 잘 마시지는 못하지만 적당히 마시고 그친다.
> 또 충녕의 아들 중에는 장대한 놈(문종)이 있다.
> 효령대군은 술을 한 모금도 마시지 못하니 불가하다.
> 나는 충녕을 세자로 삼겠다."
>
> － 『태종실록』中 －

1418년(태종 18년) 6월 3일, 어전회의에서 태종은 위와 같이 말했다. 물론 왕의 의중을 단번에 파악한 신하들은 이에 동의하였다. 물론 태종은 이날도 울었고 슬펐다. 폐위되어 '양녕대군'이 된 세자 역시 눈앞에서 왕좌를 놓쳐버린 일에 쿨할 수만은 없었다. 정치적으로는 영원히 자유로울 수 없는 존재로 자칫 반역의 무리라 여겨질 경우 자신뿐만 아니라 온 가족이 몰살될 수도 있었기 때문이다. 위협적인 존재로 보이고 싶지 않아서인지, 그냥 비뚤어져 버린 것인지 양녕대군은 폐위된 이후 꾸준히 망나니 생활을 이어갔다.

> － 아들 서산군의 첩까지 빼앗아 취함
> － 실성해버린 서산군은 망나니짓을 하다 결국은 살인자가 됨
> － 왕(세종)의 편지에 '계속 막으려고 하면 다시는 주상을 보지 않겠다.'고 답함
>
> － 『세종실록』中 －

감정적이고 충동적인 ESFP 양녕대군은 이렇듯 '오늘만' 사는 일에 집중하며 인생을 즐기다가 1462년(세조 8년) 69세의 나이로 죽었다. 수많은 일거리와 병환에 시달리다 사망한 세종보다도 오래 살았으니 인생 참 아이러니하지 않은가? 뿐만 아니라 조카 세조를 도와 세종의 아들들과 손자 단종을 죽이는 데 함께하

며 종친으로서의 영향력도 과시하여 동생 세종을 편히 잠들지 못하게 하였다.

양녕대군의 질풍 같은 용기의 원천은 언제나 자신 위주로 돌아가는 세상의 중심에 서있는 ESFP다운 자존감이라 하겠다. 덕분에 우리는 세종대왕이라는 위대한 왕과 전 세계에서 최고를 자랑하는 한글 보유국이 되었으니 무책임하다 속으로 욕은 하면서도 한편으로는 다행이라는 생각이 든다.

하지만 현재 이 순간에 충실하라는 의미의 '카르페 디엠'적 삶을 살기 위해서는 주변 사람들의 비아냥거림과 사랑하는 사람들의 눈물과 한숨 정도는 감내해야 하는 것도 잊지 말았으면 좋겠다.

ESFP - 사도세자

이름	이훤(李愃)/사도세자 → 장헌세자(莊獻世子) → 장조 의황제(莊祖懿皇帝)
출생	1735년(영조 11년) 2월 13일
사망	1762년(영조 38년) 7월 12일(향년 27세)
세자 재위	1736년 4월 25일~1762년 7월 4일
대리청정	1749년 3월 15일~1762년 7월 4일

#최장기간_대리청정 #학문보다무예 #임오화변[01]

재주 많은 ESFP는 행복 전도사

ESFP는 행복을 전도하는 사람들이며 자신에게 관심을 가져주는 이들이 늘 곁에 있어주기를 바란다.

사도세자는 조선 21대 국왕인 영조와 그의 후궁 영빈 이씨의 두 번째 아들이다. 영조가 장남 효장세자를 잃고 42세의 고령에 만난 늦둥이 외아들이라 눈에 넣어도 아프지 않았던 기쁨 그 자체였다. 때문에 그는 태어나자마자 영조의 정비였던 정성왕후 서씨의 양자로 입적되어 최연소 '원자'가 되었고, 1년 뒤에는 최연소 왕세자에 책봉되었다.

사도세자는 만 2세 때 한자를 깨우치며 '왕'이라는 글자를 보고 영조를, '세자'라는 글자에서는 자신을 가리킬 만큼 매우 영특했다. 다식(과자)을 먹을 때에는 왕을 상징하는 하늘 천(天)자가 박힌 것은 먹지 않았으니 영조는 아들이 천재라

---

01 1762년(영조 38년), 조선 제21대 국왕 영조가 자신의 아들 사도세자를 폐위시킨 뒤 뒤주에 가두는 아형을 집행하여 8일만에 시해한 사건이다.

고 생각하며 더욱 아꼈다. 세 살배기 세자의 글씨를 신하들에게 나눠주거나, 한 번씩 안아보게 하는 등 자랑거리 그 자체였다. 그때까지만 해도 사도세자는 많은 이들에게 행복을 전도하는 ESFP가 분명했다.

하지만 영조는 100일밖에 안 된 아기 세자의 거처를 창경궁의 동궁인 '저승전'으로 옮겼고, 친모가 아닌 동궁전[02] 상궁들의 손에 크게 하였다.

여기엔 영조의 두 가지 정치적 목적이 있었다. 동궁전 상궁들은 선왕인 경종을 모셨던 사람들이었다. 그들에게 세자 양육을 맡김으로써 경종을 독살하고 왕위에 올랐다는 의혹에서 벗어나고, 선왕을 모셨던 궁인들로 하여금 후궁 소생이었던 세자를 모시게 하여 세자의 권위를 높이려 했다. 그렇지만 한창 어머니의 사랑이 필요한 시기에 세자는 친어머니를 일주일에 한두 번만 볼 수 있었으니 너무나도 큰 결핍이었을 것이다. ESFP는 자신에게 관심을 가져주는 이들이 늘 곁에 있어주기를 바라기 때문에 더욱 그렇다.

분위기를 밝게 만드는 ESFP 세자였지만 저승전의 불길한 기운까지 감당하기에는 너무 어렸다. 저승전은 왕세자를 뜻하는 저(儲)에 왕좌를 계승한다는 의미의 승(承)을 뜻하지만 그곳은 경종의 비로서 영조에게 반감이 가득한 선의왕후 어씨가 머물렀던 곳일 뿐만 아니라 가까이에 있었던 취선당[03]이 소주간(요리방)으로 바뀌어 어린 세자는 거기서 지은 밥을 먹으며 지내야 했다. 사도세자는 그곳에서 귀신을 자주 보았다고 하는데 기분 탓일 수도 있지만 정서적으로 매우 불안했던 것은 확실하다.

물론 저승전은 동궁임에는 틀림이 없으나 사랑하는 아들을 위해 영조는 조급한 마음을 접고, 아들이 클 때 까지 조금 더 기다려준다거나 다른 거처를 지어 준다거나 하는 조치를 취할 수는 없었을까? 대외적으로는 정치적인 모습이 필요했을지언정 안으로는 마음 깊이 사랑해 주었다면 좋았으련만, 영조는 완벽주의 ISTJ로서 세자를 정치적으로만 대했다. 자신의 정통성 콤플렉스가 대물림되지

---

02 황태자나 왕세자가 거처하는 궁전을 뜻한다.
03 경종의 생모인 장희빈의 처소였던 곳으로 여기서 그녀는 사약을 받고 죽었다.

않고, 아무도 세자를 무시할 수 없게 만들고 싶어서 이후로도 영조는 계속 무리수를 두었다.

자존감이 필요한 ESFP의 우울증

ESFP는 자신이 믿는 바를 잘 지키려는 욕구가 있기 때문에 마음의 소리를 듣고 따르려는 경향이 강하다. 반복되는 생활이나 강요받는 것은 싫지만 즐거운 순간을 위해서 목표를 바르게 달성하려고 한다.

사도세자 역시 반복되는 생활이나 강요받는 것이 싫었지만 그림을 그리고, 무예를 익히는 등 즐거운 일로 스트레스를 풀며 자신의 책무를 다하려고 하였다. 하지만 영조는 조급증에 강박증까지 있었으므로 그 꼴을 가만히 앉아서 보고 있을 리 없었다.

ESFP는 주변 사람들의 인정과 사랑을 먹고 산다. 자존감 끝판왕이긴 하지만 타인의 평가에 지나치게 의존한다면 진짜 자신의 가치를 제대로 인식하지 못할 수 있다. 심하면 우울증까지 오게 된다.

사도세자는 분명 장점이 많은 아이였지만 점차 영조가 생각하는 천재가 아니라는 것이 드러났다.

영조 : "글을 읽는 것이 좋으냐? 싫으냐?"

세자 : "싫을 때가 더 많사옵니다."

– 『영조실록』 中 –

열 살 어린이의 솔직한 답이었지만 영조는 실망했다. 점차 학문보다는 무예를 좋아하고, 잡학에 관심이 많았던 세자의 모습에 영조는 ISTJ 인물답게 더욱 혹독한 계획을 세웠다. 자신처럼 아들도 완벽한 공부벌레가 될 수 있도록 엄격하게 교육했고 간섭했다.

오전	
5시	아침 문안 인사
7시	한자 공부
9시	음악(2시간)
11시	법 공부
오후	
1시	한자 시험(3시간)
4시	활쏘기(2시간)
7시	독서(심지어 아빠랑)
8시	보충수업
9시	저녁 문안 인사

하루 세 차례의 정규 수업에 야간 보충 수업 등 24시간 숨 막히는 시간표를 소화해야 했다. 이 과정에서 영조는 아들이 약한 모습을 보일수록 칭찬 대신에 잔소리와 질책을 남발했기에 세자의 마음에는 상처가 가득했다. 사도세자의 자존감은 바닥난 지 오래여서 기존에 가지고 있던 ESFP다운 밝고 쾌활한 빛은 온데간데없었고, 어지럼증에 불안증까지 생겼다. 그는 아버지의 그림자만 봐도 두려워서 숨기도 했고, 우울증이 심해져 기억력과 이해력도 서서히 떨어졌다. 그러면 그럴수록 영조는 세자를 맹비난하고 폭언까지 불사하며 학대했고, 이런 악순환은 계속되었다.

영조는 역대 조선 왕들 중에서 82세로 가장 장수했으며 52년 동안 최장기간 재위했던 왕이다. 당시 조선의 평균 수명을 훌쩍 넘는 나이에도 정정하게 용상에 앉아 있는 것이 눈치 보였을까? 그는 왕 자리에 욕심이 없다는 것을 보여주거나 불안한 정국을 안정시키기 위해 마음에도 없는 선위[04] 쇼를 여덟 번이나 벌였다. 영조가 일으킨 선위와 대리청정[05] 파동은 세자의 병증을 더욱 악화시켰다.

(대전 앞에서 무서워서 울기만 하는 다섯 살 세자에게 동궁전 상궁이 조언한다.)
"더 크게 우세요. 선돌에 머리를 찧으며 통곡을 하셔도 좋습니다.
무엇보다 부왕께서 선위의 뜻을 거두시기 전엔 절대로
울음을 그쳐서는 아니 되옵니다."

– 드라마 〈비밀의 문〉 中 –

사도세자는 무려 다섯 살때부터 석고대죄를 했다. 그 후로 영조는 여러 번 선위 파동을 벌였기 때문에 그는 짧은 생을 살았음에도 불구하고 조선에서 석고대죄를 가장 많이 한 사람이 되었다.

"선위할 뜻을 거두어 주시옵소서!"
"선위할 뜻을 거두어 주시옵소서!"

비가 오나 눈이 오나 날씨는 중요하지 않았다. 영조가 "선위하겠다!"라고 선언할 때마다 세자는 대전 앞에 나가 머리를 풀고 차가운 바닥에 무릎을 꿇고 앉아 잘못을 빌었다. 땅바닥에 몇 시간을 엎드려 읍소하며 영조의 마음이 풀릴 때까지 견뎌야만 했다.

---

04 왕이 살아있을 때 다른 사람한테 왕의 자리를 물려주는 것을 뜻하며 '양위'라고도 한다. 이 과정에서 함부로 찬성하거나 반대에 소홀한 모습을 보일 경우 역적의 누명을 쓰고 숙청당할 수 있다. 일시적 왕권 강화의 효과가 있어 일종의 충성심 테스트로 활용되기도 했다.

05 왕이 병이 들거나 나이가 들어 정사를 제대로 돌볼 수 없게 되었을 때에 세자나 세제가 왕 대신 정사를 돌보는 일을 말한다.

세자가 열다섯이 되던 해에도 선위 파동이 있었고, 끝내 대리청정이 시작되었다. 영조가 정말 세자를 강한 왕으로 키우고 싶었다면 국정을 온전히 맡기는 시늉이라도 해야 했지만, 오히려 그는 세자가 내린 결정에 사사건건 딴죽을 걸었다.

> 세자 : "(함경북도 성진의) 방어영을 길주로 옮기는 것이 옳겠는데…
> 병조에서 논의하여 시행하라!"
> 중신들 : "하교대로 시행하겠나이다."
> 영조 : "잠깐, 잠깐, 잠깐! 내가 성진으로 방어영을 옮긴 것은
> 다 그만한 이유가 있어서 한 일이 아니더냐.
> 그걸 니 마음대로 옮기면 내 입장이 뭐가 돼?
> 너희들은 지금 세자를 앞세워 과인을 무시하는 것인가?"
>
> – 영화 〈사도〉 中 –

영조는 결국 자신이 원하는 대로 일을 처리하였고, 지켜보는 일 따위는 하지 않았다. 무늬만 대리청정이었던 셈이다. 이 과정에서 사도세자는 아버지가 자신을 불신한다고 확신했으며, 아버지에게 조차 사랑받지 못하는 자신이 싫었을 것이다.

> "그런 거 하나 너 혼자 결정을 못하니, 대리청정을 시킨 보람이 없다."
>
> – 『영조실록』 中 –

자존감을 잃어버린 세자는 계속해서 흑화된 ESFP의 길을 걷게 된다.

책임을 회피하고 싶은 ESFP의 쾌락

ESFP는 심리적 안정을 위하여 물질적 욕구를 보이기도 한다. 이에 쇼핑 중독에 빠지거나 불필요한 물건을 사기도 한다.

사도세자는 피하고 싶은 현실 속에서 무책임한 태도를 보이기 시작했다. 병을 핑계로 일을 소홀히 하거나 영조가 시킨 반성문이나 일기를 억지로 쓴 후에도 태도가 달라지지 않았다. 또한, 세자의 필수 임무였던 문안 인사를 드리는 일조차 병을 핑계로 거르는 일이 많았다. 그 대신 유람을 하거나 잡희[06]와 사냥 등에 빠져 지냈고, 기녀와 여승을 끼고 노는 등의 비행도 일삼았다.

그는 연회를 열고 아랫사람들에게 선물을 하느라 동궁의 예산을 탕진하는 것도 모자라 시전에서 많은 돈을 빌려쓰기까지 했다. 쾌락을 통하여 자신의 마음을 털어놓고 비울 수 있는 일들을 만드는 것으로 어떻게든 살아보려고 했을 테지만 한 나라의 세자로서 무책임하고 철저히 현실 도피적인 행동이었다. 적어도 촉망받던 세손 정조를 생각했다면 그런 행동을 벌이지 말았어야 한다.

ESFP의 쾌락의 대가

ESFP는 자신에 대해 부정적인 생각을 갖는 순간 비관적인 사고에 빠지거나 자신의 감정을 통제하기 어려워 자신의 능력을 제대로 발휘하지 못하게 된다.

비관론에 빠진 사도세자는 점차 자신감 저하, 우울 및 분노 표출 등의 증상을 보였고, 이로 인해 주변인들과도 좋지 않은 관계를 형성하여 파국을 부추겼다. 사도세자는 강박장애인 의대증[07]을 앓고 있었다. 세자의 몸에 맞고 심리적으로 안정을 가져다 줄 옷을 입히는 데에는 너무 많은 노력이 필요했다. 이 과정에서 시중을 들던 나인들은 폭행당하거나 심지어 죽임을 당할 정도였다. 또한 아내

---

06 여러 가지 잡스러운 장난이나 놀이를 의미한다.
07 옷 입기 그 자체에 대한 강박증 그 자체를 가리킨다.

혜경궁은 세자의 옷 시중을 들다가 바둑판에 맞아 눈알이 빠질 뻔 할 정도로 부었고, 세자가 아끼던 후궁 빙애는 결국 그의 손에 맞아 죽었으며, 그녀가 낳은 은전군은 연못에 내던져져 목숨을 잃을 뻔했다.

"왕세자는 병이 발작할 때 궁비와 환시를 죽였고,
죽인 후에는 문득 후회하곤 했다."

– 『승정원일기』 中 –

우울증이 심해져 양극성 장애인 조울증까지 온 것일까? 의복을 갖춘 뒤 아버지를 만나러 가는 일이 죽기보다 싫었던 것일까? 사도세자의 광증은 점점 심해져서 그가 죽인 자들이 백여 명에 이른다는 기록도 있다. 결국 사도세자에게 영조의 최후통첩이 떨어졌다.

"자결하라!"

사도세자를 불러 자진을 명하였으나 신하들이 말리며 반대했다. 분노에 찬 영조는 세자를 폐서인[08]하였고, 뒤주에 가두게 했다.

"아버님, 아버님! 잘못했습니다.
앞으로는 글도 잘 읽고 말씀도 잘 들을 테니 제발 이러지 마소서!"

– 『한중록』 中 –

---

08 벼슬이나 신분적 특권을 빼앗아 서민이 되게 하거나 또는 그렇게 된 사람을 뜻한다.

1762년(영조 38년) 7월, 물 한모금 조차 마실 수 없던 8일 동안 사도세자는 절망 속에서 울부짖었다. '전하'도 '아바마마'도 아닌 아버님이라 애절하게 부르기도 했고, 27세의 어른이지만 애정에 대한 결핍과 속박 속에 갇힌 아이같이 울다가 다사다난한 생을 마감했다. 그의 생사를 확인하기 위해 뒤주를 흔들었을 때 남긴 '흔들지 마라, 어지러워서 못 견디겠다.'는 말은 유언이 되었다. 참으로 기막힌 일이지만 훗날 아들의 죽음에 대해 정치적 이슈와 후환을 남길 수 없었던 영조는 아들을 훈계하느라 벌인 가정사 정도로 이 일을 처리하는 편이 최선이라고 생각하여 임오화변을 만들고 말았다.

정치적으로 완벽하고 싶었던 ISTJ 아버지와 사람이 곁에 없을 때 외로움을 많이 타는 ESFP 사도세자의 비극은 어디서부터 잘못된 것이었을까?

"내가 바란 것은 아버지의 따뜻한 눈길 한 번,
다정한 말 한마디였소!"

– 영화 〈사도〉 中 –

영화 〈사도〉에서 사도세자는 아버지 영조에게 이렇게 말했다. 그 따뜻한 칭찬 한 마디를 기다렸지만 끝내 등을 돌려버린 아버지를 향한 서운함과 분노는 울분이 되었고 끝내 비극의 씨앗이 되었다.

ESFP는 주변 사람들, 본인을 둘러싼 상황에 많은 영향을 받는 편이다. 때문에 다른 사람의 감정에 더 신경쓰게 되고 정작 중요한 나에 관해서는 소홀해지기 쉽다. 그래서 더더욱 스스로를 챙기고, 내가 진짜 원하는 것이 무엇인지 고민하며 나 자신을 돌봐야 한다. 외로움을 이겨낼 수 있는 건강한 취미를 가지는 것도 필요하다. 사랑하는 사람도 거짓말처럼 자신을 외롭게 할 수 있기 때문이다. 자존감은 남이 채워줄 수 없으므로 오직 나 스스로 채워가야 한다.

ENFP-신숙주

이름	신숙주(申叔舟)/호 : 보한재(保閑齋)
출생	1417년(태종 17년) 8월 11일
사망	1417년(성종 6년) 8월 1일(향년 57세)

#인싸력_만렙 #변절의_대명사 #가늘고길게

사람들을 좋아하지만 혼자만의 시간도 필요한 ENFP

신숙주는 대제학 신장과 나주 정씨 사이의 5남 2녀 중 셋째 아들로, 대대로 문과급제자를 배출한 명문가에서 태어났다. 조선 세종 때의 학자인 윤회와 정인지의 문하에서 학문을 배우며 깊고 넓은 시야를 키울 수 있었고, 공부를 하는 동안에도 서당을 열어 아이들에게 천자문과 소학[01]을 가르치기도 했다. 1438년 (세종 20년) 22세의 나이로 진사시에서 장원 급제했고, 이듬해 문과에서 3등의 성적으로 급제한 후, 45세에 영의정에 오른 능력자였다.

그는 세종 시절에 집현전 대표 학자로서 성삼문, 박팽년 등의 동료 학자들과도 깊은 우정을 나눴다. 특히 성삼문과는 15년간 훈민정음 창제를 비롯하여 많은 일을 함께 나눈 동지였다. 또한 동갑내기 세조(수양대군)와는 사은사[02]로 명나

---

01 중국 송나라의 유자징(劉子澄)이 주희의 가르침으로 지은 초학자들의 수양서이다.
02 조선 시대에 임금이 중국의 황제에게 사은의 뜻을 전하기 위하여 보내던 사절로 진헌사라고도 한다.

라에 함께 다녀오며 베프가 되기도 하였고, 세종의 셋째 아들인 안평대군과도 친하게 지냈다. 뿐만 아니라 그가 서장관[03]으로 일본에 갔을 때, 이르는 곳마다 그의 시와 글씨를 얻으려는 사람들이 몰려들었다.

> **바다는 산골 깊은 계곡의 맑은 물이든**
> **말과 소를 씻은 더러운 물이든**
> **가리지 않고 받아들이는 곳**
>
> – 신숙주, 『보한재집』 中 –

위 시문(詩文)에서 느껴지는 것처럼 '재기발랄한 활동가'라 불리는 ENFP 유형의 인물인 그는 다른 정파 사람들과도 두루두루 친하게 지내고, 폭 넓은 인간관계를 만드는 데 열정적인 사람이었다. 그래서인지 세종, 세조 등 모시던 왕들과의 구체적인 에피소드도 많다. 특히 세조와는 술자리 여담이 많은데, 내기를 걸어 벌주를 진탕 마시게 하거나 술자리에서 세조의 말만 믿고 왕의 팔을 비틀어 버리기도 했다. 우여곡절 끝에 목숨은 건졌지만, 그만큼 두 사람이 가까웠던 것 같다.

하지만 신숙주의 진짜 취미는 '독서'였다. 책을 읽기 위해 궁궐 숙직을 도맡아 했고, 밤늦게까지 책을 읽다가 세종의 '곤룡포 미담' 속 주인공이 되기도 할 정도였다. 따라서 ENFP들은 분위기를 주도하며 자리를 만들다가도 집순이, 집돌이의 시간이 반드시 필요한 사람들인 것처럼 신숙주도 혼자 책을 읽는 시간으로 에너지를 회복했던 모양이다.

---

03 외국에 보내는 사신 가운데 기록을 맡아보던 임시 벼슬이다. 정사(正使)·부사(副使)와 함께 삼사(三使)로 불리며, 직위는 낮지만 행대 어사를 겸하였다.

멀티태스킹 최강자 ENFP

"세자야, 신숙주는 크게 쓸 인물이니라."

– 『세종실록』 신숙주 졸기[04] 中 –

신숙주는 세종이 인정한 인재 중의 인재였다. 호기심과 관심사가 많은 ENFP 인재가 맞춤형 군주 열혈 INTJ 세종을 만나서 다방면으로 활약할 수 있었던 것이다. 찰떡궁합이었던 두 사람의 케미 덕에 조선 전기의 전반적 분야가 발전할 수 있었다고 봐도 과언이 아니다. 신숙주는 언어학자, 외교관, 군인, 시인, 정치인, 사상가로 활약하며 멀티태스킹의 최강자적 면모를 보여주었다.

특히 그는 중국어, 일본어, 여진어, 몽골어 등 8개국에 능통한 언어능력자로 여러 나라의 문화에 대한 글도 많이 남겼다. 때문에 외교관으로서도 눈부신 활약을 할 수 있었다. 명과의 외교문서는 거의 그의 손을 거쳤고, 북방과 관련해서도 해결사 역할을 톡톡히 해냈다. 특히, 일본에 서장관으로 가서 '계해약조[05]'를 맺고 돌아왔으며 지금까지도 일본과의 관계에 큰 도움을 주고 있는 『해동제국기』를 저술하기도 했다.

또한 신숙주는 1460년(세조 6년)에 여진족을 정벌하는 원정에서 큰 전과를 올리기도 하는 등 뛰어난 군사 전략가이기도 했다. 여진족이 함경도 도체찰사 신숙주의 진영을 급습했을 때, 누워서 적군을 위로하는 시 한 수를 지어줄 정도로 대담했던 그의 일화가 전해질 정도이다.

---

04 돌아가신 분에 대한 마지막 평가를 뜻한다. 『조선왕조실록』에도 당대 주요 인물이 숨지면 졸기를 실었다.
05 1443년(세종 25년)에 변효문 등이 일본의 쓰시마섬의 도주 소 사다모리와 세견선 따위에 관하여 맺은 조약으로 일본의 무역선을 50척으로 하고, 조선에서 원조하는 곡식을 200석으로 제한하는 내용을 담고 있다.

오랑캐 땅에 서리 내려 변방이 차가운데
기마병이 백리를 마음껏 달리는구나.
밤 싸움은 그치지 않고 동이 트려는데
누워서 보니 북두성이 비끼는구나.

여진족의 기세를 완전히 꺾어버릴 듯
한 부드럽고도 강한 신숙주의 기세는
북관유적도첩(北關遺蹟圖帖) 야전부시
도(夜戰賦詩圖)에 잘 담겨있다.
신숙주의 능력은 그뿐만이 아니다. 그
는 45세에 오늘날의 국무총리격인 영

북관유적도첩 야전부시도

의정에 올랐으며 영의정 2회, 공신 4회라는 대기록을 보유한 정치가이다. 무려
세종에서 성종까지 6명의 왕을 모시며, 집현전 젊은 학자에서부터 막강한 권력
의 '훈구대신'이 되기까지 대세의 삶을 살았다.
ENFP는 관심사가 많아서 자칫 산만하다가 끝나버리는 경우가 많은데 신숙주
는 시대 변화에 제대로 순응하며 다방면에서 활약했던 다재다능한 능력자였다.
ENFP를 멈출 수 없는 단 하나의 에너지원은 신바람인데 신숙주는 하는 일마
다 성과가 있어서 신났을 것이고, 신이 나니 멈출 수 없었을 것이다.

눈앞에 있는 그 이상과 이면을 보는 ENFP

ENFP는 눈앞에 있는 것에 머물지 않고, 그 이상과 이면을 보는 사람들이다.

이는 성종과 화폐 유통에 대해 의논한 토론에서 신숙주가 다음과 같은 의견을
낸 사실을 통해 확인할 수 있다.

> "화폐 유통을 위해서는 외방의 큰 고을과 백성들이 번성한 곳에 시장을 열어
> 백성들 간에 상업활동을 활발하게 만들어야 하옵니다.
> 이때 강제로 시키지 말고,
> 민심의 동향을 고려하는 것이 중요하다고 생각하옵나이다."
>
> – 『성종실록』 中 –

농업 중심 사회에서 유학자가 '상업과 유통의 발달'을 그것도 '민간 상업'을 지지했던 일은 흔치 않은 일이다. 자칭타칭 일본 전문가였던 신숙주는 죽기 직전에 성종에게 이런 말을 남기기도 했다.

> "원컨대 일본과의 화평을 잃지 마소서."
>
> – 『성종실록』 中 –

성종은 이 조언대로 일본과의 관계를 좋게 유지하기 위해 노력했지만, 신숙주가 죽은 다음부터 일본에는 잘게 쪼개진 세력 간 크고 작은 전쟁이 계속된 전국시대가 시작되어 왕래가 어려워지고 말았다. 일본에 대한 정보를 쌓지 못하였으니 훗날 임진왜란의 시발점이 된 셈이다.

이러한 그의 면모는 수양대군이 왕위를 찬탈하던 때에도 발휘되었다. 1453년 (단종 원년) 계유정난 거사에는 직접적으로 참여하지는 않았으나 집현전 학사들을 포섭할 것을 건의하는 등 시대 변화에 순응하고 대세를 따르는 모습을 보였다. 이후 사육신의 '단종 복위 운동'에 동참할 것을 제안받았을 때에도 실패가 자명하다 생각하여 거절하였다. 당장의 명분과 원론보다는 내일을 위해 나아갈 길을 찾아 그들과는 다른 길을 걷기로 한 것이다. 하지만 이 대목부터 그는 천하의 배신자에 변절자가 되었다. 때문에 그의 뛰어난 면모는 알려진 바가 없고 온갖 콘텐츠 속에서 죽일 놈이 되었으며, 심지어 숙주나물을 먹을 때조차 아작아작 씹히고 있다.

ENFP는 상대방의 부탁이나 제안을 잘 거절하지 못하는 편이다. 따라서 신숙주 역시 자신의 삶에 가장 큰 에너지를 발휘하는 인물인 대세 세조의 부탁에 '아니오!'를 하지 못하였을 것이다. 그리고 이미 그 파도를 탄 이상 신나게 즐겼을 것이다.

평생을 잘 먹고 잘 살았을 것 같은 신숙주지만, 충절을 지키다 목숨을 잃은 벗들 앞에서 고개를 들지 못했듯이 ENFP들은 벌어진 일들을 쉽게 잊지 못하여 잠자리에서 이불킥 하는 경우가 많아서 내내 괴로워하다 생을 마감했을 수도 있다. 세조 집권 이후 그는 조선에 드리워진 공신 천국, '훈구세력 유니버스'의 중심인물로서 책임이 있기 때문이다.

확실한 태도가 필요한 ENFP의 생존 비법

신숙주의 생존 비법은 대세를 따르는 것이라 할 수 있다. 고려 왕조를 지지하다 패배한 후 은둔 생활을 택했던 증조부와 조부로 인해 힘이 없던 시절로 다시 돌아갈 수는 없었을 것이다. 자신이 배웠던 유학적 이론과 세종과의 약속 등 도저히 놓을 수 없는 것들이 많았지만 관습이나 규칙에 얽매이지 않는 ENFP로서 그 이상들은 지금이 아니라면 다음에 실현해도 될 것들이라 여기며 시대에 순응하며 살아남았을 것이다. 하지만 이러한 선택으로 그에 대한 후대의 평가는 극명하게 갈리고 있다.

'대의를 따르는 결단력 있는 인물' 인가?
'기회를 엿보는 얍삽한 변절자' 인가?

분명한 것은 여전히 그의 1번 해시태그가 '#변절자의_대명사'라는 점이다. 성삼문의 처형을 강력하게 주장했던 정인지와 계유정난을 도왔던 최항, 정창손 등 메인 캐릭터는 따로 있었지만 유독 그가 욕받이가 된 이유는 무엇일까?

각자 여러 이유를 들 수 있겠지만, 그중 하나는 그의 분명하지 않은 태도 때문이었다고 본다. 중요한 위치에 있었으면서도 곁에 있는 사람들이 옳지 않은 선택을 하거나, 결정을 내려야 하는 순간에 '네 뜻대로 해!', '괜찮아, 나는 상관없어.' 등의 태도를 보였기 때문에 단종의 폐위 및 죽음 등 역사에 큰 오점을 남긴 것이 아닐까? 또한, 훈구파의 고인물 정치에 동참하여 쭉쭉 뻗어나가야 했던 조선 전기 사회를 퇴보하게 만들었다.

그가 결정적 순간마다 앞장서지는 않았지만 말리지도 않았던 애매한 태도를 보인 탓에 세조와 동료 학자들을 대신해서 욕받이가 된 것이 아닐까 싶다. 또한 그는 많은 업적을 남겼으나 훗날 사림파에 의해 역적으로 평가되었고, 변절자, 배신자라는 낙인 때문에 그의 명작들까지 저평가되었으니 억울해도 소용없는 일이다. 위치에 맞게 보다 확실한 태도를 보였더라면 훗날 그에 대한 평가가 달라졌을지도 모른다.

'그래도 성공한 사람 아닌가?'라는 생각이 들 수 있다. 맞는 말이다. 하지만 신숙주와 같은 인생을 살려면 엄청난 운이 동반되어야 함을 잊지 말았으면 한다. 때마침 세조가 잘 끌어주었고, 한 발 물러서 있었지만 일이 잘 풀려서 수양대군이 계유정난을 일으켰을 땐 정난공신, 그가 세조로 즉위한 후에는 좌익공신에 올랐으니 말이다. 이후 남이의 옥사를 처리한 후 익대공신, 성종이 즉위한 후 좌리공신에 등극하며 승승장구하다가 죽어서까지 그의 운은 계속되었으니 같은 길을 걸었던 한명회[06]나 정인지처럼 부관참시 형으로 목이 잘리지도 않았다. 연산군 외할머니의 친사촌 오빠가 바로 신숙주였을뿐만 아니라, 그는 폐비 윤씨가 중전이 되기 1년 전인 1475년(성종 6년)에 죽었기 때문에 연산군 때 발생한 '갑자사화' 때에도 화를 피할 수 있었다.

---

06 조선 세조 때의 문신으로 수양 대군을 도와 김종서를 비롯한 여러 대신을 차례로 죽이고 단종을 몰아내는 데 공을 세워 좌익 공신 1등이 되었으며, 뒤에 사육신의 단종 복위 운동을 좌절시키고 그들을 주살하도록 하였다.

ENFP의 생존법은 쉽지는 않지만 이렇게 정리해 볼 수 있다. 운만 믿고 자만하지 말고 관계와 상황이 피곤해질까봐 애매하게 행동하다가 큰 화를 입을 수도 있으니 때로는 확실한 태도를 보여주는 것이다. 가끔은 감정보다는 머리로 관계를 진단해볼 필요가 있다는 것을 기억하자.

ENFP - 명성황후

이름	명성(태)황후(明成太皇后)
출생	1851년(철종 2년) 11월 17일
사망	1895년(고종 32년) 10월 8일(향년 43세)

#고종의_아내 #순종의_엄마 #흥선대원군_며느리_
라이벌 #호불호_평가 #을미사변 #내가_조선의_국모다

호기심 많은 ENFP

ENFP는 상상력이 풍부하고, 호기심과 관심사가 많다.

명성황후의 이름은 참으로 많다. 민자영, 민아영, 왕후 민씨, 민비, 명성황후, 명성태황후 등이 있는데 그 가운데서 가장 눈길이 가는 이름은 '민자영'이다. 영화 〈불꽃처럼 나비처럼〉에서 해변에 '붉을 자(紫), 꽃부리 영(英)'이라고 쓰는 장면이 나오는데 바다를 바라보며 붉게 핀 해당화와 불꽃처럼 살다 간 그녀의 삶을 닮았기 때문이다.

그녀가 태어난 1851년(철종 2년)은 안동 김씨가 왕의 외척으로 다시 활개를 펴기 시작한 때이며 그녀가 왕비로 간택되었던 1866년(고종 3년)은 흥선대원군이 세도정치[01]를 뿌리 뽑고자 했던 시기였다. 외척 세력의 힘을 배제하고 싶었던 흥선대원군은 가문의 힘은 약했지만 2대째 왕비를 배출하고 있는 여흥 민씨

---

01 왕실의 근친이나 신하가 강력한 권세를 잡고 온갖 정사(政事)를 마음대로 하는 정치. 조선 정조 때 홍국영에서 비롯하여 순조·헌종·철종의 3대 60여 년 동안 왕의 외척인 안동 김씨, 풍양 조씨 가문에 의하여 이루어졌다.

집안의 그녀가 마음에 들었다. 아버지를 일찍 여의고 형제들이 모두 어린 나이에 죽어서 무남독녀로 자란 그녀는 ISTJ 흥선대원군의 계획에 딱 맞는 며느리감이었다.

그녀에 대한 기록은 한 나라의 왕후임에도 불구하고 일부러 지우기라도 한 것처럼 이상할 정도로 많지 않고, 그나마 남아 있는 자료도 왜곡 가능성이 많기때문에 여러 콘텐츠에서 만들어진 이미지로 상상하거나 일부 자료를 가지고 유추할 수밖에 없다. 자료에 따르면 그녀는 영민하고 호기심 많으며 불꽃 에너지를 지닌 ENFP 소녀였음을 곳곳에서 느낄 수 있다.

> **"책 속에 있는 세상은 무한히 넓고 무궁무진하니 거기에 비하면**
> **우리가 살고 있는 세상은 티끌과도 같다는 것이지."**
>
> – 드라마 〈명성황후〉 中 –

왕비가 되기 전에도 『소학』, 『효경[02]』, 『여훈[03]』 등을 즐겨 읽었고, 특히 역사를 좋아했다고 한다. 상상력이 풍부하고, 호기심과 관심사가 많았던 ENFP 명성황후는 폐쇄적인 궁궐 안에서도 많은 이들과 교류하며 넓은 세상을 탐구했고, 갈망했다.

> **왕비는 생기발랄하고 재치가 있었다.**
> **질문을 많이 했고 자기가 들은 것은 모두 기억했다.**
>
> – 릴리어스 언더우드의 『상투 튼 사람들과 함께한 15년』中 –

하지만 그녀 주변의 사람들이 요구했던 왕비의 요건에는 호기심 따위는 없었다. 나서지 않고 조용히, 그저 묵묵하게 모든 것을 수용하는 내향적이고 안정

---

02 공자가 제자인 증자(曾子)에게 전한 효도에 관한 논설 내용을 기록한 책으로 유교 경전 중 하나이다.
03 집안의 부녀자들에게 하는 훈시나 교훈이며 내훈이라고도 한다.

적인 사람이 필요했던 것이다. 그래서인지 그녀는 ENFP의 장점 대신 단점이 더욱 부각되고 점차 흑화되었다.

밝아 보이지만 상처 잘 받는 ENFP

ENFP는 밝아 보이지만 상처를 받으면 밤새 이불 속에서 고민하며 그 일에 대해 곱씹어 본다.

그녀는 열여섯 살에 한 살 어린 남편 고종과 가례[04]를 올렸다. 지금 아이들과 비교하면 안 되겠지만 사춘기 소녀 나이에 왕비가 된 것이다. 하지만 혼례 후 첫날밤에 고종은 왕비 처소에 들지 않았다. 고종은 혼례 당시 아홉 살 연상인 귀인 이씨와 열애 중이었기 때문에 정략결혼 상대였던 그녀를 가까이하지 않았다. ENFP는 MBTI 중에서도 관계 욕구가 가장 큰 유형이다. 밝아 보이지만 상처를 받으면 밤새 이불 속에서 고민하며 그 일에 대해 곱씹어 보는 사람들이기에 아마도 명성황후는 신혼 초부터 외롭고 쓸쓸해서 많이 힘들었을 것이다. 심지어 자신보다 영보당 귀인 이씨가 먼저 아들을 낳았으니 제아무리 부정에서 긍정을 이끌어내는 ENFP라 할지라도 흑화될 가능성이 농후한 부분이다. 물론 이런 상황이라면 어떤 MBTI 왕비더라도 온화할 수 없을 것 같다.

이후 왕비는 양오빠 민승호, 흥선대원군의 형 흥인군, 유림 대표 최익현 등과 교류하며 영향력을 키워갔고 한층 더 성숙해졌다. 그렇게 성장한 그녀는 고종의 고민거리에 대해 언제나 대책을 세워서 풀어주며 정치적 조언을 아낌없이 해주는 존재가 되었다. 대화와 유머코드가 맞고 조언을 해주는 사람을 좋아하

---

04 오례(五禮)의 하나. 왕가(王家)에서는 왕의 성혼이나 즉위, 또는 왕세자·왕세손·황태자·황태손의 성혼이나 책봉 따위의 예식을 이르고, 사가(私家)에서는 관례(冠禮)나 혼례를 이른다.

는 INTP 고종과 감정 교류를 가장 중요하게 생각하는 ENFP 명성황후가 드디어 사랑에 빠졌고, 그 결과 1871년(고종 8년)에 왕자를 낳았다.

열정적인 인간관계, 한순간 무시해 버리는 ENFP

ENFP는 누구보다 열정적으로 관계를 만들고, 관계 욕구가 큰 사람들이지만 마음에 들지 않는 상대가 있으면 무시해 버리는 경향이 있다.

첫 아이를 유산한 뒤 얻은 귀한 아들이 항문폐색증으로 태어난 지 닷새 만에 죽고 말았다. 연이어 아이를 잃은 엄마의 심정은 그 무엇으로도 설명이 안 될 만큼 슬픈 일로, 명성황후는 무엇이 문제였을지 피눈물을 흘리며 생각하고 또 생각했을 것이다.

'영보당 이씨를 투기해서 였을까?'

'몸가짐이 잘못되어서 였을까?'

'아버님이 주신 산삼을 너무 많이 먹었나?'

'산삼은 독이 될 수도 있다는데 왜 자꾸 주신 걸까?'

'완화군[05]이 원자로 책봉되면 어쩌지?'

산삼이 직접적인 원인일 수는 없으나 엄마 명성황후는 원망의 대상이 필요했다. 자신을 간택해 준 시아버지를 효심을 다해 모시다 갈등이 생긴 시점이 묘하게도 겹쳐 아예 배제할 수는 없는 야사적 해석이다.

다시 임신하여 낳은 딸이 7개월 만에 또 죽었으니 밝고 긍정적인 명성황후는

---

05 고종의 서장자로 영보당 귀인 이씨 소생이다.

더 이상 존재할 수 없었다. 이에 남편과 자신을 위해 주변 인맥을 적극 동원하여 시아버지를 강제로 끌어내렸고, 진정한 친정(親政)[06]의 시대를 맞이하게 하였다. 그 이후 1874년(고종 11년) 3월에 자신의 자녀들 중 유일하게 요절하지 않고 장성하는 자식을 얻었으니, 그가 바로 순종이다. 때문에 명성황후가 금지옥엽 그 자체인 이 아들에게 최선을 다하는 것은 당연하다.

ENFP는 누구보다 열정적으로 관계를 만드는, 관계 욕구가 큰 사람들이지만 마음에 들지 않는 상대가 있으면 무시해 버리는 경향이 있다. 결국 그녀는 시아버지와의 갈등 관계를 만들었고, 그 결과 하나가 되지 못한 권력 구조에 의한 나라의 균열은 점점 커졌다.

어설픈 설계자 ENFP

ENFP는 열정에 비해 모든 일이 흐지부지되는 경우가 많다.

다음과 같이 여러 사람들이 평가한 내용을 보면 명성황후는 역대 왕비들하고는 무언가 다르긴 달랐던 모양이다.

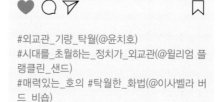

#외교관_기량_탁월(@윤치호)
#시대를_초월하는_정치가_외교관(@윌리엄 플랭클린_샌드)
#매력있는_호의 #탁월한_화법(@이사벨라 버드_비숍)

그녀는 외교적 수완이 좋았던 능력자로, 당시에 SNS 인수타구람(人手詫捄覽)이 있었다면 그녀에 대해 위와 같은 해시태그를 달지 않았을까 싶을 정도로 기

---

06 임금이 직접 나라의 정사를 돌보는 일을 뜻한다.

존의 왕비들과 확실히 달랐다. 추진력이 있는 정치가였고, 외부세계에 관심이 많았던 ENFP 왕비로 보인다. 이에 따라 고종의 친정과 함께 흥선대원군의 통상 수교 거부 정책 대신 개화정책을 펴는 쪽에 섰으니, 그녀가 한국 근대사의 굵직한 사건들과 함께 거론되는 이유라 할 수 있다.

그녀는 남편 고종과 함께 온건개화파[07] 세력의 기존 체제는 고수하면서 서구 문물을 들여오는 동도서기(東道西器)[08]식 개화정책을 지지하였다. 하지만 이 과정에서 보수세력과의 갈등 조절 실패, 자금 조달을 위한 친청(親淸) 정책 등 아쉬움을 많이 남겼다.

"생각만 하면 뭐합니까? 실천을 하셔야지요."

– 드라마 〈명성황후〉 中, 흥선대원군이 며느리에게 –

흥선대원군의 말처럼 그녀에게는 구체적인 계획은 없었던 것일까? 강대국과 시아버지를 상대로 벌려 놓은 일은 많았지만 대부분 그 끝이 좋지 않았다. 1882년(고종 19년)에 일어난 임오군란[09]이 대표적인 예이다.

당시 구식군인들은 13개월이나 급료를 체불당하며 생활고를 겪고 있었다. 하지만 정부의 개화정책에 따라 신설된 별기군[10]은 급료를 따박따박 받고 있었고, 왕실 혼례 행사 역시 초호화로 추진되고 있었으니 화가 날 만도 했다. 이때 군인들의 월급(쌀) 지급을 담당하던 이는 민겸호였다. 선혜청 당상 겸 병조판서였던 그는 여동생인 명성황후를 등에 업고 온갖 비리를 저지르고 있었다. 그는 구식 군인들의 월급을 횡령하는 것도 모자라 겨우 1개월분만 지급된 쌀에 겨와

---

07 구한말에 청의 지원을 받아 점진적인 개화를 주장하던 당파로 김홍집, 김윤식, 어윤중, 민영익 등이 대표적 인물이다.

08 동양의 도덕, 윤리, 지배질서는 그대로 유지한 채 서양의 발달한 기술과 기계를 받아들여 부국강병을 이룩한다는 사상으로 온건개화파가 주장했다.

09 1882년(고종 19년)인 임오년에 구식 군대의 군인들이 신식 군대인 별기군과의 차별 대우와 밀린 급료에 불만을 품고 군제 개혁에 반대하며 일으킨 난으로 이를 계기로 다시 정권을 잡은 대원군은 여러 가지 개혁을 단행하는 등 사태 수습에 노력하였으나 결국 실패하여 청나라에 압송되었으며 조정은 일본과 제물포 조약을 맺게 되었다.

10 조선 후기에 마군(馬軍), 보군(步軍) 가운데서 힘세고 무예에 능한 사람을 뽑아 편성한 군대이다.

모레를 반이나 섞어 군인들의 분노를 샀다. 이후에도 계속된 차별과 홀대에 군인들은 폭발했고, 민겸호의 집으로 쳐들어가 그를 죽이고 집과 재물을 불태웠다. 이 사건으로 명성황후는 51일간이나 피신해야 했다. 심지어 흥선대원군은 이 시기 며느리가 죽었다 발표하며 국장까지 치러버렸다. 임오군란으로 인해 개화 정책은 일제히 후퇴될 수밖에 없었고, 사건을 수습해준 청은 이를 빌미로 마젠창, 묄렌도르프 등의 고문을 파견하여 조선의 내정을 간섭하기 시작했다. 또한 일본 역시 피해 보상과 거류민 보호를 내세우면서 제물포조약을 체결하였고, 조선에 일본군을 주둔시키는 결과를 가져왔다.

발전을 위한 정책도 좋지만, 나라의 부국은 결국 백성들을 위한 것이다. 문제점이 있다면 확실하게 수습하고, 단계적으로 해결해야 했던 너무나도 중요한 1882년(고종 19년)이었으며 불만의 소리가 있다면 ENFP답게 귀 기울여야 했다. 기존의 것을 무시하고, 자신 위주로만 생각하여 일을 추진하다 보니 결과적으로 최악이 되고 말았다. 이후 갑신정변, 동학농민운동 등 같은 실수를 반복하여 우리의 힘으로 변화하고 발전해 나갈 수 있는 기회를 놓쳐버리고 만 것이다.

ENFP 명성황후는 열정에 비해 일이 흐지부지되는 경우가 많아 국내외적으로 너무 많은 적을 양산해 버렸다. 청 다음으로 러시아를 끌어들이는 등 이이제이(以夷制夷)[11]를 운용한 대가로 명성황후는 1895년(고종 32년) 왕비의 침실인 옥호루(玉壺樓)에서 일본 낭인들에게 살해되었다.

물론 파국에 대한 책임을 그녀에게만 물을 수는 없다. 왕이었던 남편과 부패한 줄 알면서도 기용했던 민씨 척족들 그리고 개혁을 추진했던 능력자들 역시 책임이 있다고 본다. 하지만 그녀는 그런 이들을 너무 믿었고, 잘못된 선택의 순간에 함께 했던 부분 그리고 꼼꼼하지 못했던 점에 대해서는 생각해볼 필요가 있다.

---

11 오랑캐로 오랑캐를 무찌른다는 뜻으로, 한 세력을 이용하여 다른 세력을 제어함을 이르는 말이다.

인정 욕구가 강한 ENFP

무엇이든 다 들어주고, 긍정적으로 넘길 것 같은 ENFP는 사람들이 자신을 비난하는 것에 취약하다. 인정 욕구가 강하기 때문에 관심받는 것을 좋아하여 흑화되기도 쉽다.

> "운이 따르지 않았고,
>
> 다 내가 부덕하여 그리된 것이니
>
> 어찌 그들의 잘못이겠는가?"
>
> ‒ 고종 어제 행록 中 ‒

임오군란을 일으킨 군사들을 강력히 처벌해야 한다는 이야기가 나왔을 때 명성 황후는 이렇게 말하였다. 이렇듯 포용력이 있고 덕이 있는 ENFP 왕비였지만 어째서 최후에는 욕받이가 되어 버린 것일까? 그녀는 고종과 함께 개화 정책을 성공적으로 이끌고 조선 왕조를 끝까지 지켜내고 싶어 노력했다. 필요하다면 청이든, 일본이든, 러시아든 외세에 의존이라도 하면서 말이다. 하지만 그 과 정에서 불가피했던 흥선대원군과의 정책적 갈등과 개화와 더불어 평등한 세상 을 꿈꿨던 백성들과의 생각 차이는 비난의 화살이 되어 돌아왔다.

> "세계 역사상 가장 악독한 여자! 마리 앙투아네트보다 더 나쁜 여자!"
>
> ‒ 유길준, 「서유견문」 中 ‒

> "대원군이 10년간 모은 것을 1년도 안 돼 탕진한 여자!"
>
> ‒ 황현, 「매천야록」 中 ‒

굶주리는 백성들과 전쟁 준비로 예산이 빠듯한 상황에 과도한 굿으로 세금을 탕진했다는 비난과 청을 견제하려고 불러들인 러시아로 인해 영국, 미국, 일본 의 반발 또한 몹시 매서웠다. 열심히 하려고 했지만 마음대로 되지 않아 칭찬보다는 비난이 가득했다.

하지만 그녀는 시대가 문제라는 합리화를 하는 대신 이런 평가를 받는 데에는 본인에게도 이유가 있다는 것을 알아채기 위해 스스로에게 물었다면 어땠을까?

- 자신 앞에 떨어진 비극적인 일들에 대해 모든 것을 자기 위주로만 생각하지는 않았는가?
- 상대가 마음에 들지 않는 행동을 한다고 예전의 다정함을 버리지는 않았는가?
- 권력과 이견이 쏟아지는 현실 속에서 주변을 꼼꼼하게 챙겼는가?
- 꾸준함을 가지고 일과 관계를 만들어 갔는가?
- 결과는 실패했지만 과정은 실패하지 않았다고 자기합리화에 빠지지는 않았는가?

적어도 꿈이 있는 사람이라면 생각하고 또 생각하여 꾸준히 실천했으면 어땠을까? 밝고 명랑한 외면에 가려져 좀처럼 보이지 않는 내면의 그림자가 열정을 삼키지 못하도록 처음 느낌 그대로 쭉 나아가기만 하면 된다. 기대를 듬뿍 받으며 내딛었던 첫발을 기억하면서 호기심 가득하여 다가갔던 것들을 하나하나 갈무리 지어 나갈 수 있으면 좋겠다.

ESFJ - 세조

이름	이유(李瑈)/조선 7대 왕 세조(世祖)
출생	1417년(태종 17년) 11월 16일
사망	1468년(세조 14년) 10월 2일(향년 50세)
재위	1455년 8월 3일~1468년 10월 1일

#세종_둘째_아들 #수양대군 #계유정난 #단종_숙부
#피부병

관심받는 게 좋은 ESFJ의 야심

ESFJ는 스포트라이트를 받는 것을 즐기며 타인의 인정을 받는 것에 아주 민감하다. 흑화될 경우 애정결핍이 매우 심해지거나 자신을 과소평가 혹은 과대평가할 수 있다.

세조는 1417년(태종 17년) 세종의 둘째 아들로 태어났다. 형 문종과 동생 안평대군이 궁궐에서 지낸 것과는 다르게 다섯살까지 사저에서 자유분방하게 자랐다.

"어릴 때 민간(民間)에서 자랐으므로
모든 어려움과 사실과 거짓을 자세히 일찍부터 겪어 알고 있었다."

– 『세조실록』 中 –

그의 이름은 진평, 함평에 이어 1445년(세종 27년)까지는 진양대군이었다가, '수양대군(首陽大君)'이라는 군호를 받았다. 세조의 이름이 바뀐 이야기는 다양하게 있다. 먼저 '수양'의 뜻은 아버지 세종이 두 아들을 떠나보내고, 문종도 허약하니 둘째의 건강도 걱정되어 오래 살라는 의미에서 지어주었다고도 하고, 충절의 상징 백이(伯夷)[01]와 숙제(叔齊)가 은거해 살았다는 수양산(首陽山)에서 따왔다는 말도 있지만 12년간 불려온 '진평'이라는 이름에는 큰 의미가 없어 아버지에게 바꿔 달라고 졸랐다는 이야기도 있다. 분명한 것은 수양대군은 자신의 군호에 들어간 우두머리 수(首)자를 꽤나 마음에 들어했다는 것이다.

조선 최고 능력자인 아버지 세종과 그 아버지를 그대로 닮은 형 문종은 넘사벽이긴 했지만 세조는 공부, 활쏘기, 악기 연주 등 최대한 모든 분야를 잘해 내려고 노력했던 둘째였다. 타인의 인정을 받는 것에 아주 민감한 ESFJ 세조는 조카 단종이 태어나기 전까지는 2인자로서 늘 스포트라이트를 받는 것을 마음속으로 꿈꿔왔다. 하지만 언제나 그 한 줄기 불빛은 자신 것이 아니었고, 늘 다른 사람들 것이었다. 따뜻한 마음의 포용적인 ESFJ가 흑화될 경우, 애정결핍이 매우 심해지거나 자신을 과소평가 혹은 과대평가할 수 있다. 세조 역시 열심히 살아도 주목받지 못했고, 비교만 당하는 현실이 마음에 들지 않았다. 더 이상 2인자도 아닌 처지라 싫은 티조차 낼 수 없는 삶 속에서 문제가 생길 경우 해결할 사람은 자신 밖에 없다고 생각하며 남몰래 야심을 키웠다.

그런 그의 앞에 왕위에 오른 지 2년 3개월 만에 승하해버린 형 문종과 수렴청정을 해줄 왕실 어른도 없이 열두 살의 나이로 용상에 앉은 조카 단종이 있었고, 그 옆에는 황보인, 김종서 등이 고명대신[02]이 되어 어린 왕을 보필하고 있으니 그 모양새가 몹시도 거슬렸다. 어린 조카마저 후사 없이 세상을 떠나버린다면 이대로 종사가 송두리째 흔들릴 수도 있었기 때문이다. 하지만 참고 견디는

것을 잘하는 ESFJ답게 그는 때를 기다렸다. 단종 즉위 이후 명나라에 사신으로 다녀오기도 했고, 문종의 건강에 대해서도 누구보다 걱정을 표현하며 기다리고 또 기다렸다.

완벽주의 ESFJ, 팔랑귀지만 응~ 안 넘어가

ESFJ는 한번 시작했으면 끝을 봐야 하는 완벽주의자이다.

세조는 동생 안평대군이 김종서와 황보인의 손을 잡고 세력을 키우자, 더 이상은 지체할 수 없다 판단하여 미리 구축해두었던 계유정난의 핵심인물인 권람, 한명회 등의 참모들과 함께 기습 작전을 폈다.

> "지금 간신 김종서 등이 권세를 희롱하고 정사를 독단하여
> 안평과 더불어 장차 불궤[03]한 일을 도모하려 하고 있소.
> 내가 이 자들을 베어 없애고 종사를 편히 하려는데
> 여러분은 어떻게 생각하는가?"
>
> – 『박시백의 조선왕조실록』 세조실록 中 –

1453년(단종 원년) 10월 역모를 구실로 가장 먼저 김종서를 철퇴로 죽였으며, 황보인, 조극관 등 살생부에 적힌 이들을 참살했다. 물론 동생 안평대군도 유배 후 가차 없이 죽였다. 이 극적인 상황은 참모 한명회의 설계와 더불어 사전 준비가 철저했던 세조에 의한 예정된 승리였고, 이를 '계유정난(癸酉靖難)'이라 한다. 여기서 '정난'은 전란의 '란(亂)'이 아닌 '역도들의 난(難)'을 평정했다는 것을 강조하고 있으니 세조에게는 다 계획이 있었던 것이었다. 계유정난 이후

---

03 법이나 도리를 지키지 아니하다.

자신의 동생이자 세종의 여섯 번째 아들인 금성대군을 유배 보내는 것을 시작으로, 단종 곁에서 지켜주는 자들을 하나도 남김없이 제거했다. 결국 세조는 1455년(단종 3년/세조 원년) 6월 조카 단종에게 왕의 자리를 선위 받는 형식으로 조선의 7대 왕이 되었다.

하지만 완벽주의인 ESFJ 세조는 여기가 끝이 아니었다. 김종서, 황보인 등의 전횡에 반대하며 계유정난에 협조했던 성삼문, 박팽년 등의 집현전 학자들이 단종 복위를 시도하자 관련자 17명을 거열형으로 처형했고, 사흘간이나 효수[04]하였다. 또한, 이를 빌미로 단종은 영월로 유배 보냈고, 2차 단종 복위를 시도하다 발각된 금성대군을 처형했다. 그리고 어린 조카임에도 불구하고 단종 역시 왕권을 빼앗은 지 2년 만에 열일곱의 나이로 죽게 하였다.

관심받지 못해 상처투성이였던 ESFJ 세조는 자신의 편이 되어 준 이들을 만나 마음을 굳힌 뒤 냉혹하게 가족, 친구 등을 가리지 않고 많은 이들을 죽인 왕이 된 것이다. 만일 세조 곁에 '단종이 정사를 잘 펼쳐나갈 수 있도록 돕는 것이 최선'이라고 말해주는 참모들만 존재했다면 과연 계유정난이 일어나지 않았을까? ESFJ가 다소 팔랑귀이기는 하지만 세조의 야심이 만든 계획은 이미 오래 전부터 목표가 서서 그 어떤 꾐이나 설득에도 넘어가지 않았을 것이다.

선물하기 좋아하는 ESFJ의 술버릇

ESFJ는 동료애가 강하며 사람들을 챙겨주는 과정에서 행복을 느낀다.

세조는 정이 많고, 주위 사람들에게 선물하는 것을 좋아하는 ESFJ답게 자신을 도와준 이들을 잊지 않았다. 계유정난을 도운 이들을 정난공신에, 세조의 즉위를 도운 이들을 좌익공신에, 1467년(세조 13년) 함경북도 길주군에서 일어난

---

04 죄인의 목을 베어 높은 곳에 매달아 놓은 일 또는 그런 형벌을 뜻한다.

이시애의 난을 평정한 이들을 적개공신에 책봉했다. 그 이후 공신들에게는 대토지를 하사하였고, 여러 문제를 만들고 다니더라도 그들만큼은 프리패스 해주었다. 심지어 그들에게 나누어줄 토지가 부족해지자 '현직 관리에게만 수조권을 나누어주라!'며 직전법을 명하여 절대적으로 공신들 우위의 세상을 만들었다. 왕권 강화를 목표로 6조직계제 시행, 경국대전 편찬을 시작하는 등 노력했지만 그들에 대한 애정의 표현은 포기하지 않았다.

뭐 더
필요해?

**"일이라는 것은 모두 세(勢)[05]의 흐름의 영향을 받는데,
세란 것은 하늘의 뜻이다. 그러나 사람의 일이 더욱 중하다.
어리석은 자는 하늘에 미루고 지혜로운 자는 사람을 자세히 살핀다."**

– 「세조실록」 中 –

자연스럽게 분위기를 주도할 줄 아는 ESFJ 세조는 잦은 술자리를 통해 신하들과의 유대감을 키워나가기도 했다. 실록에 술자리 관련 기록이 467건이라니 진정한 친화력 갑 세조였다.

노래와 춤이 함께 있던 술자리를 통해 세조는 신하들의 의중을 떠보기도 하고, 진심을 나눴다. 그런데 격의 없이 굴다가도 갑작스럽게 칼 같은 면모를 보여서 모두를 당황하게 만들기도 했다. 특히 술이 그다지 세지 못했던 정인지는 취하면 세조를 '너'라고 부른다거나 말실수를 하는 시한폭탄 같았다.

---

05 권력이나 기세의 힘으로 세력을 뜻한다.

"여기까지 하겠사옵니다.

풍수(지리)에 대해 더 들어갔다가는 전하께서 잘 모르실테니까요."

– 「세조실록」中 –

분노하여 술상을 다 엎을 만도 한 상황이지만 ESFJ는 다른 사람들과 함께 지내는 것을 행복으로 여기기 때문에 약간의 위협을 담아 술 마셨으니까 봐주겠다는 식으로 마무리 지었다. 하지만 병조판서를 지낸 이계전이 '술이 과한 것 같으니 그만 드시라.'는 말실수를 하자 머리채를 잡아 곤장을 쳤고 '너를 사랑하기 때문이다.'며 달래주기도 하였다.

※ 여기서, 잠깐! ESFJ의 술버릇 공개!

ESFJ는 갑자기 사라지기도 하는데 남아 있는 사람들을 위한 초코우유나 아이스크림을 들고 나타나는 버릇이 있다. 또한 분위기를 더욱 업 시킬 수 있는 아이템이 끝도 없이 나올 수도 있다고 한다.

술을 좋아하고 공신들을 잘 챙겨야 했던 세조는 완벽주의 성향에도 불구하고 숙취 때문에 일어나는 게 몹시 힘들어 일과 시작을 11시에 한 적도 있다고 하니 '술은 인간의 성품을 비추는 거울이다.'는 아르케시우스의 말이 딱 맞는 것 같다. 세자 수업 없이 쿠데타로 왕위에 오른 세조인지라 술도 좋고 술자리 정사도 좋지만 몸가짐을 더욱 왕답게 하려고 완벽을 기했어야 하는데 너무 공신들만 챙기다보니 자신의 건강도 잃고, 공신들의 비리와 패악질에 짓밟히는 백성들을 구제해주지도 못했다.

물론 완벽주의 세조는 자신이 아끼는 공신들의 권한이 너무 커지자 그들을 견제하기 위해 왕족 구성군, 외척 남이, 김숙자, 김종직 등의 사림 등을 등용하였다.

비판은 No, 넌 ESFJ에게 모욕감을 줬어!

ESFJ는 비판을 비난으로 받아들이는 경향이 있다. 심지어 그 비판당하는 순간을 마음에 계속 담아두고 평생 기억할 수도 있다.

세조는 강력한 왕권을 위해 '비판'이라는 이름으로 브레이크를 거는 요소들을 모조리 제거했다. 우선 세종 때 실시했던 '의정부서사제'를 폐지하였고, 6조의 일을 직접 보고하게 하는 '6조직계제'를 실시하였다. 이에 하위지[06]가 비판의 의견을 내놓자 자신을 비꼰다 생각하여 머리채를 잡고 그대로 끌고 나가 의금부에 가두기도 하였다. 또한 여러 가지 정책에 대해 집현전에 묻는 것을 싫어했으며 툭 하면 자신을 비난하는 내용을 토론하는 것 같던 경연[07]도 싫어서 모조리 없앴다. ESFJ는 비판을 건설적인 조언이라 받아들이지 못할 때 감정적으로 반응하기 때문에 오히려 비판하는 이들이 틀렸다고 생각하며 자기합리화에 빠지기도 한다.

세조 시기에는 불경 간행, 사찰 지원 등 불교 관련 사업들도 적잖이 진행되었는데 그의 정책에 대해 '아니 되옵니다.'를 했다가는 순식간에 돌변하는 세조의 모습에 신하들은 더 이상 비판할 수 없었다. 세조가 뒤끝이 긴 반면 한 번 애정을 주면 끝까지 감싸주기 때문에 신하들은 왕의 구미에 맞는 말만 하게 될 수밖에 없었을 것이다.

이렇듯 강력한 왕권으로 비판마저 차단한 세조였지만 아이러니하게도 평생 비난의 말에 시달리며 살았다고 한다. 바로 문종의 정비이자 단종의 어머니인 현덕왕후에게 말이다.

---

06 조선 전기의 문신이자 학자로 사육신(死六臣) 중에 한 사람이었으며 1456년(세조 2년)에 단종의 복위를 꾀하다가 실패하여 처형되었다.

07 고려 · 조선 시대에, 임금이 학문이나 기술을 강론 · 연마하고 더불어 신하들과 국정을 협의하던 일 또는 그런 자리를 말한다. 1390년(고려 공양왕 2년)에 서연을 고친 것으로 왕권의 행사를 규제하는 중요한 일을 수행하였다.

"나는 상왕의 모후 현덕왕후다.

수양이 내 아들을 비참하게 죽였으니 나 또한 수양의 씨를 말려버릴 것이다."

– 『연려실기술』 中 –

현덕왕후가 비난을 퍼부으며 뱉은 침에 맞은 꿈을 꾼 이후 피부병이 심해져 병을 고치기 위해 명산과 절을 찾아다녔다는 이야기가 있을 정도이다.

ESFJ는 사람은 좋아하는 만큼 배신을 당하거나 상처를 많이 받아봐서 두려움이 많다고 한다. 그러므로 상처를 받지 않기 위해 오히려 칼같이 행동할 때가 있으나 그 행동에 더 상처받고 괴로운 것이 ESFJ임을 잊지 않았으면 한다. 세조 역시 가까웠던 많은 이들을 죽인 후 부처님께 불공을 드리며 편치 않은 삶을 살았듯이 말이다.

ESFJ-이순신

이름	이순신(李舜臣)/시호 : 충무(忠武)
출생	1545년(인종 원년) 4월 28일
사망	1598년(선조 31년) 12월 16일(향년 53세)

#충무공 #구국의영웅 #23전23승

ESFJ의 질풍노도의 시기

ESFJ는 흑화될 경우 자기 감정대로 일처리를 하고, 하기 싫은 것은 절대 하지 않는다.

이순신은 공정과 정직으로 설명할 수 있는 ESFJ 인물이다. 하지만 아산에서 지내던 소년 시절의 그는 골치 아픈 에피소드들이 줄줄 나올 정도로 악동이었다.

순신이 악동일지

- 맹인 친구를 속여 그 집 지붕 위 동아[01]를 서리하게 함
- 전쟁놀이를 위해 구축해놓은 진지에 숨어 지나가는 행인의 눈에 장난감 활을 조준하여 위협함
- 참외를 주지 않는다고 남의 참외밭을 다 망가뜨림

---

01 박과의 한해살이 덩굴성 식물로 과육과 씨앗은 약용한다.

사춘기를 꽤나 야단스럽게 앓아서일까? 다행히 그는 성인이 되면서 철이 들었고, 스무살이 되던 해에 무관 출신 집안 딸과 혼인한 이후 무예를 배우기 시작했다.

끈기를 가지고 노력하는 ESFJ의 성공비법

ESFJ는 한번 시작했으면 끝을 봐야 한다. 잘못된 부분은 자책하며 자기반성을 통해 고치려고 노력한다.

이순신은 당시로는 꽤 늦은 나이인 28세에 무과에 응시하였다. 하지만 낙마 사고를 당하여 다리를 다쳤고, 버드나무의 껍질을 벗겨 다리를 감싼 채 시험을 마쳤다. 비록 낙방하였지만 그는 꺾이지 않는 마음으로 노력하여 4년 후 급제하는 기쁨의 날을 맞이 하였다.

> "실패가 무엇인가?
> 실패는 돌아가는 길에 불과하다.
> 그것은 다시 시도하라고
> 또 더 나은 방식으로 시도하라고
> 가르쳐주는 친구일 뿐이다."

이는 이순신이 삶이 고단할 때마다 되새겼다는 문장인데 아마도 수천 번 수만 번은 되새겼을 것이다. 한번 시작했으면 끝을 보기 위해 잘못된 부분은 자기반성을 통해 고치려고 노력하는 ESFJ였다.

32세 늦깎이 공무원이 된 이순신은 종 9품인 함경도 건원보 권관[02]으로 시작해 47세에 정 3품 전라좌도 수군절도사[03] 겸 종 2품 삼도수군통제사[04]의 자리에 올랐다. 이는 육군 초급 장교가 15년 만에 해군참모총장이 된 것이나 마찬가지로 그 누구보다 부단히도 노력하고 이겨낸 결과라 할 수 있다.

참 바른 ESFJ의 미움을 받을 용기

ESFJ는 원리와 원칙을 중요시한다. 불화를 피하려고 양보하고 맞춰주려고 노력하는 편이다.

이순신은 원리와 원칙을 중요시하는 인물답게 '참 바른 사람'이라는 평가를 주변에서 많이 들었다. 하지만 이는 칭찬을 넘어 아니꼬운 시선과 복수의 칼날이 되어 돌아오기도 하였다.

이순신의 10년 관직 변화 기록

1579년(35세) – 종8품 한성훈련원 봉사가 됨
　　　　　　 – 상관 서익의 부당 인사 요청을 거절함
1580년(36세) – 종4품 수군 만호로 승진됨
1582년(38세) – '서익'의 보복성 거짓 보고로 파직됨(사유 : 근무태만)
　　　　　　 – 종8품 훈련원 봉사로 복직함
1583년(39세) – 8월 : 건원보 권관으로 좌천됨
　　　　　　 – 10월 : 여진족 추장을 사로잡아 종7품 훈련원 참군으로 승진됨
1584년(40세)~1586년(42세) – 부친 삼년상
1586년(42세) – 2월 : 종4품 함경도 조산 만호로 승진됨

---

02 조선 시대에 변경의 각 진(鎭)에 두었던 종 9품의 무관 벼슬을 뜻한다.
03 조선 시대에 각 도의 수군을 통솔하는 일을 맡아보던 정 3품 외직 무관 벼슬을 뜻한다.
04 임진왜란 때에, 경상·전라·충청 세 도의 수군을 통솔하는 일을 맡아보던 무관 벼슬. 또는 그 벼슬아치를 뜻한다.

1587년(43세) - 녹둔도 둔전관을 겸함

　　　　　　 - 녹둔도 전투[05]에서 겨우 승리했으나 상관이었던 함경북병사 이일의 모함으

　　　　　　　 로 파직 + 곤장형 + 백의종군[06] 처벌을 받음

1588년(44세) - 공을 세워 사면되어 관작을 되찾음

1589년(45세) - 전라 감사의 군관 겸 조방장이 됨

　　　　　　 - 류성룡의 천거로 정읍 현감이 됨

1591년(47세) - 전라 좌수사가 됨

능력과 노력에 비해 10년간 제자리걸음을 한 이유는 위의 기록에서도 보이듯
많은 사람들의 모함과 시기 질투가 있었고, 그 역시 허튼 노력 따윈 하지 않았
기 때문이다.

"나의 손으로 벼슬을 사리니,
이를 피하면 황금 꿈을 꾸리라!"

– 이순신, 『난중일기』 中 –

온갖 유혹에도 그는 올곧은 자세로 정진했다. 넘어지면 다시 일어났고, 성과를
내기 위해 열심히 노력하여 끝내 인정받았다. 임진왜란이라는 난리 속에서도
바다와 조선을 지켜낸 이순신의 업적이 더 빛나는 이유라 하겠다.

하지만 이순신은 선조에게도 칭찬과 보너스 대신 뒤통수를 세게 맞았다. 그는
모진 고문에 이어 삭탈관직[07]되었으며 백의종군을 나서는 길에 사랑하는 어머
니의 부고를 듣게 된다. 하지만 그는 이 모든 고난과 슬픔 역시 나라의 위기 앞
에서 견뎌내었고, 또 다시 수군통제사가 되어 조선을 지켜냈다.

---

05 1587년(선조 20년)에 추도(楸島)에 있던 여진족들이 두만강 하류의 녹둔도를 습격한 사건으로 두 차례의 싸움이 있었으며 제2차
　　때 북병사(北兵使) 이일(李鎰)이 추도를 정벌하여 사건을 마무리 지었다.

06 벼슬 없이 군대를 따라 싸움터로 가는 것을 의미한다.

07 죄를 지은 자의 벼슬과 품계를 빼앗고 벼슬아치의 명부에서 그 이름을 지우던 일로 삭관, 삭직, 삭탈, 삭탈관작이라고도 한다.

"평생 살아서 슬픔은 자라나고 기쁨은 줄어든다.
그럼에도 불구하고 슬픔을 선택하지 말라!"

– 『난중일기』 中 –

불화를 피하려고 양보하고 맞춰주려고 노력하는 ESFJ, 이순신 장군은 많은 것들을 삭인 채 판옥선 갑판 위에 서서 카리스마 있는 모습으로 수군들을 지휘했을 것이다.

"장군으로 세상에 태어나 나라에 쓰인다면
죽기로써 최선을 다 할 것이며
쓰이지 않으면 들에서 농사짓는 것으로 충분하다.
군세에 아부하며 한 때의 영화를 누리는 것은
내가 가장 부끄럽게 여기는 바이다."

– 『난중일기』 中 –

자신의 모든 것을 바쳐 나라를 구한 이순신은 노량해전[08]에서 왜적의 총탄에 맞고 쓰러지면서도 후회 따위는 하지 않았을 것이다. 끝내 몰아낸 적들의 침몰과 자신과의 싸움에서 거둔 승리에 기꺼이 죽음을 받아들였을 것이다.

"다가오는 두려움을 피하지 않고,
찬찬히 섬세하게 들여다볼 수 있다면
어떤 거친 흐름 앞에서도 당당할 수 있다."

– 『난중일기』 中 –

---

08 1598년(선조 31년)에 노량 앞바다에서 이순신이 왜병과 대결한 마지막 해전으로 이 해전에서 이순신은 명나라 장군 진린(陳璘)과 더불어 싸웠으며 승리와 함께 전사하였다.

하지만 ESFJ는 자신이 친절을 베풀더라도 상대가 몰라줄 수 있다는 것을 알았으면 한다. 비록 선조는 이순신이 아닌 곁에서 자신을 지켜준 이들만 공신으로 책봉해주었고, 모든 공은 자기에게로 돌렸지만 백성과 나라를 사랑하는 마음에서 우러러 나왔던 이순신의 불굴의 의지는 대대손손 모든 이들이 기억하며 감사히 여기고 있기 때문이다.

'미움 받을 용기'와 신념이 지켜낸 것들의 가치는 그 무엇과도 바꿀 수 없다. 자신이 선택한 길이 울퉁불퉁 자갈 투성이었을지 모르지만 이내 바른 길이 되어 반짝반짝 빛나게 될 것임을 잊지 말았으면 한다.

ENFJ - 연산군

이름	이융(李㦕)/조선 10대 왕 연산군(燕山君)
출생	1476년(성종 7년) 12월 2일
사망	1506년(연산군 12년) 11월 30일(향년 29세)
재위	1495년 2월 3일~1506년 9월 28일

#연예인외모 #아버지는성군 #폭군 #희생양인가
#어머니원수갚자_사화

부드러운 리더십으로 사기를 북돋아 주는 ENFJ

ENFJ는 모두가 행복하길 바라다가도 남들은 자신 같지 않다고 생각되면 상처를 받고 흑화될 수 있다.

폭군 연산군에게 '부드러운 리더십'이라니! 말도 안 되는 소리 같겠지만 MBTI 는 검사할 때마다 다른 사람들도 있으니 왕세자 시절부터 재위 초반 연산군의 MBTI라고 가정하면 그렇게 놀랄만한 일은 아니다. 연산군은 성종과 폐비 윤씨 사이에서 태어난 적장자 출신의 준비된 왕으로 성종이 승하한 후 곧바로 친정 에 돌입하여 지도자적인 면모를 보여주었다.

"사창과 상평창[01] 등을 두어 빈민을 구제하라!"

---

01 고려·조선 시대에 물가가 내릴 때 생활필수품을 사들였다가 값이 오를 때 내어 물가를 조절하던 기관이다.

"장래가 유망한 젊은 관리들이 학문을 닦을 수 있도록
휴가를 주는 '사가독서賜暇讀書)'를 부활케 하라!"
"일본에서 보내온 원숭이는
비용만 많이 들고 아무런 쓸모가 없으니 돌려보내라!"

– 『연산군일기』 中 –

모두가 행복하길 바라는 ENFJ답게 연산군은 백성들을 두루 살폈으며 조정 대신들의 의견에도 귀를 기울였고, 즐기지는 않았지만 경연에 참여하기 위해 노력하였다. 또한 그는 국경 방비를 위해서 비변사의 전신인 비융사(備戎司)를 설치하여 왜구의 약탈에 대비하였다. 그런데 4년간 큰 사고 없이 성종 대의 태평성대를 잘 지켜온 연산군이 어째서 폐주(廢主)가 된 것일까?

기대하다가 상처받는 ENFJ

연산군은 '아니 되옵니다!'를 연발하는 대간[02]들에게 늘 고분고분했던 아버지 성종이 늘 답답했지만 그 역시 세자답게 그들의 뜻에 최대한 맞추며 지내왔다. 하지만 그들은 그러한 호의적 태도와 달리 좀처럼 호락호락하지 않았고, 여전히 '아니 되옵니다.' 시리즈를 남발하자 연산군의 불만은 점점 쌓이게 되었다.

---

02 고려, 조선 시대의 국왕과 신료의 잘못된 언행을 비판하고 견제하던 언론을 주도하던 관직으로 언관이라고도 한다.

대간들은 사사건건 단체로 딴지를 걸거나 집단 사직 퍼포먼스를 반복하는 것으로 왕의 주장을 꺾으려고 하였다. 연산군 재위 초 대략 2년간 대간들의 사직 횟수가 74회에 달할 정도였으니 국정이 마비될 정도였다. 결국 고질적 단체행동에 신물이 나버린 연산군은 점차 변해갔다. 그가 잘하려고 노력할수록 그들의 지나친 행동은 연산군이 감춰두었던 상처를 자꾸만 들춰냈다. 하지만 연산군은 의중을 드러내지 않고, 타인의 동기나 의도를 정확히 읽어내는 ENFJ답게 때를 기다리며 밑밥을 깔고 있었다. '하나만 걸려라! 누구든 걸려들어라!'는 마음으로 말이다.

"위를 능멸하는 풍습[04]은 고쳐 없애야 한다!"
– 『연산군 일기』 中 –

어전회의에서 했던 연산군의 이 말은 때가 되면 속내를 드러낼 명분을 만들어가고 있다는 시그널이었다. 'J형' 연산군은 아버지처럼 고분고분해 보이지만 사

---

03 연등회의 하나로, 물과 육지에서 헤매는 외로운 영혼과 아귀(餓鬼)를 달래며 위로하기 위해 불법을 강설하고 음식을 베푸는 정치적인 격변기에 생성된 불교의례이다.
04 연산군은 자신의 권력에 거스르는 일체의 말과 행동을 '능상지풍(凌上之風)'이라 규정하였다. 연산군 즉위 초부터 관료들 사이에서는 왕을 업신여기는 풍조가 만연해있었다.

실 목적을 향해 계획적으로 움직이고 있었다. 즉위 이듬해부터 어머니 폐비 윤씨의 복권을 추진해왔고, 이장을 위한 '천묘도감[05] 제조[06]' 자리에 어머니에게 사약을 들고 갔던 이세좌를 앉혔다. 이 과정에서 반대의 목소리를 모았던 산림에 묻혀 유학 연구에 힘쓰던 문인들의 한 파인 사림파들을 과감하게 제거해버렸으니 잔소리 대마왕 언관[07]들의 수도 없는 태클도 소용없었다.

성종의 유언대로 모두가 폐비 윤씨의 죽음을 입에 올리지 않았지만 어머니의 죽음을 몰랐을 리 없는 연산군의 MBTI는 생각보다 일찍 변해가고 있었는지도 모른다. 또한, 대간들의 MBTI가 새로운 도전보다 정해진 질서를 중요하게 여기는 ISTJ 성향이라고 가정할 때, ENFJ 연산군과는 상극이라고 할 수 있다. 따라서 피바람이 부는 비극은 어느 정도 예정된 시나리오였고, 더 이상 잔소리 따위는 할 수 없도록 그들의 입을 틀어막는 강한 왕권을 위한 행동은 서서히 그 형태를 드러내고 있었다.

감정적 관계, ENFJ의 실수

ENFJ는 감정적 관계에 얽매여 객관적인 일을 못 할 때가 많다.

연산군이 품고 있던 변심의 칼날은 두 차례의 사화로 피바람을 일으켰다. 사화(士禍)란 사림들이 화를 입은 사건으로 연산군과 유자광, 임사홍 등의 일부 훈구[08] 대신들의 합작품이다. 첫 번째 '무오사화(戊午士禍)'는 연산군의 증조 할아버지 세조를 헐뜯는 사초(史草)인 '조의제문(弔義帝文)'을 빌미로 작

05 조선 시대에 왕실의 '묘'를 옮기는 업무를 관장하도록 하기 위해 설치한 임시 관청으로 연산군과 숙종 때 두 번 설치되었다.
06 조선 시대에 중앙에서 각 새(司) 또는 청(廳)의 우두머리가 아니면서 각 관아의 일을 다스리던 직책이다.
07 조선 시대에 사간원과 사헌부에 속하여 임금의 잘못을 간(諫)하고 백관(百官)의 비행을 규탄하던 벼슬아치이며 간관이라고도 한다.
08 대대로 나라나 군주를 위하여 드러나게 세운 공로가 있는 집안이나 신하를 말한다.

성자 김종직은 부관참시[09]되었고, 김종직의 제자인 김일손은 능지처사[10]되었다. 또한 이들의 처벌을 말리려던 자들도 처벌된 사건으로 이는 시작에 불과했다.

연산군은 경연을 정지시키고, 사헌부를 축소하며 사간원과 홍문관을 폐지하는 등 아버지 성종이 구축해놓은 유교적 시스템을 삽시간에 붕괴시켜버렸다. 또한 공작새의 깃털와 흰고래 수염, 산호, 후추 등 진귀한 물품을 요구하거나 사생활 보호를 위해 궁궐 주변의 민가 철거를 명령하는 등 좋은 왕이 되기보다는 자신의 앞길을 막는 이를 색출하고 그에 대한 처벌을 내리는 데에 더 혈안이 되며 점점 흑화되어 갔다.

그에게 피로감을 주는 신권을 밟아버리고, 왕권을 키우려던 목표라고 하기에는 다소 감정적인 일들이 벌어지고 있었고, 객관성을 잃어버린 왕의 주변에는 간신들이 판을 치고 있었으니 이후 벌어지는 일들은 더욱 처참했다.

갑자기 돌변하는 감정, 흑화된 ENFJ

ENFJ는 모든 것을 자기 자신과 연결시키려고 한다. 호감 있는 사람에게는 간이고 쓸개고 빼 주지만 한 번 눈 밖에 나면 끝이다.

1504년(연산군 10년) '문제적 남자' 연산군의 망나니 칼춤의 절정판, 갑자사화(甲子士禍)가 시작되었다. 아버지와 어머니의 불화, 할머니 인수대비의 야속한 결정, 어머니의 죽음의 전말, 어머니 없이 자란 외로움 등 모든 것을 자기 자신과 연결시키려는 ENFJ 특성상 마음의 병이 되어 치유 불가 상태로 그를 폭주하게 만들었다. 이에 훈구 대신들마저 자신의 앞길을 막아서니, 더 이상 내 편 하나 없는 궁궐은 그의 분노를 더욱 치밀어 오르게 했다.

---

09 죽은 뒤에 큰 죄가 드러난 사람을 극형에 처하던 일로 무덤을 파고 관을 꺼내어 시체를 베거나 목을 잘라 거리에 내걸었다.
10 대역죄를 범한 자에게 과하던 극형으로 죄인을 죽인 뒤 시신의 머리, 몸, 팔, 다리를 토막 쳐서 각지에 돌려 보이는 형벌이다.

우선 어머니의 폐위에 관여한 아버지의 후궁인 귀인 정씨와 귀인 엄씨를 끌고 와 그들의 아들인 안양군 이항과 봉안군 이봉을 불러 명령했다.

"몽둥이를 들어 죄인들을 매우 쳐라!"

연산군은 귀인 정씨와 귀인 엄씨가 자신의 어머니를 죽였다고 믿고 아들들로 하여금 어머니를 때리게 한 것이다. 결국 그녀들은 죽고 그것도 모자라 연산군은 그녀들의 시신을 훼손하여 산과 들에 버리라는 명령을 내렸고, 할머니 인수대비를 찾아가서 "왜 제 어머니를 죽이셨습니까?"라고 따져 물었다. 이 일로 인수대비는 한 달 후 죽음에 이르렀으니 패륜적 광풍이 사나웠다.

또한 어머니의 폐위 과정에서 중요한 역할을 했던 이세좌, 이극균, 윤필상 등을 능지와 효수형에 처했고, 그럼에도 분이 풀리지 않아 가족들 또한 모조리 베어버렸다. 심지어 이미 세상을 떠난 한명회, 정인지 등은 부관참시되었으며 자신의 뜻에 조금이라도 반대하는 자가 있다면 거침없이 죽였다. 한 번 눈 밖에 나면 끝인 ENFJ 연산군은 그야말로 망나니 같았다.

주변의 사람들은 어찌 이러한 행태를 말리지 않았을까 싶지만 호감 있는 사람에게는 간이고 쓸개고 빼주는 ENFJ 연산군은 자신의 의중을 이해해주는 이들에게는 마구마구 퍼주었기 때문에 주변에는 그의 비위를 맞추며 호의호식하려는 사람들만 넘쳐났다. 온갖 아첨을 떨며 전국의 미녀를 갖다 바친 간신 임숭재, 위안과 향락이 되어주었던 장녹수 등 왕의 눈과 귀를 가려버린 사탕발림만이 존재했던 그의 왕좌는 절대로 강력할 수 없었다.

자신의 감정을 알아채 줄 진짜가 필요한 ENFJ

ENFJ는 외향적으로 보이지만 내향적 면모가 있다. 자신의 감정을 인식하는 데 서툰 경우가 많아서 상대방에게 상처를 받거나 뒤통수를 맞는 경우 삐뚤어질 수 있다.

비록 광풍으로 만들어낸 억지 왕권이지만 그 힘으로 좋은 왕이 되었으면 어땠을까? 하지만 연산군은 끊임없이 연회를 열고, 미녀 채집꾼인 '채홍사'를 양성하여 장악원 기생 수를 천여 명이나 증원했다. 그중에서도 예쁘고 기예가 뛰어난 기생들을 따로 선발해 '흥청'이라 부르며 옆에 끼고 놀았다. 뿐만 아니라 신하의 부인을 겁탈하기까지 했다. 백성들을 위한 왕이 아닌 자신의 욕망만을 위한 왕이었으니 이는 곧 백성들의 원망이 되었다. 그리고 결국 1506년(연산군 12년/중종 원년) 조선 왕조 최초로 신하들이 왕을 몰아낸 '중종반정'의 주인공의 영예를 안으며 폭망하고 말았다.

> "아, 그래서 그 미친 왕이 결국 어떻게 됐다는 겨?"
> "흥청들이랑 놀아나다가 쫄딱 망해서 유배 가서 객사했으니
> 결과적으로 흥할 청(淸)이 아니라 망할 청이었던 게지.
> 흥청망청(興淸亡淸)!"
>
> – 영화 〈간신〉 中 –

원래 '흥청'은 사악함과 더러움을 깨끗이 씻으라는 뜻으로 명명되었지만 폭주하는 왕에게는 그저 더럽고 악한 것으로, 패주의 요건이 되어줄 뿐이었다. 또한, 반정 세력들에게는 즉위 초 '온화한 리더십'의 연산군 대신 왕의 후반부 이야기를 더 안좋게 만들수록 반정의 명분이 설 수 있기에 흥청은 더더욱 '망청'이어야 했다는 것도 간과할 수 없다.

ENFJ는 누군가가 부당한 일을 당했을 때 나서서 도와주고, 공감 능력이 뛰어나 친구가 무엇을 느끼고 있는지 정확히 알고 있는 사람들이다. 하지만 정작 자신의 감정을 인식하는 데 서툰 경우가 많아서 상대방에게 상처를 받거나 뒤통수를 맞는 경우 더 삐뚤어질 수 있다는 것은 이해한다. 하지만 흑화되어 칼춤을 추더라도 내내 마음이 후련하지는 못할 것이니 연산군은 그 모든 고통을 잊으려고 암군[11]의 길을 걸었는지도 모르겠다.

외향적으로 보이지만 내향적 면모가 있는 ENFJ 연산군에게 필요했던 것은 사탕발림 가득한 가짜 공감이 아니라 자신의 내면에 있는 깊은 감정과 생각을 헤아릴 수 있는 자신만의 공간과 시간이 아니었을까? 그러다 보면 진짜를 가려낼 수 있는 안목이 생기고, 왕으로서 바로 잡아야 할 것은 무엇인지 제대로 판단하였을 것이고 조선 역사상 최초 폐주라는 타이틀은 얻지 않았을 수도 있다. 물론 주변 어른들은 그가 삐딱한 왕이 되지 않도록 의미 있는 역할을 해주었다면 결과는 달라졌을지도 모르겠지만 말이다.

---

11 사리에 어둡고 어리석은 임금을 뜻하며, 혼군이라고도 한다.

세상은 넓군~!

ENFJ - 소현세자

이름 이왕(李)/소현세자(昭顯世子)

출생 1612년(광해군 4년) 2월 5일

사망 1645년(인조 23년) 5월 21일(향년 33세)

왕세자 재위 1625년 3월 5일~1645년 5월 21일

#인조의장남 #청_불모 #심양살이 #독살설

따뜻하고 온화한 성품의 ENFJ, I처럼 보이는 소현세자

ENFJ는 책임감이 강하고 집단을 이끌어가는 능력이 있으며 정말로 가치 있다고 여기는 일에 헌신한다.

조선 16대 임금 인조와 인열왕후 한씨의 장남으로 태어난 소현세자는 광해군의 견제와 핍박으로 위태로운 어린 시절을 보냈다. 그러다 1623년(광해군 15년) 인조반정[01]이 성공하여 아버지 인조가 왕이 되면서 1625년(인조 3년) 열네 살에 왕세자로 책봉되었다. 조선 시대 세자는 태어나면서부터라고 해도 과언이 아닐 정도로 아주 어릴 때부터 제왕교육을 받았다. 뒤늦게 왕세자가 된 소현세자는 시강원[02]의 스파르타식 교육을 받으며 늦은 만큼 더 열심히 노력해야 했다.

---

01 1623년(광해군 15년)에 이귀·김유 등 서인(西人) 일파가 광해군 및 집권파인 대북파(大北派)를 몰아내고 능양군(綾陽君)인 인조를 즉위시킨 정변이다.

02 조선 시대 왕세자의 교육을 담당하던 관청을 의미한다.

세자는 자질이 영민하고 총명하였으나
기국과 도량은 넓지 못했다.

- 『인조실록』 왕세자 졸기 中 -

『인조실록』뿐만 아니라 『심양일기』, 『동궁일기』 속에서도 세자의 내면을 읽기 어렵다는 기록이 많아 내향형 'T'처럼 보일 수 있다. 하지만 이는 감정을 드러내지 말고 참아야 한다는 아버지 인조의 압박과 세자라는 자리가 주는 책임감이 남긴 기록이라고 여겨진다.

그는 공부를 하고 와서 구토 증상을 자주 보였다고 하는데 그것은 다양한 것들에 관심이 많았던 ENFJ 소현세자의 '스트레스성 위장병'이 아니었을까? 참고 또 참아가며, 아버지와 대신들이 원하는 군주가 되기 위해 노력해야 했기 때문에 속내를 숨기게 되었고 그 결과 속병이 생기지 않을 수 없었을 것이다.

1627년(인조 5년) 소현세자가 16세가 되던 해에 오랑캐라 여겼던 후금이 형제 관계를 요구하며 정묘호란을 일으켰을 때, 인조는 세자에게 분조[03]를 명하고는 강화도로 떠나버렸다. 하지만 소년 소현세자는 책임감이 강하고 집단을 이끌어 가는 능력이 있는 ENFJ답게 전주로 내려가 의병을 모집했고, 무사를 선발하여 전쟁에 활용하는 등 세자의 역할을 훌륭하게 해냈다. 그뿐만이 아니라 1636년 (인조 14년) 병자호란에 패한 뒤 포로가 되어 300여 명의 조선인들과 함께 심양으로 끌려갔을 때에도 좌절하지 않고, 청나라 사람들과 잘 지내면서 조선인들을 훌륭하게 이끌어갔다.

---

03 조정을 나누는 일 또는 나뉜 조정을 말한다.

청에 머무는 동안 드는 경비는 조선에서 보내온 것 외에도 청이 지원해주는 것으로 충당했지만 심양 생활 5년째 되던 1641년(인조 19년) 12월에 청은 지원을 갑작스럽게 중단해버렸다. 그들의 인질 생활을 장기화시키려는 의도에도 소현세자는 끄떡없었다. 세자는 아내 강빈과 함께 조선인 포로들을 돈을 주고 구출한 후 황무지나 다름없었던 땅에 농사를 지었다. 그 결과 양식을 얻고도 남을 정도의 곡식들이 쌓였고, 그것들을 높은 값에 팔아서 그 돈으로 속환 사업을 계속해 나갈 수 있었다. 그 덕에 목숨을 부지할 수 있었던 조선인들에게 세자는 정말로 가치 있다고 여기는 일에 헌신하는 ENFJ 히어로 같은 존재가 아니었을까?

능숙한 언변과 공감 리액션으로 좌중을 사로잡는 ENFJ

ENFJ는 언변이 좋아 좌중을 사로잡을 줄 아는 인싸이다.

심양에서 소현세자는 조선을 침략한 청나라에 대한 복수심은 깊이 숨겨둔 채 세상을 객관적으로 보기 위해 노력했다. 세자에게 청나라는 더 이상 과거의 오랑캐 나라가 아니었기 때문이다. 사대의 나라 명(明)나라가 청에 의해 무너지는 순간을 목격하고, 청에 모여드는 수많은 서양 문물들을 경험한 20대 청년 소현세자는 졸렬한 복수심 대신 실리를 추구하며 고국에 그가 경험했던 모든 사실을 전하려고 노력했다.

또한 세자는 청과 조선 사이 불화가 생기지 않도록 외교적으로 최선을 다했다. 청의 강요로 청 조정의 조회, 사냥 등 각종 행사에 참여했고, 청이 명을 침공하러 원정할 때에도 동참했다. 육체적·정신적 고통이 따랐지만 그는 늘 당당했고, 침착하게 행동했다. 청 태종[04]은 물론 동갑내기였던 섭정왕 도르곤[05]의 신임까지 얻으며 청나라의 핵인싸가 되어갔다.

세자는 판단력과 언변이 좋았기 때문에 도르곤이 자문을 구하기도 할 정도로 좌중을 사로잡는 ENFJ 인싸였다. 특히 북경의 자금성에 머무는 동안 세자는 아담 샬 신부 등을 만나면서 접할 수 있었던 천주교, 역법, 과학기술 등으로 시야까지 넓혀갔던 공감왕이었다. 하지만 핵인싸가 되어갈수록 아버지와 서인[06]들에게는 눈엣가시인 아싸가 되어가고 있다는 것을 알고는 있었을까? 병자호란 이후 청과 맺은 정축화약에서 '만일 인조에게 뜻하지 않는 일이

ㅇ 천주교 ~

발생할 경우 인질로 삼은 아들을 왕으로 세울 것'이라 약조해버린 인조에게는 세자가 오랑캐라 여기는 이들과 가까이 지내며 우호관계를 쌓고, 포로였던 백성들의 신망을 얻어가는 것 자체가 왕권에 대한 도전이라고 느껴졌을 것이다.

몸은 낯선 땅에서 못 가는 사람

내 집은 서울 장안 한강가건만

달 밝은 한밤에 꽃이슬 눈물지고

바람 맑은 연못에 버들은 실실이 새 빛일세

꾀꼬리는 고향길 더듬는 내 꿈을 깨워 일으키고

제비는 와서 경회루의 봄소식을 전해주는구나

온종일 누대에서 노래하고 춤추는 곳이건만

고향을 돌아보면 눈물이 손수건을 적시는 것을

– 소현세자가 인조에게 보낸 칠언시 〈몸은 낯선 곳에서〉 中 –

---

04 청 나라 2대 황제로 보통 홍 타이지[皇太極]라 불린다. 1636년(인조 14년) 청나라에 복종하지 않는 조선을 침공하여 굴복시켰다.

05 형인 청 태종이 죽고 순치제(順治帝)가 어린 나이에 즉위하자 섭정을 통해 실력자가 되어 정국을 장악했다.

06 조선 선조 때에 심의겸을 중심으로 하여 동인(東人)과 대립한 당파 또는 그에 속한 사람으로 뒤에 청서 · 훈서, 소서 · 노서, 노론 · 소론, 시파 · 벽파 따위로 시기에 따라 여러 갈래로 갈라졌다.

고된 볼모 생활을 마치고 9년 만에 그리운 고국 땅으로 돌아온 소현세자는 잠시나마 자신이 원하는 모습의 조선을 꿈꾸는 것으로 만족해야 했다.

'청에서 보고 배운 것들로 조선을 다시 일으켜 세우리라!'
'아바마마와 서인들의 마음을 무엇으로 돌릴 수 있을까?'
'내가 잘하자, 내가 잘하면 된다!'

세자는 다짐하고 또 다짐하며 아버지를 뵙고자 했을 것이다.

가끔은 누군가에게 기대도 좋아요

ENFJ는 다른 사람의 감정을 그대로 흡수한다. 속마음을 터놓고, 기대는 것을 어려워한다.

하지만 1645년(인조 23년) 세자가 돌아온 그날은 연회나 환대, 버선발로 뛰어나오는 아버지는커녕 따뜻한 말 한마디 없었다. 심지어 그날로부터 약 3개월 남짓 되던 날, 소현세자는 학질에 걸려 갑작스럽게 세상을 떠났다.

온몸이 전부 검은 빛이었고,
이목구비의 일곱 구멍에서는 선혈이 흘러나왔으며,
마치 약물에 중독된 사람 같았다.

– 「인조실록」 中 –

영화 〈올빼미〉나 드라마 〈연인〉 때문인지 최근 이 사건의 배후로 인조가 다시 거론되고 있다. 물론 '독살설'과 관련된 내용은 기록에 없기 때문에 그저 의혹일 뿐이다. 하지만 소현세자가 거기서 그렇게 죽으면 안 되는 너무 아까운 사람이라서 속상함과 원망을 담은 대중들이 냉혈한 아버지라는 이미지를 만들어버렸다.

소현세자가 꿈꾸던 조선은 어디에도 없었다. 변화는커녕 그를 정치적 라이벌이나 변절자 정도로 취급하는 나쁜 사람들뿐이었다.

ENFJ는 다른 사람의 감정을 그대로 흡수하는 사람들이다. 미움과 질투, 견제와 배척, 이간질과 오해 속에서 세자는 자신의 감정을 잘 털어놓지도 못하고, 모든 것을 자기가 안고 가려다 번아웃에 걸리지는 않았을까?

인조는 ENFJ 아들에게 '고생했다. 많이 힘들었지?' 이 말 한마디만 해줬어도 괜찮지 않았을까? 그의 마음을 가장 잘 이해해줘야 했을 인조는 세자에게 냉랭했고, 원손이 아닌 동생 봉림대군을 후사로 정해버렸으며, 억울함을 호소하던 며느리 강빈을 감금했다.

> **"개새끼 같은 것을 억지로 임금의 자식이라고 하니,**
> **이것이 욕이 아니고 무엇인가!"**
>
> – 『인조실록』 中 –

뿐만 아니라 인조는 며느리 강빈과 손자들을 향해 대놓고 욕설을 퍼붓거나 인조의 수라에 독이 들어 있다는 이유로 강빈 측 궁녀들을 고문했으며, 배후로 지목된 강빈의 지위를 박탈한 후 쫓아내었고 이내 사약을 내렸다.

가뜩이나 누구에게 속마음을 터놓고, 기대는 것을 어려워하는 ENFJ 소현세자인데 주위에 기댈 수 있는 좋은 사람이 있었더라면 마음이 한결 편했을 것이다. 혼자 해결할 수 있는 일은 어디에도 없었고, 조선은 특히 그런 상태였으니까 말이다.

ENFJ 소현세자와 ISTP 인조

ENFJ는 ISTP와 모든 유형 중에서 가장 잘 어울리고 편안하며 거의 완벽한 정신적 도움을 줄 수 있는 관계이다.

의외로 ENFJ 소현세자와 ISTP 인조는 모든 유형 중에서 가장 잘 어울리고 편안하며 거의 완벽하게 정신적 도움을 줄 수 있는 관계라고 한다. 다만 극과 극인 성향의 MBTI인 두 사람이 이상적인 관계를 키워가기 위해서는 공통의 관심사와 비슷한 가치관이 필수적인데 아버지는 청나라의 협박과 서인의 굴레 속에서 넓은 세상을 보지 못했고, 아들은 넓은 세상을 보고 돌아와 완전히 다른 사람이 되어가고 있어 서로 도움을 줄 수 없었던 시대적 상황이 안타까울 뿐이다.

ENFJ는 사소한 일에 상처를 잘 받으면서도 불편한 상황을 만들기 싫어서 배려하는 사람들이기 때문에 스스로에게 괜찮다고 최면을 걸었을 것이다.

하지만 ENFJ들은 주변에 어떤 사람들이 있는지에 따라 때로는 냉정해질 필요가 있다. 그렇지 않으면 결국 소현세자처럼 몸과 마음이 상처투성이가 되어 진짜 하고 싶은 일과 해야 할 일을 못하고 마는 수가 있기 때문이다. 좌중을 휘어잡는 인싸력 대장 ENFJ가 따뜻한 온기를 세상에 듬뿍 뿌릴 수 있으려면 냉정 한두 스푼 정도는 필수이지 않을까?

ENTP-중종

이름	이역(李懌)/조선 11대 왕 중종(中宗)
출생	1488년(성종 29년) 4월 25일
사망	1544년(중종 39년) 12월 9일 (향년56세)
재위	1506년 9월 28일~1544년 12월 9일

#중종반정 #여인천하 #39년재위 #물괴 #조광조

남의 눈치를 보지 않는 ENTP의 생존법

ENTP는 자기주장이 강한 것에 비해 비판에 대한 수용이 빠른 편이다.

중종은 성종과 계비 정현왕후 윤씨 사이에서 태어나, 1494년(성종 35년) 진성대군으로 봉해졌으며 연산군과는 12살 차이가 나는 이복동생이다. 원래 ENTP는 남의 눈치를 잘 보지 않지만 눈에 띄는 행동을 했다면 안 그래도 무서운 형이 살려둘 리 없었기 때문에 어려서부터 눈치를 보는 척하며 살았을 것이다. 대체로 그것이 세자가 아닌 대군들의 운명이었다. 연산군에게는 아들까지 있었기 때문에 그가 왕이 될 가능성은 전혀 없었지만 점차 폭군이 되어가는 형 덕분에 왕이 될 기회를 잡을 수 있었다. 눈치를 보며 목숨을 부지하던 진성대군이 박원종, 유순정, 성희안 등 훈구 세력 중심의 반정 공신들을 만나 조선의 11대 왕 중종이 되었으니 이것이 바로 1506년(연산군 12년/중종 원년)에 일어난 중종반정이다.

물론 왕이 된 후에도 그는 반정 공신들의 눈치를 봐야 했다. 눈치가 빠른 ENTP였기 때문에 중종은 안 괜찮지만 괜찮은 척하며 그들의 마음에 드는 왕이 될 수 있도록 열심히 노력했다. 자기주장이 강한 것에 비해 비판에 대한 수용이 빠른 ENTP인지라 아내인 단경왕후 신씨가 연산군의 처남인 신수근의 딸이라는 이유로 폐위시키려고 했을 때엔 다음과 같은 전교를 내리며 잠시 버티는 모습을 보였다.

"아뢰는 바가 심히 마땅하지만, 조강지처인데 어찌하랴?"
– 『중종실록』 中 –

하지만 종사를 위해 결정하셔야 한다고 압박하는 공신들에게 이렇게 말하며 단 7일 아내를 지키는 데 그치고 말았다.

"종사가 지극히 중하니 어찌 사사로운 정을 생각하겠는가.
마땅히 여러 사람 의논을 좇아 밖으로 내치겠노라."
– 『중종실록』 中 –

단경왕후는 폐위되어 역대 왕비들 중 제일 짧은 재위기간 기록을 보유하게 되었고, 영조 대에 가서야 복위되었다. 이후 중종은 시간이 날 때마다 경회루에 올라 그녀가 머무는 인왕산자락을 바라보았다고 한다. 이에 단경왕후는 바위 위에 자신의 붉은 치마를 펼쳐 놓으며, '인왕산 치마바위 전설'을 만들어냈다. 하지만 중종은 공신들의 압박에 순응하며 곧바로 계비를 간택했고, 공신들의 딸들을 후궁으로 맞으며 그들의 정치적 입지를 굳건하게 하였다. 이처럼 중종의 시대는 그가 자신의 성향을 마음껏 드러낼 수조차 없던 공신 천국이었다.

그 사이 공신들은 연산군이 망쳐놓은 유교적 국가의 면모를 복구시키기 위해 중종을 달달 볶았다. 그리고 무엇보다도 자신의 안위가 중요했던 중종은 '그리하시오.'로 일관하며 왕도정치 국가를 재건하는 데 일조했다. '강한 자가 살아남는 것이 아니라 살아남는 자가 강한 것이다.'라고 생각하며 그렇게 39년을 버텼을 것이다.

공신 확대로 인한 재정 궁핍은 백성들에게 엄청난 부담을 주었고, 그의 치세 내내 우박·홍수·가뭄·지진 등 각종 천재지변이 유독 많이 발생했지만 '내가 부덕한 탓이오.' 정도의 액션만 취하고 거의 아무것도 하지 않으니 버티기만 했다고 하는 것이 맞는 듯하다.

하지만 이후 중종도 밟으면 꿈틀할 수 있다는 것을 여실히 보여주는 사건들이 연달아 일어났다.

관심 있는 분야에는 (잠시지만) 열정적인 ENTP

ENTP는 흥미로운 일을 발견했을 때 빠른 추진력을 보인다.

자존감이 높은 ENTP 중종에게 기회가 다시 찾아왔다. 1510년(중종 5년) 반정 공신의 중심 박원종이 병사하였고, 2년 후에는 유순정이, 이듬해에는 성희안이 연이어 사망하였다. 신윤무와 박영문은 의정부 소속 노비였던 정막개가 그들이 역모를 꾸미는 대화를 들었다는 거짓 고변을 하여 역모의 죄를 쓰고 능지처참되었다. 이에 공신 천국은 사정없이 흔들리고 있었으며, 감정과 신념을 잘 숨기고 스스로 자존감을 챙기며 살아왔던 중종은 꿈틀거리기 시작했다.

먼저 스승 겸 조력자로 중종 때의 문신이자 성리학자로 부제학, 대사헌을 지냈으며 김종직의 학통을 이은 사림파의 영수[01]인 뉴 페이스 조광조를 발탁하여 자신의 뜻을 펼쳐나갈 준비를 했다. 흥미로운 일을 발견했을 때 빠른 추진력을 보이는 ENTP 왕은 성리학에 대한 이해가 높았고, 말솜씨가 뛰어나 경연장을 휘

---

01 여러 사람 가운데 우두머리를 말한다.

어잡아 버리는 조광조를 매우 마음에 들어했다. 그 결과 중종은 그를 줄곧 신임하여 "광조 말이 다 옳다!"를 연발하며 지지해주었다. 또한, 그의 열정과 추진력에 기대어 오랜만에 자신이 옳다고 믿는 부분에 대한 개혁을 추진해나갔다.

INTJ와 ENTP는 환상적인 궁합이지만 초반에 비해 관계가 진전될수록 갈등이 일어날 확률이 높다고 한다.

조광조는 지식에 대한 학구열이 강하고 문제 해결 욕구가 엄청난 INTJ 유형의 인물이다. INTJ와 ENTP의 케미는 환상적이어서 그런지 두 사람의 전반전은 스파크가 튈 지경이었다.

> **"언로**[02]**가 통하고 막히는 것은 나라의 가장 중요한 일이온데**
> **근래 대간이 그 역할을 못하고 있으니…**
> **저를 파직하시던가**
> **사헌부(≒ 검찰), 사간원(≒ 감사원) 관리 모두를 파직하여**
> **언로를 여시옵소서!"**
>
> – 「중종실록」 中 –

정6품 신참이었던 조광조의 파격 제안조차 냉큼 받아들여 검찰과 감사원 수뇌부를 대거 교체해버리는 것을 시작으로 둘은 함께 찰떡궁합 개혁의 길을 걸었다.
또한 소학과 향약(鄕約)[03] 보급에 기여하며 전국적으로 유교 붐을 일으켰고, 과거의 비중을 줄여 추천의 형식으로 관리를 채용하는 '현량과'를 실시하는 등 조광조의 제안은 중종의 결재로 착착 처리되었다.
하지만 ENTP와 INTJ는 초반에는 사이가 좋다가 관계가 진전될수록 갈등이

---

02 신하들이 임금에게 말을 올릴 수 있는 길이다.
03 조선 시대에 권선징악과 상부상조를 목적으로 만든 향촌의 자치 규약이다. 중국 송나라 때의 여씨향약(呂氏鄕約)을 본뜬 것으로, 조선 중종 때 조광조를 비롯한 사림파의 주장으로 추진되어 영 · 정조 때까지 전국 각지에서 실시하였다.

일어날 확률이 높다고 한다. ENTP 쪽에서 INTJ가 고의적으로 자신을 반대한다고 오해하는 경우가 많다고 하는데 그래서인지 중종과 조광조의 관계 또한 오래가지 못했다.

계획적이고 실행력이 강한 INTJ 조광조의 열정은 모험적인 성향이 강한 ENTP 중종에게 피로감을 주었고 좋다고 함께 일으켰던 개혁의 바람도 귀찮고 짜증나게 느껴졌다.

자신을 싫어하면 몇 배로 갚아주는 ENTP

ENTP는 자신을 싫어하는 사람에게는 몇 배로 갚아주려 한다.

중종은 자신을 좋아하는 사람에게는 사랑을 몰아주고, 자신을 싫어하는 사람에게는 몇 배로 갚아주는 영락없는 ENTP이다. 즉위 초에는 공신 박원종, 그 다음은 스승 조광조, 영의정 남곤, 그리고 마지막에는 최강 권신 김안로[04] 등을 자신을 위해 무엇이든 해줄 수 있는 사람이라 믿으며 늘 곁에 두었다. 하지만 결국에는 냉정하게 손절하여 그들을 탄핵해버렸고, 죽음에 이르게 하였으니 '잘 대해준다고 마음대로 해도 되겠구나.' 라고 생각했다가는 한 방에 훅 가는 수가 있다는 것을 제대로 보여주는 ENTP 왕이었다.

왕은 자신이 싫다고 하는 일들을 추종자들까지 끌어모아 기어이 밀어붙이는 조광조나 막강한 권세를 휘두르며 왕권을 위협했던 김안로 등 마음이 변한 것은 신하들이라고 생각하면서 한순간 모두 비워버렸다. 그토록 애정하던 조광조마저도 기묘사화를 일으켜 마지막 인사도 하지 않고, 한 방에 보내버렸다. 조광조 입장에서는 참으로 야속하고 원통했을 텐데도 불구하고 그는 왕에게 '절명시'를 바친 뒤 사사되었다.

---

04 조선 전기의 문신으로 기묘사화 때 조광조와 함께 유배되기도 하였으며, 그 후 우의정·좌의정 등을 지냈다. 그 이후 공포 정치를 단행하였으며, 문정왕후의 폐위를 도모하다가 사사(賜死)되었다.

임금 사랑하기를 어버이 사랑하듯 했고,

나라 걱정을 내 집 걱정하듯 했노라.

밝은 해가 이 세상을 내려다보고 있으니,

내 충성된 마음을 환히 비추리라.

- 『중종실록』 中 -

둘의 친분을 잘 알고 있었던지라 극구 만류했던 주변 사람들마저도 이 사건은 당황스러운 일이었다. 그래서인지 기묘사화라는 사건에는 『선조실록』에서 거론되었던 '주초위왕(走肖爲王)'이 쓰인 나뭇잎의 잔상이 깊게 남아있다. 왕은 조광조가 죽는 순간에도 '조씨가 왕이 된다.'는 뜻의 네 글자를 분노 가득 찬 목소리로 몇 번씩 되 내었을 것 같다는 생각이 든다. 물론 과학적으로는 일어날 수 없는 일이라곤 하지만 중종의 변심이 기묘하여 자꾸만 회자되는 것 같다.

중종 시기에는 기묘한 일들이 끊임없이 일어났다.

기묘한 사건 일지

① 1511년(중종 6년) 6월 : 개 같은 짐승이 밤에 궁안을 뛰어 다님
② 1527년(중종 22년) 3월 작서의 변 : 눈, 코, 입을 지지고 꼬리를 반쯤 자른 쥐의 시체가 세자궁 뿐만 아니라 대전 근방에서 발견됨

"물괴는 있습니다.

무섭고, 두렵고, 백성들의 마음에 물괴가 있습니다."

- 영화 〈물괴〉 中 -

영화 〈물괴〉에 등장하는 이 대사처럼 중종은 백성들의 커져가는 고통과 분노를 보려고 하지 않았다. 가뭄, 우박, 지진 등의 천재지변과 공신들의 재산을 불려주느라 힘이 든 나머지 세상을 등지기 시작했으며, 나라는 가난해지고, 국방력

은 나약하기 짝이 없는데도 도려내야 할 문제점들을 그대로 두어 나라 전체가 썩도록 방치하였다. 자신의 마음에 들지 않는 사람도 조선의 집도의가 되어 대수술을 할 수 있도록 적재적소에 기용했어야 하는데 말이다.

진심이 필요했던 ENTP

ENTP는 끈기가 없어 마무리를 하지 못한다.

중종이 좋아하는 일에 관심을 보이며 행했던 초심을 기억했으면 어땠을까? ENTP답게 끈기가 없어 마무리를 하지 못했거나, 열정을 다해 일했던 이들을 내쳐버린 뒤에는 어떤 결과가 나타났는지 알았으면 결과는 달라졌을 것이다.

죽음을 맞이하던 그의 곁에는 마음이 잘 맞아서 신바람을 일으켰던 열정적 파트너도 없었고, 여인 천하 속에 살았지만 진정으로 사랑하는 사람도 모두 떠나버린 후라 설명할 수 없는 고독감을 느꼈을 것이 분명하다. 심지어 죽어서도 고독하지 않았는가?

장경왕후와 함께 희릉에 묻혔다가 문정왕후의 고집으로 강남구 삼성동의 정릉으로 옮겼지만 침수 문제가 심각한 지역이라 문정왕후는 홀로 태릉에 묻혔고, 그렇게 홀로 묻혀있던 중종은 임진왜란 때 왜군에 의해 무덤이 파헤쳐져 시신이 불태워지는 수모까지 겪었으니 39년의 끝이 매우 쓸쓸해 보인다. 조금만 더 진심을 다해주었더라면 그렇게까지 고독하지는 않았을 텐데..., 말이다.

"임금도 혼자서 다스리지 못하고
반드시 대신에게 맡긴 뒤에 다스리는 도가 서게 됩니다.
전하께서 정말로 도를 밝히고 홀로 있는 때를
조심하는 것으로 마음 다스리는 요점을 삼으시고,
그 도를 조정의 위에 세우시면
기강은 어렵게 세우지 않더라도 정해질 것입니다."

– 조광조, 『정암집』 中 –

혼자서는 할 수 없는 일들이 생각보다 많다. 때로는 큰일을 위해서라도 자신의 기준을 맞추거나 낮출 필요가 있다. 새로운 일이나 흥미로운 사람도 좋지만 곁에서 늘 한결같이 자신을 위해주는 이들을 조금 더 챙겨준다면 생각보다 어렵지 않게 일을 해결할 수 있을 것이다.

ENTP-허균

이름	허균(許筠) / 호 : 교산(蛟山)
출생	1569년(선조 2년) 12월 10일
사망	1618년(광해군 10년) 10월 12일 (향년 48세)

#서자아님 #홍길동전 #허씨_5문장 #역모 #천지간괴물

대화나 분위기를 주도하는 ENTP

ENTP는 대화나 분위기를 주도한다.

최초의 한글소설 『홍길동전』의 저자인 허균은 홍길동처럼 서자가 아니다. 경상도 관찰사[01]를 지낸 허엽이 아버지이고 예조참판[02]을 지낸 김광철이 외조부인, 대대로 고관대작을 이어온 명문가에서 태어난 늦둥이 막내아들이었다. 다섯 살부터 글을 읽었고, 아홉살 때 시를 지었던 천재였기에 온몸 가득 자신감이 넘쳐서 말이나 행동에 그의 자신감이 저절로 드러났다. 가문과 재능이 받쳐주는 데다 막내이기까지 하니 행동이 제멋대로에 거리낄 것이 없었다. 아버지를 포함한 형 허성, 허봉, 누나 허난설헌 그리고 허균을 '허씨 5문장'이라 부를 정도로 집안사람들의 문장력이 매우 뛰어났기에 그의 능글거림과 유쾌함은 많은 이들

---

01 오늘날 도지사와 비슷한 벼슬이다.
02 오늘날 교육부와 외교부의 차관 격의 벼슬이다.

을 매료시키기에 충분했다. 허균은 이러한 환경과 DNA 덕에 모임에서 대화나 분위기를 주도하는 ENTP 대표 유형의 인물로 자랐다.

참견하지 마, 조언 따위 필요 없는 ENTP의 파직 라이프

ENTP는 자유분방하게 생각하고, 거침없이 말한다.

다음 자료에서 볼 수 있듯이 허균은 파직 6회, 유배 3회의 대(?)기록을 보유한 인물이다.

허균의 파직 기록

파직 연도	사유
1598년 탄핵(선조 31년), 파직	황해도사 시절, 기생를 데리고 감
1604년 탄핵(선조 37년), 파직	수안군수 시절, 불교를 믿음
1607년 탄핵(선조 40년), 파직	불상을 모시고 염불과 참선을 함
1607년 탄핵(선조 40년), 파직	공주목사 시절, 성품이 경박하고 품행이 무절제하며 서얼들과 가까이 지냄
1610년 탄핵(광해군 2년), 파직&유배	과거 시험 비리, 조카와 사위를 합격시킴
1610년 탄핵(광해군 2년), 파직	부호군에 제수되어 명나라에 다시 갈 천추사에 임명되자 병을 핑계로 여러 번 상소를 올려 거절함

ENTP다운 자유분방한 그의 파직과 유배 사유도 놀랍지만, 기생 파문에 관련된 상소에 대한 그의 반응은 더욱 파격적이었다.

> **"남녀의 정욕은 하늘이 준 것이고, 남녀유별의 윤리는 성인의 가르침이다.**
> **성인은 하늘보다 한 등급 아래이니, 성인을 따르느라 하늘을 어길 수는 없다."**
>
> – 허균, 『성소부부고(惺所覆瓿藁)』中 –

그는 자신이 저술한 시문집 『성소부부고』에서 위와 같이 말하며 굴하지 않았고, 함께했던 기생들과의 이야기를 일기로 세세하게 남기기까지 했다.

또한, 의병장으로도 유명한 사명당[03]과 깊은 교류를 하며 불교에 심취해 있었다. 유교를 숭상하는 조선에서 그런 그를 곱게 볼 리 없었지만 역시나 허균은 개의치 않았다. 불교뿐만 아니라 사신으로 북경에 갔을 때 천주교를 접한 후 서양지도, 찬송가 등을 가져왔으며 명나라의 이단아 양명학[04]자 이탁오의 금서(禁書)까지 주저 없이 읽었다.

"나는 제멋대로이다.

그래서 세상 사람들과 잘 어울리지 못한다."

– 허균, 『사우재기』中 –

허균은 관직 생활 내내 자신의 인생을 살겠노라 노래를 부르는 듯 거침없이 살았다. 때때로 선조와 광해군이 그런 그를 비호하였으나 끝내 손절할 수밖에 없는 막무가내 인생을 살았다고 해도 과언이 아닐 정도였다.

내면의 상처를 가리기 위한 ENTP의 가면

ENTP는 내면의 상처를 갖고 있을 경우, 이를 드러내지 않기 위해 '강한 자신'을 연기한다고 한다.

허균은 어렸을 때 아버지를 여의었지만, 대신 형과 누나들에게 사랑받으며 자랐다. 하지만 1584년(선조 17년) 허균이 열여섯이 되던 해 형 허봉은 율곡 이

---

03 조선 중기의 승려로 법명은 유정이며 호가 사명당이다. 그는 승과에 급제하였으며, 임진왜란 때는 승병을 이끌고 왜군과 싸워 공을 세우고, 1604년(선조 37년)에 사신으로 일본에 건너가 전란 때 잡혀간 3,000여 명의 포로를 구해서 돌아왔다.

04 중국 명나라 때에 왕양명(王陽明)이 주창했던 새로운 유교 학설로 마음 밖에 사리(事理)가 따로 없으며 사람마다 양지(良知)를 타고났으나 물욕이 있는 탓에 성인과 범인(凡人)이 구별되는 것이므로 물욕의 장애를 물리칠 때 비로소 지행합일이 된다고 하였다.

이를 탄핵했다는 이유로 유배를 갔다. 그 이후 허봉은 풀려났지만 방랑하다가 1588년(선조 21년) 38세에 세상을 떠났고 이듬해에는 누나 허난설헌이 두 아이를 잃은 충격으로 27세의 나이에 요절하니 허균의 인생에 큰 상처가 생겼다. 또한, 1592년(선조 25년) 임진왜란 피난 때 부인이 아들을 낳은 지 얼마 되지 않아 죽고, 그 아들마저도 전쟁 중에 병사했으니 그에게 뼈아픈 이별은 계속되었다.

내면 가득 새겨진 상처들을 가리기 위해 허균은 가면을 쓰고 거침없이 행동했다. 그는 사회에서 요구하는 통념 대신 본성에 귀를 기울이며 그것을 행하는 삶을 살았기 때문에 굴곡 그 자체였던 인생을 감당해야 했다.

꼰대 문화가 싫은 ENTP, 별에서 온 그대

ENTP는 '꼰대 문화'를 싫어한다.

허균은 진정 '별에서 온 그대'였을까? 『광해군일기』속 그의 행적을 보니 조선에 불시착했을지도 모를 외계인까지는 아니어도 미래에서 온 사람 정도는 되지 않을까 싶다. 외계인도 미래에서 온 사람도 아니라면 '꼰대 문화'가 몸서리치게 싫었던 ENTP라 하겠다.

증거 1

『홍길동전』에서 호부호형을 할 수 없는 '얼자' 홍길동을 중심으로 서얼 제도의 문제점을 지적했고, 의적 '활빈당'의 활동으로 탐관오리의 횡포와 부조리한 세상을 드러냈으며 백성들의 마음을 담아 '율도국'이라는 유토피아를 제시했다.

증거 2

『홍길동전』을 제외하더라도 그가 남긴 시문집 『성소부부고』에서 당시의 꼰대 문화를 비꼬며 유교 질서가 만연한 세상에 대해 전면으로 도전장을 내밀었다.

서얼이라도 인재라면 기용하자!
양반은 왜 군대 안 가나?
천하에 두려워할 만한 자는 오직 백성뿐이다.

– 『성소부부고(惺所覆瓿藁)』中 –

증거 3

1607년 공주 목사로 부임했을 때 '강변칠우'와 어울리며 불합리한 신분 시스템에 불만을 품고, 세상이 바뀌어야 한다고 술과 시로 노래를 부르며 지냈으나 이들은 1613년(광해군 5년)에 발생한 계축옥사[05]로 사망한다.

'강변칠우'는 서얼 출신 7인(허균의 처외삼촌 서양갑, 박응서, 심우영, 이경준, 박치인, 박치의, 김평손)으로 당시 벼슬길이 막혀있던 서얼 차별에 대한 분노로 가득 차 있었다. 이들은 여주 강변에 집을 지어 공동생활을 하고, 도적질을 하기도 했는데 급기야 조령 길목에서 은 상인을 죽이고 은 수백 냥을 털었다가 줄줄이 잡혔다. 갇혀 있는 그들에게 대북파 이이첨과 정인홍이 접근하여 탈취한 은이 사실은 광해군을 끌어내리고 영창대군을 옹립하기 위한 역모 자금이라고 거짓자백을 하게 만들었다. 이 시나리오로 계축옥사가 일어났으며 영창대군 지지세력은 거의 전멸 수준으로 화를 입었고, 영창대군은 강화도로 유배되었다. 역모의 거짓증인이 된 허균의 친우들 역시 모두 목숨을 잃었다.

---

05 1613년(광해군 5년)에 대북(大北)이 영창대군 및 반대파 세력을 제거하기 위하여 일으킨 옥사이다. 1608년(선조 42년 / 광해군 즉위년) 광해군이 즉위하자 대북의 정인홍, 이이첨 등이 선조의 적자인 영창대군을 왕으로 옹립하고 역모하였다는 구실로 소북을 축출하였다.

이후 허균은 대북의 영수 이이첨 밑으로 들어가 인목대비를 폐위하고 영창대군을 사사하는 '폐모살제(廢母殺弟)'[06]를 추진했다. 그가 이것을 추진한 이유가 생존 본능인지, 복수의 칼날인지는 알 수 없지만 아끼던 많은 사람들이 눈앞에서 죽어가는 현실 속에서 홀로 해낼 수 있는 일은 없다고 생각했기에 마지막 승부수를 던진 것이 아니었을까?

지나치게 직설적인 ENTP, 토사구팽 주의보

ENTP는 무리 속에서 정치질을 당하거나 자주 오해받기 쉽다고 한다.

그의 승부수는 다음과 같이 계속되었다.

유폐 중인 인목대비 암살 시도

'유구국[07] 습격설' 유포

그러나 이내 모든 것들은 무리수가 되었다. '포악한 임금을 치러 하남대장군 정 아무개가 곧 온다!'라는 흉서의 출처마저 허균으로 밝혀지면서 그는 점점 역모를 꿈꾸는 괴물이 되어가고 있었다.

"허균은 천지간의 한 괴물입니다.

세상을 어지럽히고, 사람의 도리가 없고,

거짓된 말을 일삼는 요망한 자임을 세상이 다 알고 있습니다."

－『광해군일기』中－

---

06 어머니를 유폐시키고 동생을 죽인다는 의미이다.
07 일본 오키나와 지역을 말한다.

지나치게 직설적인 그의 승부수는 같은 편조차 품어주지 않았고, 쓰다 버릴 토끼가 필요했던 광해군과 이이첨에게 그런 허균은 매우 적절했던 인물이 아니었을까 싶다. 덕분에 허균은 형신(刑訊)[08]도 받지 않고, 죄안에 서명을 거부했지만 강제 서명을 당했으며 "할 말이 있소이다."라는 비명만 남긴 채 사지가 찢기는 거열형을 당했다.

49세의 허균은 결국 하고 싶은 말을 다 하며 살다가 반드시 해야 할 '한마디 말'을 하지 못하고 죽었다. 또한, 그로 인해 그의 아들들도 처형되었고, 아버지의 묘비는 반 토막 됐을 뿐만 아니라 묘 또한 파헤쳐졌으며 이후 1990년이 될 때까지 '역적'이라는 오명을 쓰고 살아야만 했다.

세상을 다 아는 것 같고, 내 생각이 다 맞는 것 같다고 하여도 그렇지 않을 경우가 더 많다는 것을 알았더라면 어땠을까? ENTP는 무리 속에서 정치질을 당하거나 자주 오해받기 쉽다고 한다. 꿈과 신념을 실현해 가기 위해서라도 가끔은 상대에게 상처를 주지 않는 화법을 사용하고, 자신을 숨기는 방법을 찾아 실천해 본다면 '아웃사이더'나 '괴물'이 아닌 진정한 '(안티)히어로'로 인정받을 수 있을 테니까 말이다.

---

08 죄인의 정강이를 때리며 캐묻던 일로 형문이라고도 한다.

ESTP-선조

이름 (휘) 이연(李昖)/조선 14대 왕 선조(宣祖)
출생 1552년(명종 7년) 12월 6일
사망 1608년(광해군 즉위년) 3월 16일(향년 55세)
재위 1567년 8월 17일~1608년 3월 16일

#서손출신왕 #광해군아빠 #임진왜란 #인재천국

촉이 좋은 하성군의 선택

ESTP는 촉이 좋아 현실적으로 생각하고 행동을 한다.

선조는 중종의 후궁 창빈 안씨의 서자 덕흥군의 3남 하성군이다. 한 마디로 왕이 될 가능성이 매우 적었다. 하지만 명종의 아들 순회세자가 향년 12세로 요절하니 왕실 종친 중에서 후사를 찾아야 했다. 그렇다 해도 서손 출신인 데다가 셋째 아들이었던 선조는 어떻게 왕위에 오른 것일까?

명종은 의경세자를 잃고 난 후 덕흥군의 아들 삼형제를 궁에 자주 부르며 예뻐했다. 그중에서도 하성군을 가장 아꼈다고 한다.

명종 : "조카님들, 이 익선관[01]을 써보시겠습니까?"
이에 형 하원군, 하릉군은 차례로 써보았다.

---

01 왕과 왕세자가 곤룡포를 입고 집무할 때에 쓰던 관

하성군 : "신하된 자로 임금이 쓰시는 것을 어찌 쏠 수 있겠나이까?"

명종 : "하성군, 임금과 아버지 중에 누가 더 중요하다고 생각하느냐?"

하성군 : "둘은 다르지만 본디 충(忠)과 효(孝)는 하나가 아니겠사옵니까?"

명종 : "익선관은 네 것이니라. 하하하!"

– 『광해군일기』中 –

이후 명종이 혼수상태에 빠졌을 때 인순왕후는 후계자로 하성군을 지목하였고, 1567년(명종 22년) 8월 17일 열여섯 살의 나이로 왕위에 올랐다. 찰나에 빛을 발했던 ESTP 특유의 촉이 평생의 왕관을 선물해준 것이다. 하지만 개국 이래 처음으로 중전이 아닌 후궁의 아들이 보위를 올라 정통성이 매우 취약했던 상황은 그의 MBTI 순기능을 막고, 흑화에 박차를 가하게 만들었다.

플러팅[02] 장인 ESTP의 목릉성세[03] 시대

ESTP는 상대방이 어떤 성향이든 내 마음에 들면 콜하는 쿨한 성격인 플러팅 장인이다.

인순왕후가 7개월 만에 수렴청정을 거두니 임금 수업을 받은 적이 없고, 궁궐 안에 자기편이 없었던 선조에게는 방책이 필요했다. 다행스럽게도 ESTP는 상대방이 어떤 성향이든 자기 마음에 들면 콜하는 쿨한 성격이었던 탓에 이후 플러팅 장인이 되어갔다. 또한 뻔하고 지루한 것은 딱 싫었던 ESTP 선조에게는 보수적인 사람들보다는 이이와 강경한 발언을 일삼던 정철 등이 매력적인 인물이라고 느꼈기 때문에 총애

---

02 한 사람이 다른 사람에게 호감을 표현하는 행위를 뜻한다.

03 훌륭한 인재가 두루 등용되어 문화와 학문을 발전시키고 국가의 위기를 극복하여 태평성대를 이루었다는 의미이다.

를 아끼지 않았다.

물론 자기가 듣고 싶은 말만 해주지 않아 마음에 쏙 들지는 않았지만 눈엣가시 같은 대신들을 견제하려면 능력 있고 입담이 좋았던 이이를 이용하는 것이 최선이었다. 선조 15년에 그는 이이를 이조판서에 등용했고, 몇 달 뒤에는 우찬성, 병조판서에 연이어 등용시키며 신임하는 마음을 보여주었다. 정철 역시 이조의 요직에 등용하였고, 동인 출신 정여립이 조직한 대동계[04]를 역모로 몰아 이를 기회로 많은 동인들이 서인에 의해 축출되었던 정여립 모반 사건 때에는 악랄한 수사관 역할을 부탁했다. 하지만 이이는 결국 혼자 애쓰다 탄핵되었고, 정철 역시 광해군을 세자로 책봉해야 한다고 말했다가 유배형을 당했다.

이후 서인인 정철의 처벌을 놓고 동인은 온건한 처벌을 원하는 남인과 강경한 입장의 북인으로 나뉘는 등 당쟁이 격화되었다. 또한 기축옥사[05]를 비롯한 각종 옥사의 확대를 이용하여 정권을 휘어잡고자 했던 선조는 두 사람을 철저히 이용만 하였고, 자신이 생각하는 현실에는 맞지 않는다고 생각되었을 때 냉정하게 그들을 버렸다.

'목릉성세(穆陵盛世)' 즉, '훌륭한 인재가 두루 등용되어 문화와 학문을 발전시키고 국가의 위기를 극복하여 태평성대를 이루었다.'는 후대의 평가대로 선조시대에는 이황, 기대승, 서경덕, 성혼, 유성룡, 김성일 등 뛰어난 인재들이 넘쳐났다. 이는 스타일이 제각각이지만 능력 하나만큼은 최고였던 사람들을 두루 등용했던 선조의 플러팅 능력 덕분이 아닐까 싶다.

---

04 1589년(선조 22년)에 정여립이 모반을 꾀할 때 만든 단체로 매월 15일에 계원들이 모여 무술을 연마하고, 주식(酒食)을 들면서 이씨 왕조를 몰아낼 계획을 꾸몄으며 전주에서 임금이 날 것이라는 소문을 조작하기도 하였다.
05 1589년(선조 22년)에 정여립(鄭汝立)의 모반을 계기로 일어난 옥사로 권력의 핵심에서 쫓겨난 정여립이 전주, 진안 등지에서 대동계(大同契)를 조직하여 매월 활쏘기를 익혔는데, 이것이 역모로 고발되어 일당이 체포·처형된 사건으로 이로써 동인(東人)이 몰락하고 서인(西人)이 정국을 주도하게 되었으며 호남(湖南) 출신의 관직 등용에 제한을 가한 계기가 되었다.

현재 지향형 ESTP의 끈기 부족

ESTP는 끈기가 부족하다.

하지만 넘쳐나는 좋은 재료들을 가졌으면서도, 정통성을 세워 왕권을 키우고자 급급했던 선조는 자신의 현실만이 중요했던 작디작은 그릇이었다. '천하에 유명한 준마도 장수를 만나야 하늘을 난다.'고 하였던가! 지금까지도 이름을 날리고 있는 그 준마들은 끈기 없는 선조 덕에 하늘을 제대로 날아보지도 못하고, 국가 최대의 위기를 함께 맞고야 말았다.

선조는 16세기 이후 축적되어 온 대립[06]과 방군수포[07] 등의 군역 제도의 문란, 그로 인한 국방력 약화 등 각종 문제를 해결하지 못했고, 전쟁의 징후가 보였음에도 못 본 척 했다. '하필 내가 왕일 때 전쟁이 일어나고 난리야.'라고 현실을 탓하며 일단 살고 보자는 식의 선택을 이어갔으니까 말이다.

생각보다 행동이 먼저인 ESTP

ESTP는 즉흥적인 행동으로 손해를 보기도 하고 벌려 놓은 일을 수습하지 못하기도 한다.

선조는 '실전 전쟁 문제지'를 예상보다 빨리 풀어야 했기에 당황스럽긴 했을 것이다. 하지만 그 직전까지 스터디를 할 수 있는 좋은 참고서들이 분명 존재하지 않았는가? 이이의 십만 양병설, 조선 통신사 황윤길의 보고, 조헌의 일본에 대한 강경 대응을 원하는 상소와 왜침론 등 한 문제만 더 풀어보면서 생각해봤어도 전쟁에 대비할 수 있었을지도 모른다.

하지만 위의 참고서 모두 서인 쪽에서 나온 것이라 "전쟁은 없다."라는 당시 여당 동인의 입김에 따라 그 외의 것들을 보지 못했고, 200년 동안 일어나지 않

---

06 대립(代立)은 다른 사람을 돈으로 사서 대신 복무하게 하는 행위로 대립 가격 상승 → 도주자 속출 → 이웃 전가로 이어졌다.
07 방군수포(放軍收布)는 지방의 수령들이 복무자에게 군포(베)를 받고 집으로 돌려보내는 것을 의미한다.

은 전쟁이 그렇게 쉽게 일어나겠느냐는 안일한 판단을 내려 임진왜란이라는 광풍을 맨몸으로 맞고 말았다.

이것이 끝이 아니다. 선조는 적장자를 기다리며 애써 피하고 미뤄온 일을 후다닥 해치워버렸으니, 광해군을 세자로 임명하는 일이었다. 이후 왕은 임진왜란이 터지자 도성을 비우고 백성들을 내버려둔 채 의주로 도망가버리고 말았다. 이전에 고집을 피우지를 말든가 왕답게 책임 있는 모습을 보여주든가 했어야 했는데 그때마다 생각보다 행동이 먼저였던 ESTP 선조는 계속해서 잘못된 선택을 하고야 말았다. 지도자의 순간의 판단은 모든 것을 재로 만들 수도 있는데 말이다.

제대로 전쟁을 치를 생각은커녕 허겁지겁 피난을 떠나버린 못난 왕의 소식에 백성들은 분노한 나머지 경복궁에 불을 질렀다. 이에 조선의 심장이었던 경복궁은 70년 동안 역사를 채우지 못하고 슬픈 상처만 간직하게 되었다. 또한,『실록』의 주요 자료인 '사초(史草)'[08],『승정원 일기』, 장례원의 노비 문서 등도 활활 타서 사라졌다. 백성들에게 요만큼 남았던 나라에 대한 애정과 임금에 대한 충성심도 함께 말이다.

결국 선조의 현실 지향주의 속에서의 섣부른 판단은 '조선 성군 테스트'라고도 볼 수 있는 후대의 평가에서 낙제점을 피할 수 없었다.

---

08 조선 시대에 사관(史官)이 기록하여 둔 사기(史記)의 초고(草稿). 실록(實錄)의 원고가 되었다.

흑화된 ESTP, 영웅들을 버리다

ESTP는 자기애가 충만한 나머지 싫어하는 상대방이 약한 모습을 보이거나 감성에 치우칠 경우 끊임없이 공격하여 떨어져 나가게 한다.

선조의 재위 기간은 영조, 숙종, 고종에 이어 역대 4위인 41년이다. 임진왜란 7년을 포함한 이 시간은 조선 역사의 전환점이 되는 시기였지만, 왕은 초반에 보여주었던 빛나는 촉과 안목은 잊은 채 서서히 흑화되어 갔으며 무능력함만 남기고 있었다.

ESTP는 자기애가 충만한 나머지 싫어하는 상대방이 약한 모습을 보이거나 감성에 치우칠 경우 끊임없이 공격하여 떨어져 나가게 한다. 답정너의 태도로 직설적인 말을 아무렇지도 않게 던지거나, 결과와는 상관없이 무계획적으로 행동한다.

전쟁 후에 욕받이가 된 탓이었을까? 패배감에 쌓여서 였을까? 선조는 점차 잔뜩 삐뚤어진 태도로 사람들을 대했다. 특히, 전쟁 중에 백성들을 지켜줘 칭송받는 영웅들에 대해서는 더욱 그랬다.

공로에 보답하는 것은 국가의 막중한 행사이다.

선조를 보호하여 따랐던 신하들은 많이 참여시키고

싸움에 임한 자들은 소략하게 하였으니

공에 보답하는 방도를 잃었다고 할 만하다.

－「선조실록」中 －

먼저 원균의 부산 출전 명령에 대한 책임은 행주산성의 히어로인 권율 장군 탓으로 돌렸다. 일본인들마저 인정한 구국의 영웅 이순신을 깎아내리며 무기 개발과 전투 승리에 대한 모든 공을 원균에게 돌리기도 했다. 또한 목숨을 바쳐 나라를 지켜낸 의병장 김덕령을 옥사시켰고, 홍의 장군 곽재우가 은둔 생활을 할 수

밖에 없는 현실을 선물하였다. 반대로 자신의 피난길을 지켜준 신하들에게만 고마움과 애정을 듬뿍 쏟았다. 선조는 영웅들이 명성을 얻는 만큼 자신과 호위해준 신하들이 한 일 없이 도망쳤다는 사실이 부각되는 것이 싫었을 것이다.

삶의 가치와 철학이 필요한 ESTP의 최후

ESTP는 제대로 된 결말을 위해 삶의 가치와 철학을 키워야 한다.

선조는 41년의 재위기간 동안 무엇을 했으면 좋았을까? 적어도 자신의 취약한 정통성 때문에 생긴 콤플렉스를 능력자 아들 광해군에게 풀지는 말았어야 했다. 히스테리를 부리며, 피해망상에 빠진 탓에 선조는 전쟁 후 회복의 골든타임을 놓치고 말았다. 최소한 정유재란[09]이 끝난 후에는 자신의 모든 욕망을 내려놓고 전쟁 복구 사업에 힘써야 했다. 힘에 부친다면 세자만 16년째인 34세의 경험 만렙 세자 광해군에게 얼른 왕위를 물려주어도 좋았을 것을 그는 기어코 정비 소생 아들인 2세 영창대군을 세자 책봉하기 위해 억지를 부렸다.

> "이대로 구습을 답습한다면 다시 기대할 것이 없게 됩니다.
> 반드시 위에서 큰 뜻을 발휘하시어 지난 잘못을 깊이 뉘우치고
> 대신과 백료를 단단히 타일러 경계하여 기강을 세워야
> 나라를 다스릴 수 있나이다."
>
> – 「선조실록」 中 –

그토록 아끼던 신하 율곡 이이가 위와 같이 수백 번씩 잔소리를 해주었지만 그

---

09 조선 시대에 임진왜란 휴전 교섭이 결렬된 뒤, 1597년(선조 30년)에 왜장(倭將) 가토 기요마사(加藤清正) 등이 14만의 대군을 이끌고 다시 쳐들어와 일으킨 전쟁이며 이순신 등의 활약으로 큰 타격을 입은 왜군은 도요토미 히데요시(豊臣秀吉)가 죽자 철수하였다.

는 결국 듣기 싫은 말에는 귀를 틀어막아 버렸다. 그가 진심을 다해 생각을 곱씹으며 자신이 나아갈 비전을 키웠다면 어땠을까? 그 안에서 삶의 가치와 철학을 만들어 실천하는 왕이었다면 그의 변명을 들어줄 이가 몇은 나왔을 것이다. 죽기 전에라도 변하기 위해 노력했다면 세상을 떠나는 순간에라도 누군가가 진심을 다해 슬퍼했을지도 모르겠다. 하지만 결국 광해군이 왕이 되면서 지긋지긋한 콤플렉스만 물려주었고, 이후 아들이 폭군이 되도록 밑그림만 그려준 꼴이 되었으니 선조의 41년은 씁쓸함만 남는다. 드라마의 주인공처럼 왕이 되었던 10대 소년 하성군의 총명함과 신중함이 계속 존재했더라면 좋았을 텐데 참으로 아쉽다. 빛나는 촉으로 함께 할 수 있게 된 주변의 좋은 사람들과 삶의 가치와 철학을 추구하며 사는 것은 어떨까? 마음만 먹으면 목릉성세의 시대를 언제든 열 수 있는 ESTP의 플러팅 기술을 미래를 위해 발휘할 때다.

ESTP-김삿갓

이름 김병연(金炳淵)
출생 1807년(순조 7년) 4월 22일
사망 1863년(철종 14년) 3월 29일(향년 55세)

#방랑시인 #역적의손자 #디스랩퍼

눈치를 보지 않는 ESTP, 말썽꾸러기의 결심

ESTP는 촉이 발달하여 눈치가 빠르지만 눈치를 보지 않는다. 말썽꾸러기들도 많지만 그러는 과정에서 터득한 문제해결 능력을 발휘하는 날이 온다.

김병연의 집안은 '장동 김씨'로 나는 새도 떨어뜨린다는 외척인 '안동 김씨'에서 분파된, 특히 세력이 더 등등했던 집안이었지만 그가 다섯 살 때 대역 죄인의 가문으로 전락하고 말았다. 그렇게 잔반이 된 가운데 아버지는 돌아가셨고, 그는 어머니와 형제들과 함께 어려운 상황에서도 열심히 공부하며 지냈다. 어린 김병연은 작문 솜씨가 뛰어나 신동 소리를 들으며 자랐다.
하지만 말썽꾸러기 ESTP 꼬마 병연은 훈장님께 자주 혼이 나기도 했는데 벌로 받은 시 쓰기에서 보란 듯 일필휘지[01]하여 놀라게 하는 일도 있었다.

---

01 글씨를 단숨에 죽 내리 쓴다는 의미이다.

[시제 : 갈지(之) 12개를 써서 글 짓기]

옥지상지등지(屋之上之登之)

조지추지집지(鳥之雛之執之)

와지락지파지(瓦之落之破之)

사지노지추지(師之怒之撻之)

— 김병연 —

'지붕에 올라가 새를 잡으려 하다가 기와가 떨어져 깨지니, 스승이 노하여 종아리를 치시네.' 여덟 살 병연의 대승이었다. 결혼 후 세 아들을 두었고, 가장이 된 김병연은 훈장일과 궂은일을 병행하며 열심히 살았다. 하지만 잔반은 돈 꽤나 있다는 평민들에게 멸시를 당하기 일쑤였던 19세기 조선에서 잔반에게 최선은 과거 급제뿐이었으니, 끝내 강원도 영월에서 열렸던 향시[02]에서 스무 살의 나이로 급제한다.

[시제 : (가산 군수) 정시를 찬양하고, (선천 부사) 김익순을 규탄하시오.]

대대로 임금을 섬겨온 김익순은 듣거라.

정공(鄭)[03]은 경대부에 불과했으나

농서의 장군 이능[04]처럼 항복하지 않아

충신열사들 가운데 공과 이름이 으뜸이다.

⋯⋯

가문은 으뜸가는 장동 김씨요.

이름은 장안에서도 떨치는 순(淳)자 항렬이구나.

⋯⋯

임금의 은혜를 저버리고 육친을 버렸으니
한 번 죽음은 가볍고 만 번 죽어야 마땅하다.

- 김병연 -

향시의 시제는 가산군수였던 정시를 찬양하고, 선천부사였던 김익순을 규탄하는 것이었다. 홍경래의 난이 일어났을 때 관군을 이끌던 정시는 항복하지 않고 끝까지 싸우다가 칼에 맞아 죽었다. 반면에 김익순은 바로 반란군에 투항했다가 나중에 홍경래의 참모였던 김창시의 수급을 돈으로 사 거짓 전과를 올리려 했다가 이것이 밝혀지면서 능지처참되었다. 남의 눈치를 보지 않고 직설적 화법을 사용하는 ESTP 김병연으로서는 김익순을 비난하는 것쯤은 일도 아니었다. 하지만 이 글로 인해 어머니에게서 듣게 된 '가문의 비밀'이 평생 삿갓을 쓰고 살아갈 자신의 운명으로 이어지게 될 줄은 꿈에도 몰랐을 것이다.

그가 시에서 맹비난했던 김익순은 사실 그의 친할아버지였고, 장동 김씨 가문의 영향력으로 그나마 목숨은 건져 어렵게 살아가고 있었다는 것을 알게 된 그날, 그의 모든 것들이 무너져 내렸다. 너무나도 부끄러운 집안의 죄와 입신양명은 이미 글러 버린 현실에 좌절하며 그날로 크디큰 삿갓을 머리에 얹고 방랑생활을 시작하였다. 개방적이고 자유를 추구하며, 억압당하는 것을 견디지 못하는 ESTP에게는 희망 없는 과거 시험과 현실을 향해 '세상을 등지고 내 길을 가리라.'는 답이 최선이었던 것이다. 가족 입장에서는 그야말로 말썽꾸러기다운 선택이겠지만….

'나는 김립(金笠[05])이요.'

낯선 이름을 내걸고, 정처 없이 발 닿는 곳을 걷고 또 걸으며 망해가는 세상을 바로잡고 싶지만 그럴 수 없는 현실의 민낯을 바로 보고자 하였을 것이다.

---

05 '삿갓 립'자이다.

자유분방한 방랑자 ESTP, 삿갓 쓰고 방랑 삼천리

ESTP는 매 순간의 삶을 즐기며 어디서든 재미있는 분위기를 만들 줄 아는 사람이다.

김삿갓으로 살아가기로 한 김병연은 가족들과도 연락을 끊은 채 북쪽의 금강산을 시작으로 조선 땅 이곳저곳을 떠돌았다.

대나무로 만든 삿갓을 쓰고 다녔다.
옷을 잘 차려 입을 때도 있고 누더기를 입고 다니기도 하는데
술을 즐겨 마셔서 언제나 취하지 않는 날이 없다.
그는 자신의 성과 이름을 속이지 않았고 글을 잘 쓰는 것으로 이름이 났다.
그는 시를 매우 빨리 정밀하게 지었으며 자신의 시에 대해 높은 자부심을 지녔다.

– 이우준, 「몽유야담」 中 –

그는 정처 없이 세상을 떠돌다 마음이 가는 곳이면 한 달 정도 머물다가는 다시 떠났다. 자유로운 여정 속에서 책과 이상이 아닌 사람들이 먹고 사는 희로애락 속 진짜 세상을 만났다.

두리둥실 내 삿갓은 빈 배
취하면 걸어두고 꽃구경
흥이 나면 옆에 끼고 달구경
사람들 의관은 모두 겉치장, 체면치레
하늘 가득 비바람 쳐도
내사 아무 걱정이 없네.

– 김삿갓, 〈나와 삿갓〉 中 –

매 순간의 삶을 즐기고자 하는 ESTP 김삿갓은 실제하는 삶의 행복과 고통을 느끼고자 기인이 되었고, 자신만의 방식으로 살아갔다. 자신의 확고한 의지이자 집이었던 삿갓을 벗 삼아 악덕과 부정부패와 폐해 속에서 헬조선이 되어가는 세상을 향해 해학과 풍자를 듬뿍 담은 디스 시를 날렸다. 그런 그의 시에 백성들은 위로를 받았고, 양반들 또한 묘한 매력을 느껴 열광했으니 조선 팔도에 그의 명성이 울려 퍼졌다. 어디서든 특유의 유쾌한 입담으로 사람들을 재미있게 해주는 재주가 있는 영락없는 ESTP였다.

드립 천재 ESTP, 말싸움은 대환영!

ESTP는 내기를 좋아하며 직설적인 화법을 쓰다 막말을 한다고 오해를 사기도 한다.

김삿갓은 조선 팔도를 방랑했다. 물론 돈이 없으니 하루하루 묵을 곳을 찾아야 했고, 끼니는 구걸해야 했다. 가끔은 한곳에 머물며 훈장 아르바이트를 하여 숙식을 해결했다. 행색은 초라했을지 몰라도 시를 짓는 능력과 모든 것을 초월한 듯한 태도는 넘사벽이었다.

어느 날 김삿갓은 길을 가다가 양반들의 시 짓는 소리를 듣고 그 집을 방문했다. 양반들은 초라한 행색의 그를 무시했고 심지어 '요강'을 시제로 던져주며 망신을 주려고 했다. 김삿갓은 태연하게 시를 읊기 시작했다.

> "네가 있어 밤중에도 번거롭게 사립문을 열고 닫지 않고
> 사람과 이웃하여 잠자리의 벗이 되었구나.
> 술 취한 사내도 네 앞에서는 단정히 무릎 꿇고
> 아름다운 여인은 널 끼고 앉아서 살며시 옷자락을 걷네."
>
> – 김삿갓, 〈요강〉 中 –

김삿갓은 일순간 요강을 아름답고 중요한 것으로 만들어버렸다. 인정하기 싫지만 인정할 수밖에 없는 그의 재주에 조선 팔도가 들썩이지 않을 수 없었다.

스크루지를 닮은 어느 시골 훈장은 한 끼를 청하러 온 김삿갓에게 인색하게 굴었다. 한 끼는커녕 당장 내쫓고 싶어서 굳이 까다로운 글자인 '찾을 멱(覓)' 4개로 시를 짓게 한 것이다.

> 많고 많은 운자들 중에 하필 멱자 부르는가.
> 첫 멱자도 어려웠거늘 이번 멱자 어이할까
> 하룻밤 묵을 수 있을지가 멱자에 달렸는데
> 산동네의 서당 훈장은 멱자 밖에 모르는가.
>
> – 김삿갓, 〈사멱난관〉 中 –

훈장은 그 누구도 성공하지 못한 테스트를 가볍게 조소하듯 통과해버린 김삿갓에게 숙식과 여비를 제공할 수밖에 없었다. 또한, 금강산의 한 사찰에서 만난 선비와 승려는 그의 초라한 행색만 보고 시 내기를 겁도 없이 청했다가 끝까지 가보지도 못하고 패배를 인정하기도 했다. 내기를 좋아하는 ESTP 김삿갓은 그 후로도 탁주 내기, 식사 값 내기에서 져본 적이 없다. 심지어 여우로 둔갑한 금강산 중에게 져서 죽을 뻔 했지만, 산신이 전해준 시구로 이겼다는 전설까지 전해질 정도였다.

> 타고난 성품 충성스러워 밥 주는 이 잘 섬기고
> 부르면 오고 물리치면 가고 시키는 대로 하네.
> 꼬리를 흔들며 앞으로 오니 귀여움 독차지하고
> 호통치면 뒤로 물러 다소곳이 꾸지람 들을 줄 아네.

하는 일은 간사한 도둑 살펴 집 잘 지키고

때로는 주인 없는 무덤 알려 칭찬도 받네.

예로부터 공훈에는 상을 베푸는 법이니

능력 없이 자리만 차지한 벼슬아치가 부끄럽다.

– 김삿갓, 〈구(拘, 개)〉 中 –

김삿갓의 가장 큰 매력은 '직설적 화법'의 디스 시라
고 할 수 있다. 개보다 못한 관리들의 무능력함을
지적하면서 고통에 찌들어있던 백성들에게 사이다
를 안겨주었기 때문이다. 그들이 대놓고 따질 수 없
도록 '섹드립'을 가감없이 쓰거나 억울한 일을 겪은
백성들의 사연을 시로 표현하여 사건을 해결해주었다.
이렇듯 세상을 등진 말썽꾸러기는 본인이 일으킨 문제는 알아서 해결했지만,
또다시 문제를 일으키는 ESTP가 되었다. 물론 사람들의 문제를 해결해주는 해
결사의 역할도 하고 있었지만 말이다.

얕고 넓은 관계를 선호하는 ESTP, 공허한 최후

ESTP는 깊은 인간관계 대신 얕고 넓은 관계를 추구한다. 미래를 걱정하지 않고 현재
에만 집중하며 사는 것도 좋지만 그에는 대가가 따른다는 것을 잊지 말아야 한다.

김삿갓은 방랑생활을 하는 동안 당연히 가족들과는 떨어져 지냈다. 40여 년의
세월, 몰락한 양반 가족들의 삶이란 상상 그대로일 것이다. 한 번은 이미 어른
이 된 아들 익균이 물어물어 아버지가 머물고 있는 충청도 계룡산을 찾았고,
'컴백홈'을 간곡히 권했지만 김삿갓은 미안한 마음에 아들이 자는 사이 떠나버
렸다. 그 후로도 가족이 찾아올 때마다 그는 매번 도망치듯 떠나버렸다.

> **"저물어 한 가지에 같이 자던 새도 날이 새면**
> **서로 각각 날아가거니,**
> **보아라 인생도 이와 같거늘."**
>
> – 김삿갓 –

오랜 세월 가족을 책임지지 못한 죄책감 때문일까? 아니면 더 이상은 정상적인 가정생활이 불가능해서였을까? 이미 가족들과 너무 많이 서먹해져버린 탓이었을지도 모른다. 김삿갓은 아들의 간청에도 불구하고 또다시 끝없이 걸었고, 지치고 병들어 쓰러질 때까지 걸었다. 그러다 결국 전라도 동복 땅 안 초시[06]를 만나러 가다 쓰러졌고, 그의 집에서 치료를 받으며 지냈다.

> **"안 초시, 춥구려. 어머니가 보고 싶소.**
> **저… 등잔불을 좀… 꺼주시오…"**

57세의 김삿갓은 공허해진 인생 앞에 마지막 유언을 남기고 쓸쓸히 생을 마감했다.

술 한 잔에 시 한 수로 떠다닌, 세상 힙한 인플루언서 문협(文俠) 김삿갓의 마지막은 생각보다 힙하지는 않았다. 적어도 마지막에는 공허함이 밀려와 허공 속에 묻어야 할 일들이 생각보다는 많다는 것을 느끼지 않았을까? 스쳐갔던 짧은 인연들도, 끝까지 자신을 놓지 않았던 혈육들도, 깊게 맺지 못한 관계들을 흩뿌려야 했던 그 순간은 꽤나 허망했을 것이다. 매 순간을 위해 미래까지는 챙기지 못했던 ESTP 김삿갓은 원하는 삶을 살았으되 원하는 삶을 살지 못한 비운의 예능인이었다.

---

06 한문을 좀 아는 유식한 양반을 높여 이르던 말이다.

하지만 신기하게도 오랜 시간이 지났지만 그의 행적을 보면 이런 것이 ESTP 김삿갓이 원하던 삶인가 싶기도 하다. 너무 멀리 내다본 것인가?

아마도 그는 다시 태어나도 세상이 그 모양이었다면 다시 죽장[07]에 삿갓을 쓰고 쿨하게 방랑 삼천 리 길을 떠나는 ESTP 풍류가객이었을 것이다. 하지만 삿갓을 벗어 던져야만 보이는 것들에 대해서도 한 번쯤은 생각해보는 게 어떨까?

---

07 대로 만든 지팡이라는 의미로 대지팡이라고도 한다.

ENTJ-숙종

이름	이순(李焞)/조선 19대 왕 숙종(肅宗)
출생	1661년(현종 2년) 10월 7일
사망	1720년(숙종 46년) 7월 12일(향년 58세)
재위	1674년 9월 22일~1720년 7월 12일

#정통성끝판왕 #불도저 #장희빈 #환국정치

넘치는 카리스마 ENTJ, 이유 있는 자신감

ENTJ는 자신감이 넘치고, 가만히 있어도 강렬한 힘이 뿜어져 나온다.

숙종은 효종의 외아들이었던 현종의 외아들로 왕위에 오른 '정통성 끝판왕'이다. 조선 시대 통틀어 적장자 출신 왕이 숙종을 제외하면 6명(문종, 단종, 연산군, 인종, 현종, 경종)뿐인데다가 부자가 적장자인 경우는 단 두 건뿐이었기 때문이다. 또한, 손이 귀했던 왕실 사정상 위협이 될 만한 대군조차 거의 없었기에 완전무결한 왕권의 소유자였다.

어머니인 명성왕후는 금지옥엽 외아들이자 유년기에 병약했던 숙종을 오냐오냐 키웠다. 너무 귀하게 자란 탓인지 타고난 성정인지는 모르겠지만, 숙종은 조선에서 가장 독선적인 왕후라고 평가받는 명성왕후조차 혀를 내두를 만큼 다혈질에 유아독존으로 성장했다.

"세자는 내 배로 낳았지만

그 성질이 아침에 다르고 점심에 다르니,

나로서는 감당할 수가 없다."

– 『숙종실록』 中 –

당대 최고의 유학자였던 송시열을 필두로 뛰어난 스승들 밑에서 세자 수업을 철저히 받은 덕에 능력도 출중했던 숙종은 14세에 왕위에 오르자 수렴청정 없이 바로 친정을 하겠다 공표하였고 이에 아무도 반대할 수 없었다. 이러한 환경 탓에 강력한 소년왕 숙종은 언제나 자신감이 넘치고, 강력한 카리스마를 겸비한 ENTJ 군주로 성장했다.

카리스마 단서 ①

1675년(숙종 원년), 숙종은 신하 이단하[01]로 하여금 현종의 행장(行狀)[02]에 예송 논쟁[03]에 대한 송시열[04]의 잘못을 적으라고 명령했다. 세자 시절 스승이고 뭐고 빗발치는 서인들의 상소에도 아랑곳하지 않고, 끝내 자신의 뜻대로 고쳐 적게 하였다. 송시열의 제자였던 이단하는 스승의 잘못을 역사 대대로 남을 행장에 적는 일을 매우 부담스러워하며 주저하였다.

"이단하, 너는 스승만 알고 임금이 있는 것은 모르는구나!"

– 『송자대전(宋子大全)』 中 –

결국 열다섯 소년 군주는 단호하게 이단하를 파직하며 날고 긴다는 조정대신들의 기세를 꺾어버렸다.

---

01 송시열의 제자이자 당시 대제학으로 행장의 기록을 맡았다.
02 죽은 사람이 평생 살아온 일을 적은 글이다.
03 현종 때 인조의 계비의 상례 문제를 둘러싸고 남인과 서인이 두 차례에 걸쳐 대립한 사건이다.
04 조선 중기의 대표적인 유학자이자 문신으로 서인의 거두였다.

카리스마 단서 ②

남인의 영수 영의정 허적은 한 때 숙종의 신뢰를 받기도 하였으나, 점차 커져가는 세력에 왕이 벼르고 있던 차였다. 1680년(숙종 6년) 허적은 조부 허잠의 시호[05]를 받은 기쁨을 나누기 위해 연회를 열었고, 왕실 연회 때나 쓰는 유막과 차일[06]을 함부로 사용했다. 숙종은 이를 빌미로 하여 관련된 남인들을 모조리 내치고 그 자리에 서인들을 등용했다.

(온갖 상소에도) 대답 없이 사표를 수리하였다.

– 『박시백의 조선왕조실록』 숙종실록 中 –

이어 허적의 아들 허견이 복선군[07]을 왕으로 세우려는 역모 사건이 터졌고, 이를 계기로 허적을 비롯한 윤휴 등이 처형되면서 남인은 몰락하고 말았다. 스무 살 숙종은 경신환국[08]을 일으켜 자신의 뜻대로 붕당을 갈아치웠고, 그의 정치쇼인 환국정치는 이렇게 시작되었다.

---

05 제왕이나 재상, 유현(儒賢) 들이 죽은 뒤에 그들의 공덕을 칭송하여 붙인 이름이다.

06 햇볕을 가리기 위하여 치는 포장을 의미한다.

07 인조의 손자이자 인평대군의 다섯째 아들이다.

08 1680년(숙종 6년), 서인(西人) 일파가 반대파인 남인(南人)을 몰아내고 권력을 잡았던 사건으로 서인의 김석주 등이 주동이 되어 남인인 영의정 허적의 서자 허견이 복창군, 복선군, 복평군 3형제와 함께 역모를 꾀한다고 고발하여 남인을 권력에서 대거 몰아내고 정권을 잡았다.

금사빠에서 무자비한 사랑, ENTJ의 잔혹한 러브스토리

ENTJ는 사교적이며 공감 능력이 부족해서 차갑다는 소리를 들을 때도 있지만 가까운 사람들은 다정하게 잘 챙겨주는 편이다.

숙종의 정치적 행보는 늘 '러브스토리'와 함께 한다. 그는 매력적인 이성에게 금사빠였던 ENTJ이면서, 선을 넘는 자들은 칼같이 손절해버리는 극단의 ENTJ였기 때문이다. 특히 목표를 위해서라면 사랑하는 여인도 정치적으로 이용할 수 있는 냉혹한 ENTJ 왕이었다.

숙종은 잠시 중전에 자리에 올랐던 장희빈을 포함하여 총 4명의 왕비를 두었다. 1680년(숙종 6년), 첫 번째 아내 인경왕후는 전염병으로 세상을 떠났고, 1681년(숙종 7년)에 당시 노론[09] 핵심 인사였던 민유중의 딸 인현왕후를 아내로 맞았다. 하지만 그사이 스무살 숙종의 마음속에는 용모가 출중한 궁녀 장희빈이 들어와있었고, 두 사람은 불같은 사랑을 하였다. 하지만 그들의 사랑은 서인의 권력을 지켜야했던 어머니 명성왕후의 철통 방어로 쉽지 않았고, 급기야 장희빈은 궁궐에서 쫓겨나기도 했다. 하지만 그럴수록 두 사람의 사랑은 뜨거워졌으며 명성왕후가 세상을 떠나자마자 장희빈은 궁으로 돌아왔다.

서인과 남인 사이에서 강력한 왕권을 지키며 스트레스가 이만저만이 아니었지만 티 조차 낼 수 없었던 ENTJ 숙종은 사랑 표현에 솔직하고, 연인의 성장과 발전을 존중해주는 ENFJ 장희빈에게 무엇이든 다 해주고 싶을 만큼 사랑했다. 이에 반해 조용하지만 은근히 관심받길 원하고, 지나치게 이상주의인 INFP 인현왕후와는 생각 자체가 많이 달라 점점 멀리하게 되었다.

---

09 조선 시대 사색당파의 하나이며 남인(南人)에 대한 처벌 문제로 서인(西人)에서 갈려 나온 당파이다. 1683년(숙종 9년)에 송시열, 김익훈 등의 강경파를 중심으로 이루어졌다.

특히, ENTJ와 ENFJ가 서로 비슷한 문제점을 안고 있다면 모든 것을 털어 놓는 사이가 되어 심적으로 기댈 수 있다고 하니 숙종이 어느 처소를 향할지는 불 보듯 뻔한 일이다. 게다가 인현왕후는 결혼한 지 6년이 넘도록 아이를 낳지 못 했고, 숙원(淑媛)이 된 장희빈이 임신을 하자 정2품 소의로 책봉했으며, 1688 년(숙종 14년) 스물 여덟 숙종에게 아들 경종을 안겨주었으니 그야말로 어화둥 둥 내 사랑이 아니었을까. 하지만 문제는 장희빈이 중전 바로 아래 자리인 빈에 책봉된 후에도 더 큰 욕망을 불태워버린 남인이었다.

1689년(숙종 15년), 장희빈 소생의 왕자 윤(昀)을 원자로 책봉하는 문제로 밀 어붙이려는 남인과 어떻게든 방어해보려는 서인 사이에 불꽃 튀는 접전이 벌어 졌다.

> **"옛날 송나라 신종은 28세에 철종을 낳았는데**
> **그 어미는 후궁 주씨였습니다.**
> **(중략)**
> **철종은 열 살인데도 번 왕의 지위에 있다가**
> **신종이 병이 든 다음에야 비로소 태자로 삼았으니,**
> **이같이 한 것은 제왕의 거조[10]가 항시 여유 있게**
> **천천히 함을 여기기 때문이옵니다."**
>
> – 『박시백의 조선왕조실록』 숙종실록 中 –

완강한 태도로 숙종에게 맞섰던 80세의 송시열은 제주도에 위리안치되었다가 다시 명을 받고 상경 중에 정읍에서 사사되었다. 많은 서인들이 유배를 가거나 처형되었고, 인현왕후는 폐위되었다. 이 사건이 바로 '기사환국'이다. 이에 남 인이 정권을 탈환하였고 장희빈은 중전이 되었으며, 왕자 이윤은 왕세자에 책 봉되었다.

---

10 말이나 행동 따위를 하는 태도를 의미한다.

하지만 숙종은 예전의 순정과 편안함 대신 야망만 남은 장희빈과 남인들의 전횡이 마음에 들지 않았다. 급기야 1698년(숙종 24년), 금사빠 숙종은 궁에서 허드렛일을 하던 무수리 숙빈 최씨와 사랑에 빠졌고 왕자(영조)까지 낳았다. 숙종은 인현왕후 복위 음모 모함, 숙빈 최씨 독살 미수 의혹 등을 빌미로 '갑술환국[11]'을 일으켜 남인 세력을 모조리 축출함과 동시에 왕비 장옥정을 희빈으로 강등시키고, 인현왕후를 복위시켰다.

상대방에게 올인했다가 상대적으로 마음의 상처를 잘 입는 ENFJ 장희빈은 자신을 내친 데다가 8년간이나 방치한 숙종이 너무 미워서 왕과 왕비에게 문안도 가지 않았다. 그러던 중 인현왕후가 병을 앓다 죽었다. 이때 장희빈의 처소인 취선당에서 인현왕후를 저주하는 굿을 한다는 숙빈 최씨의 밀고가 있게 된다.

"여봐라, 저 포악한 것을 당장 끌어내라.
발악하거든 묶어서라도 끌어내라."

– 드라마 〈장희빈〉 中 –

드라마 〈대박〉에서처럼 가체를 잡아 내팽개치거나, 현실 부부처럼 전투적으로 싸우지는 않았겠지만 정치적으로도 불편했고, 국모의 자질도 마땅치 않았던 장희빈에게 숙종은 이 밀고를 빌미로 사약을 내려 죽게 했다. 갈등이 발견되면 정면 돌파를 선택하는 ENTJ는 이성을 잃고 돌변할 때면 이렇듯 타인에게 돌이킬 수 없는 상처를 주기도 한다.

---

11 1694년(숙종 20년)에 당시의 집권층인 남인(南人)이 인현왕후의 복위 운동을 꾀하던 일파를 제거하려다 도리어 화를 입은 사건으로 이를 계기로 남인계는 와해되고 소론계가 집권하게 되었으며, 정계는 노론과 소론의 양립 국면으로 전환하였다. 갑술옥사라고도 한다.

진짜 목표를 이루기 위해 ENTJ가 들어야 할 목소리

ENTJ는 계획이나 목표로만 존재했던 것들을 이룰 수 있도록 밀어붙이는 실행력이 갑이다.

숙종은 영조에 이어 역대 두 번째에 해당하는 46년의 재위기간 기록 보유자다. 그는 책임감 있는 ENTJ답게 오랜 세월 동안 많은 일들을 추진했다.

숙종's To do List

☑ 신원(伸冤)의 회복
☑ 대동법 확대
☐ 군역 개혁
☑ 상평통보 전국 유통

ENTJ는 약한 소리를 하는 것도 싫어하고, 듣는 것도 싫어한다. 게으른 사람, 답답한 사람, 실수를 반복하는 사람을 제일 싫어하기도 한다. 따라서 자신이 원하는 방향의 정책을 반대하는 이들에게 호통을 치며 일을 추진해 나갔다.

하지만 이러한 성향의 단점이 있으니 바로 남의 말을 경청하지 않는다는 것이다. 또한 타인의 욕구와 감정에 무감각하여 자신이 필요하다 생각하는 것에만 총력을 다했다는 것이 문제였다.

당시 백성들은 대흉년과 전염병, 호환 등 온갖 악재에 시달리다 농성을 벌일 수 있을 만큼 변화하고 있었다. 갓난아기는 물론 죽은 이에게까지 군포를 물리는 등 군역의 폐단이 날로 심해져 윤휴가 양반에게도 군포를 지게 해야 한다는 '호포제'를 건의하였으나 끝내 받아들이지 않았다. 결국 백성들은 세상을 등질 수밖에 없었고, 이때 장길산 등의 도적들이 활약하였다.

"역모인지 아닌지가 뭐가 중요해?

내가 명하였다. 내가!!!!!!

죄인들은 이틀 후 오시에 참형에 처할 것이다.

네놈들도 알아서 발빠르게 움직여야 뒤탈이 없을 게야.

알아듣겠는가?"

– 드라마 〈대풍수〉 中 –

숙종은 민생을 위한 근본적인 문제 해결책 대신 그들을 잡아들이라 명령하기에 바빴다. 물론 관리들의 부패를 막기 위해 면담을 통한 격려와 경고를 했으며 암행어사를 수시로 보내 감시하게 했다. 하지만 반드시 개혁이 필요했던 군역의 폐단에 대해서는 흐지부지 하고 말았다. 그가 남긴 과제는 결국 후대 왕들이 해결해야 할 크나큰 사회적 문제로 남게 되었다.

약한 모습 들키기 싫은 ENTJ의 거짓말

ENTJ는 걱정이 많아질수록 여유와 인내심을 잃기 쉽다. 스트레스로 인한 압박감은 판단력을 흐리게 하고 감정에 무감각해지거나 평소보다 더 화를 낼 수도 있다.

숙종 본인도 목표했던 일들이 마음처럼 되지 않았고, 무참히 잘라 버린 인연들에 대한 생각으로 스트레스가 이만저만이 아니었을 것이다. ENTJ는 남들에게 약해져 가는 자신의 모습을 들키지 않기 위해서 더욱 공격적으로 행동하거나 다른 사람들과의 관계에서 빠지려고 한다는데 그래서였을까? 숙종은 궁궐 후원에서 만난 길냥이 한 마리를 거두어 '금덕(金德)'이라 불렀고, 금덕이가 낳은 새끼는 '금손(金孫)'이라 부르며 아껴주었다는 기록이 있다. 감춰야 했던 모습이 많아 힘들고 외로웠던 궁궐에서 그에게 길냥이는 유일하게 마음을 터놓을 수 있는 친구가 아니었을까?

고양이를 벗삼아 스트레스를 참아가며 달려온 숙종은 결국 시력을 잃어 갔고, 건강도 나날이 악화되었다. 심장은 뜨거웠으나, 겉으로는 차갑게 심장이 없는 것처럼 살아왔기 때문이다. 이 시기 세자를 장희빈의 아들이 아닌 숙빈 최씨의 아들 연잉군으로 바꾸자는 노론의 강력한 주장과 수비수 소론의 대립이 심해졌고, 숙종 또한 내심 장희빈의 아들이자 병약한 세자보다 총명하고 반듯한 연잉군에게 마음이 갔지만 마땅한 명분이 없어 망설이던 중이었다. 하지만 체력도 안 되고, 결정도 마음대로 내릴 수 없는 극한의 스트레스 상황에서 잘못된 판단을 하고야 말았다. 당시 관례상 왕의 옆에는 항상 기록담당관인 사관이 있어야 했는데 숙종은 노론 이이명을 불러서 사관 없이 독대를 해버린 것이다. 실록에 조차 남지 않은 이날의 일은 훗날 분란의 날들을 낳고 말았다. 연잉군 세제 책봉, 신임옥사, 경종 독살설, 영조의 트라우마 등 불안한 날들이 이어지게 되니까 말이다.

숙종은 배에 복수가 차서 불룩한 상태로, 거친 숨소리와 가래 끓는 소리를 내며 피를 토하다 죽었다. 숙종의 병증의 가장 큰 원인은 노화, 등창 외에도 화병, 즉, 스트레스라고 한다. 60년 긴 여정을 살다 가기는 했지만 숙종은 과연 행복했을지 의문이다. 곁에 있는 이들을 전부 도구로 휘두르다보니 진심을 내보일 수 있는 이가 한 명도 없었던 것은 아닐까 싶다.

숙종은 어쩌면 진심과는 별개의 말들만 내뱉지는 않았을까? 때로는 자신의 뜻대로 밀어붙이기 위하여, 상대방의 변심에, 그저 홧김에. 날카로운 말들로 난도질하다가 결국 홀로 남겨진 외톨이가 된 기분이 들었을지도 모르겠다.

내게 중요하지 않은 사람들에게 미움받을 용기가 필요한 만큼,

때론 내게 중요한 사람들을 어쩔 수 없이 실망시킬 용기도 필요하다.

− 김수현, 『애쓰지 않고, 편안하게』 中 −

목표를 위한 용기가 충분했다면, 가끔은 약해져가는 자신의 모습도 기꺼이 보여줄 수 있는 용기도 필요하다. 가치가 아닌 성공만을 위해 내는 용기는 무한 독기와 광기로 보일 수 있다. 위기 탈출은커녕 허기진 마음을 숨긴 채 살아가고 싶지 않다면 자신에게 필요한 용기를 내보자.

노답이면 바꿔야지. 결심하는 ENTJ

ENTJ는 질서의 문제점이나 비효율성을 빠르게 파악하여 해결책을 제시한다. 또한 도전정신이 강하며 명언을 좋아한다.

홍경래는 1780년(정조 4년) 즈음에 평안도 용강군 다미동에서 태어났다. 아버지를 비롯 집안에 대한 정보는 알 수 없고, 가난한 평민 집안에서 자랐지만 공부를 게을리하지 않았던 목표지향형 ENTJ였다. 1797년(정조 21년) 평양 향시에 합격했지만 이듬해 응시한 사마시(司馬試)[01]에는 떨어졌다. 실력은 충분했으나 서북 지방 출신이라 떨어진 것이다. 그는 평안도 출신인 자신이 관리가 되어 출세한다는 것은 불가능하다는 것을 깨닫고는 방랑하기 시작하였다.

---

01 조선 시대 생원과 진사를 뽑던 과거로 초시와 복시가 있었으며 소과라고도 한다.

(태조가) 나라를 창건하고는
'서북 지방 사람은 높은 벼슬에 임용하지 말라'는 명을 내렸다.
과거에 합격하여도 벼슬은 현령에 지나지 않고….

– 이중환, 「택리지」 中 –

그가 세상을 돌면서 바라본 세상은 더욱 최악이었다. 구휼 정책, 암행어사 파견 등 순조[02]의 약진이 있었지만 미약했고, 백성들은 열심히 일할수록 오히려 삶이 고달파졌다. 가난, 굶주림, 역병, 흉작 등 온갖 악재와 서북 지역에 대한 차별에 관리들의 부정부패까지 더해졌으니 19세기 초 세상은 그야말로 헬조선이었다.

이 씨가 세운 조선이 망하고
계룡산에서 정도령이라는 사람이
새로운 나라를 세운다.

– 「정감록[03]」 中 –

홍경래는 유교,. 병법, 풍수지리뿐만 아니라 어려운 시기마다 백성들 사이에서 퍼져나갔던 『정감록』에도 능통했다. 새로운 세계가 열릴 것이라는 예언서의 희망과 지옥 같은 세상에서 구제받고 싶었던 민심을 차곡차곡 모아갔다. 새로운 나라를 세운다는 '정도령'의 화신이 되어서라도 노답이면 바꿔야 하는 것이 맞다고 생각하며 두 주먹을 불끈 쥐었다. '불광불급(不狂不及)', 홍경래는 미치광이처럼 그 일에 미쳐야지만 목표에 도달할 수 있다는 말을 마음에 새기며 어두컴컴한 세상을 향해 출사표를 던졌을 것이다.

---

02 조선 제23대 왕으로 재위기간은 1800~1834년이다.
03 조선 중기 이후 백성들 속에 유포된, 나라의 운명과 백성의 앞날에 대한 예언서이다. 풍수지리상으로 본 조선 왕조 후 역대의 변천 따위를 예언한 것으로, 이심(李沁)과 정감(鄭鑑)의 문답을 기록한 책이라 하나 이본이 많아 확실한 것은 알 수 없다.

"조정에서는 서토를 버림이 분토(糞土)와 다름없다.

심지어 권문의 노비들도 서토의 사람을 보면

반드시 평안도 놈이라 일컫는다.

서토에 있는 자 어찌 억울하고 원통치 않은 자 있겠는가."

– 홍경래의 난 〈격문〉 中 –

목표 다음은 전략인 ENTJ, 함께라면 할 수 있어!

ENTJ는 장기적 계획과 거시적 안목으로 어떤 목표도 달성할 수 있다고 믿으며 빠르게 실행한다.

타고난 지도자 유형의 ENTJ였던 홍경래는 지식뿐만 아니라 무술과 병법에도 탁월했던 능력자였다. 그는 직접 선두에 서서 정주성 전투를 지휘하였으며, 공통된 목표를 통해 사람들을 끌어모았다.

경래's 전략 1. 지지 세력 모으기

홍경래는 국내를 돌아다니면서 많은 이들과 만나며 뜻을 모아 지지 세력을 규합하였고, 지리를 파악하는 등 결전의 그날을 위해 10년 동안 차근차근 준비했다.

"도방 어른(임상옥),

조선 천지가 백성들의 눈물과 한숨으로

가득 차 있는 걸 아닙니까?

그 눈물과 한숨은

흉년과 기근 때문만은 아닙니다.

죽은 자에게도 군포를 물리고,

매관매직에 가렴주구하는 세도가들과

사람의 목숨을 담보로
쌀과 소금을 매점하는 상인들,
그것이 더 큰 문제입니다.
도방어른처럼 의기있는 분이
어찌 이를 보고만 있으려 하십니까?"

– 드라마 〈상도〉 中 –

혁명을 통해 귀에 쟁쟁한 백성들의 한숨과 눈물을 걷어 내겠다고 굳은 의지를
내보였던 홍경래는 드라마에서처럼 거상 임상옥의 상단에 잠입하여 자금을 확
보하고자 했다. 광산을 운영하여 부를 축적한 이희저를 끌어들여 평안도 북쪽
다복동을 요새로 삼을 수 있었다.

또한 운산에 광산을 열어 '광산 노동자 모집'을 구실로 군사를 모았는데, 이를
통해 힘이 센 자들을 많이 모을 수 있었고, 그들을 군사로 쓸 수 있도록 훈련시
켰다. 게다가 봉기에 앞서 지휘부를 구축하여 부서를 나누기도 했다. 총지휘관
평서대원수 홍경래, 부원수 김사용, 광산 경영(≒농민군 조직) 담당 우군칙, 이
념 지도 담당 김창시, 물자 조달 담당 이희저를 필두로 군사 담당 천하장사 홍
총각과 이제초를 선봉장에 세웠다. 그 결과 비슷한 생각을 가진 사람들을 중심
으로 절박했던 빈농과 임노동자들 등이 모였다.

10여 년간의 준비를 마친 홍경래는 1811년(순조 11년) 군사 1,000명과 함께
조직적으로 정부에 도전하며 출정식을 가졌다.

"지금 나이 어린 임금이 위에 있고
간악한 무리들 때문에 나라가 어지럽다.
김조순, 박종경의 무리가 나라의 권력을 멋대로 휘두르니,
정치는 어지럽고 백성은 도탄에 빠졌다.
그러나 다행히 세상을 건질 성인이 나타났으니,

성문을 활짝 열어

우리 군대를 맞으라.

만약 어리석게 항거하는 자가 있으면,

철기 5,000으로 남김없이 밟아 무찌르리라!"

– 홍경래의 난 〈격문〉 中 –

홍경래는 『정감록』을 바탕으로 한 격문을 짓게 하여 확신이 서지 않고 불안과 두려움에 떠는 사람들에게 새로운 세상을 향해 나아갈 힘을 불어넣어 주었다.

경래's 전략 2. 기습적으로, 열정적으로!

홍총각의 선봉대, 이제초의 북진군은 평안도를 장악한 뒤 열흘 만에 청천강 이북의 고을까지 점령했다. 고을 수령들은 매관매직으로 관직에 올라 능력과 열정 따위는 찾아볼 수 없어 도망가기 바빴고, 아전들 역시 혁명에 마음을 함께했거나 사전에 내통한 자들이었기 때문에 봉기군이 도착하자마자 문을 열어 주었다. 그들은 그저 살기 위해 봉기군에게 항서를 지어 바치고 대접을 하기도 했는데 그들 중 하나가 바로 김삿갓의 조부인 선천부사 김익순이었다. 가산 군수 정시만이 끝내 저항하다가 참수당했다. 고을을 점령한 이후에는 그곳의 행정 체계와 관속을 이용하여 추가 인원과 재정적인 부분을 충당하였으며 군의 숫자는 5,000여 명에 이르게 되었다. 홍경래는 '계획은 치밀하게, 공격은 조직적이고 기습적으로' 전략으로 큰 성과를 거뒀으며 초반 기세를 모아 거침이 없었던 진격의 작은 거인[04]이었다.

---

04 홍경래의 키는 140~150cm로 알려져 있다.

남의 말에 경청하며, 때로는 천천히가 필요한 ENTJ

ENTJ는 충분한 생각을 하는 대신에 효율을 따지며 '내 방식대로' 일단 저지르는 편이다. 세세한 부분에 주의를 기울이지 않고, 성급한 나머지 예상치 못한 결과를 가지고 올 수도 있다.

홍경래의 난은 한때 정부와 군사들을 벌벌 떨게도 했지만 결국 그들은 열흘 만에 수세에 몰리게 되었다. 첫 번째 원인은 봉기군들이 점령하지 못했던 지역인 의주나 안주 등의 지역을 공격하는 방법에 있어서의 내부 대립에서 찾을 수 있다.

> **신중파 : 안주성은 관군이 다수 주둔한 곳이요, 신중을 기합시다!**
> **급진파 : 안주성 치고, 평양까지 갑시다!**

홍경래는 안주 기습을 쉽게 결정하지 못하였고, 기습적이고 전략적인 강점이 사라져버린 봉기군은 흔들리기 시작했다. 그에 반해 관군은 서서히 전열을 가다듬고 그들을 압박해왔고, 설상가상으로 홍경래는 안주 공략안을 주장하다 계속 까이기만 했던 김대린의 공격까지 받고 말았다. 홍경래는 그가 입은 머리와 손의

중상만큼 내부 반란의 여파가 크다는 것을 깨닫게 되었다. 만약 그가 안주를 누구보다 잘 알고 있었던 김대린의 말을 따라 기습을 했다면 어땠을까? 홍경래의 '내 방식대로'와 남의 말을 잘 경청하지 않고 칭찬에 인색한 ENTJ의 성향이 혁명에 브레이크를 제대로 걸어버린 셈이다.

봉기군은 계속 흔들렸고 그럴수록 관군은 지원군까지 더해져 점점 강해졌다. 이러한 상황에서 벌어진 관군과의 첫 전투였던 박천-송림 전투의 결과는 불보듯 뻔했다. 평안도 병마절도사 이해우와 목사 조종영이 천여 명의 병사를 모아 필사의 각오로 공격했으며, 곽산 군수 이영식 아래 원군의 가세로 봉기군은 대패하였다. 물론 홍총각이 이끄는 봉기군의 초반 러시도 있었지만 정예부대라 불리는 훈련도감, 어영청 관군의 전후 협공 속에 쓰러져갔다. 김사용이 이끄는 북진군 역시 의주 민병대의 공격과 봉기군의 패전 소식에 사기마저 꺾여 패전하였다. 살아남은 이들은 정주성으로 모여 마지막 항전 의지를 불태웠지만, 정부는 '못살겠다'를 넘어 '갈아엎자'를 외치는 그들을 용서할 리 없었다. 결국 홍경래와 봉기군들은 관군과 의병에 포위되어 정주성에 고립되고 말았다. 예상치 못한 패배에 대비한 것이 전혀 없었지만 어차피 목숨을 내걸고 벌인 일이기 때문에 생각보다 완강하게 버티고 또 버텼다.

> "성벽이 뚫리면 성벽을 하나 더 세우면 되지.
> 성벽 아래로 들어오는 병력이 얼마나 될진 모르겠지만
> 내성과 외성 안에 가둬버려서
> 병력을 잡아 먹으면 되지."
> – 국립 진주 박물관 〈정주성〉, 홍경래의 난 최후의 전투 中 –

홍경래는 초반에 힘조차 쓰지 못했던 관군의 모습만을 기억했는지 나라를 지키기 위해 훈련해온 그들의 저력을 간과한 채 '버티자, 싸우자, 이기자!'만을 외쳤다. 관군은 대포, 공성탑까지 총동원하며 성을 무너트리려고 했고, 큰 성과가 없자 결국 땅굴을 파서 1,700근이 넘는 화약을 묻은 뒤 이를 이용해 성벽을 폭파시켜버렸다. 그들은 봉기군보다 경험이 많았던 지휘관들이 포진한 관군이 아니던가. 성에 진입한 후에는 초토화 작전이 펼쳐졌고, 홍경래를 비롯한 지도자들은 전사했으며 봉기군에 가담한 백성들 역시 처형당했다. 체포된 이의 수는 총 2,983명, 이 중 여자와 10세 이하의 남아는 노비가 되었고, 나머지 1,917명은 목이 잘렸다. 그들의 열망과 기세와 간절함은 경험 부족으로 정주성 싸움에서 패하고 말았다.

홍경래가 ENTJ로서 세세한 부분에 주의를 기울이지 않고, 성급한 나머지 예상치 못한 결과를 가지고 올 수도 있다는 것을 알았다면 어땠을까? 조선 역사상 유례없는 참극이 벌어지기 전에 목표는 시대에 맞게 잘 설정되었는지, 전략은 이대로 괜찮은지, 내 방식은 최선인지에 대해서도 천천히 생각해야 할 때가 있음을 알았으면 한다.

소소한 일상을 위한 추진력도 필요한 ENTJ

ENTJ는 일을 반드시 이뤄야 한다는 일념하에 일상의 행복을 놓치고 있는 것은 아닌지에 대해서도 생각할 필요가 있다.

홍경래는 총을 맞고 전사했지만 그가 뒤집어 놓은 세상은 송두리째 흔들리고 있었다. '홍경래는 살아있다.', '정주성에 죽은 홍경래는 가짜다.', '홍경래는 돌아온다.' 등의 이야기가 10년이 넘게 세상을 떠돌아다녔으며, 전국 각지의 일어난 봉기의 불씨가 되었다. 1862년(철종 13년) 진주민란을 비롯하여 1894년(고종 31년) 동학농민운동이 이르기까지 19세기는 백성들에 의해 변하고 있었다. ENTJ 홍경래는 또 다른 ENTJ 지도자들이 나타날 수 있도록 살아있는 예언서가 되어주었다.

하지만 그는 변화된 세상을 보지 못하고 죽었고, 가족들 역시 참수 및 효수되었다.

엄마 : "아버지 원망스럽지?"

라온 : "옳은 일이었다며? 누군가 꼭 해야하는….'"

엄마 : "근데 내 남편이 하는 건 싫더라~

난 큰일하는 사람보다 같이 먹고 자고 웃고 울고 그럴 가족이 필요했거든."

– 드라마 〈구르미 그린 달빛〉 中 –

드라마 〈구르미 그린 달빛〉에서 홍경래의 부인과 딸 홍라온이 나눈 대화인데, 이를 통해 ENTJ 홍경래는 일을 반드시 성사시키는 데서 얻고자 하는 성취감 때문에 보고 싶고 그리워할 가족을 잊지는 않았는지에 대해서도 생각해 볼 수 있다. '옳은 일'을 하는 것은 분명 좋은 일이다. 하지만 선택에 대한 책임은 피할 수 없다. 왜냐하면 여유가 사라지면 보였던 것이 보이지 않게 되고, 놓아버린 것들로 인해 입는 걱정과 상처가 부메랑이 되어 대업에도 영향을 줄 수 있기 때문이다.

(왕이 된 효명세자 어좌가 아닌 바로 앞 계단에 앉으며)
"백성들과 과인 사이의 높고 낮음, 그대들과의 거리,
그 모든 것으로부터 한 단 가까워지고 싶은 마음을 알아주길 바라네."

– 드라마 〈구르미 그린 달빛〉 中 –

드라마에 나오는 홍경래의 딸로 설정된 라온과 죽지 않고 멋진 왕이 된 효명세자는 가공된 인물이라 홍경래가 살던 진짜 세상과는 다르다. 그래서인지 드라마 속 픽션적 요소와 해피엔딩은 홍경래가 꾸는 꿈을 닮은 것 같다. 그래서 홍경래는 부조리함으로 벌어지고만 세상과 사람들 사이의 거리를 좁히고 싶은 마음에 언제라도 기꺼이 선봉에 설 것 같다.

조선왕조

INFJ
태조 ★ 정도전

INTJ
세종 ★ 허준

ISFP
이황 ★ 장영실

INFP
광해군 ★ 이이

ISTP
인조 ★ 박문수

ISTJ
영조 ★ 흥선대원군

ISFJ
정조 ★ 신사임당

INTP
고종 ★ 정약용

INFJ - 태조

이름	이성계(李成桂), 이단(李旦, 즉위 후 개명)/ 조선 1대 왕 태조(太祖)
출생	1335년(고려 충숙왕 복위 3년) 11월 4일
사망	1408년(태종 8년) 6월 27일(향년 72세)
재위	1392년 8월 13일~1398년 10월 22일

#고려인 #명장 #신흥무인세력 #조선건국 #신궁

위기는 곧 기회, 모든 것을 이겨내는 INFJ의 신념

INFJ는 꿈과 이상이 명확하며, 독자적인 신념을 가지고 있다.

'촌놈 주제에 활 좀 쏘나 보지?' 이성계는 세력가 집안 출신이었지만 고려의 북쪽 끝 동북면의 변방 세력이라는 이유로 개경 귀족들에게 무시당하곤 했다. 심지어 당시 여진족, 원나라, 왜구의 연이은 침략과 더불어 권문세족과 불교의 타락으로 무너져 내리고 있는 고려는 그야말로 위기의 세상이었다.

하지만 꿈과 이상이 명확했던 이성계는 결국 모든 것을 다 이겨내고 조선 500년 정사의 1번 주자가 되었다. 위기를 기회로 바꾸며 매 순간 성심성의껏 임했기 때문이다. 20대 후반의 이성계는 위기의 고려에 혜성처럼 등장하여 전쟁 천재의 면모를 유감없이 발휘하며 일약 스타덤에 올랐다.

이성계의 활약상 BEST 3

1. 1361년 20만 군대를 이끌고 온 홍건적[01]을 사병 가별초 2천 명으로 물리쳤고, 수장의 목을 베어냄
2. 1362년 원나라 장수 나하추와의 싸움에서 수차례 일기토[02]를 벌여 모두 활로 쓰러트린 후, 함흥평야에서 수만의 군대를 격파함
3. 1380년 이성계 사령관이 이끄는 고려군이 황산(荒山)에서 10배가 넘는 왜구와 싸워 섬멸함

이성계는 최영[03] 장군과 함께 고려를 지켜낸 수호신, 주몽에 버금가는 '신궁', 불패 신화의 명장 등의 필모를 쌓으며 구국의 영웅이 되었다. 하지만 그에게 고려는 여전히 숙제가 많은 나라였기에 좋은 세상을 위한 그림을 끊임없이 그리고 있었다.

나무보다 숲을 보는 INFJ가 INFJ를 만났을 때

INFJ는 생각이 많으며, 나무를 보기보다 숲을 보는 성향이 강하다. 마음에 맞는 친구와 둘이 시간을 보내는 것을 선호하는 편이다.

마음속 깊이 야심과 신념을 키워가던 이성계는 잘난 체하는 법이 없었고, 타고난 실력과 숲을 보는 넓은 시야로 많은 사람들을 사로잡고 있었다. 49세가 되던 해에는 42세의 조선 개국의 일등 공신이 될 신진사대부 사상가 정도전을 만나 새로운 이상향에 대해 구체적으로 생각하게 된다.

---

01 중국 원나라 말기에, 허베이(河北)에서 한산동(韓山童)을 두목으로 하던 도둑의 무리로 머리에 붉은 수건을 쓴 까닭에 이렇게 이르며 두 차례에 걸쳐 고려에까지 침범하였다.

02 자군의 사기를 높이거나 불필요한 병력손실을 막기 위해 장수끼리 '일 대 일 기마전으로 치르는 결투'를 일컫는 말이다.

03 고려 말기의 명장ㆍ재상이자 친원파(親元派)로서 1388년에(고려 우왕 14년) 팔도(八道) 도통사가 되어 명나라를 치러 출정하였으나 이성계의 환군으로 실패하고 후에 그에게 피살되었다.

정도전 : "엄정한 군기에 절도 있는 움직임, 이 군대로 무슨 일인들 못하겠습니까?"

이성계 : "무슨 일이라뇨?"

정도전 : "아, 네, 동남쪽의 왜구를 치는 일 말씀입니다."

이성계 : "아, 그 말씀이었군요. 하하하"

배포도 야심도 그 크기가 엇비슷한 둘은 첫 만남에서부터
서로에게 속마음을 열어 보이며 의기투합했음을 짐작케 한다.

– 『박시백의 조선왕조실록』 개국 中 –

두 사람 모두 INFJ로서 다른 사람들을 만날 때와는 다르게 죽이 척척 맞았다. 본래 INFJ는 속마음을 좀처럼 들키지 않는데 닮은 꼴 두 사람이 만났으니 척하면 척이었을 것이고, 각자 꾸는 꿈의 모양새가 같음을 이내 알아차렸을 것이다. 그렇게 두 사람은 의기투합하여 조선 건국을 위한 설계에 들어갔다.

이후 이성계는 최영의 신뢰로 수시중[04]의 자리에 오르면서 고려의 중심에 서게 되었다. 나라의 분위기도 나쁘지 않았기에 계획대로 잘 되는 듯 했지만 문제는 명나라 홍무제의 시비였다.

"고려 사신 입국을 불허하노라!
사신을 보내고 싶다면 말과 공물을 보내라!"

– 『태조실록』 中 –

---

04 고려 시대 문하부의 으뜸 벼슬로 오늘날 부총리격이다.

명은 무리한 조공 요구에 이어 급기야 철령 이북의 땅을 요구해왔다. 이에 우왕과 시중 최영은 이성계를 불러 요동을 정벌하라 명하였다. 하지만 이성계는 요동 정벌 이후 고려에 미칠 영향까지 생각하였고, '4불가론'을 제기하여 요동 정벌의 어려움을 논리적으로 강조하였다.

첫째, 작은 나라가 큰 나라를 치는 일은 불가하옵니다.

둘째, 여름에 군사를 일으키는 일은 불가하옵니다.

셋째, 왜구들에게 빈틈을 보이게 되니 불가하옵니다.

넷째, 장마철에는 활에 입힌 아교가 풀어지며, 전염병의 우려가 있어 불가하옵니다.

– 「태조실록」 中 –

하지만 까라면 까야 하는 상명하복의 군신 관계 속에서 도리가 있겠는가? 이성계는 군대를 이끌고 요동으로 떠나야 했다. 우왕의 지시로 8도 도통사 최영은 개경에 남았고 좌군 도통사 조민수, 우군 도통사 이성계 두 사람이 요동 정벌군을 이끌었다. 하지만 앞서 제기했던 생각을 바꾼 적이 없던 이성계는 위화도에서 말머리를 돌렸고, 개경으로 돌아와 최영을 제거하였다. 이것이 바로 1388년(고려 우왕 14년) '위화도 회군'이다. 그 이후 그는 우왕, 창왕, 공양왕을 차례로 폐위시킨 뒤 1392년(고려 공양왕 4년) 8월 13일, 조선을 세우고 창업 군주 '태조'가 되었다.

자신이 정해놓은 합리적 테두리 밖이라고 판단되면 수용하기 힘든 것이 INFJ 아니던가! 결국 그는 '회군'부터 '폐가입진05' 그리고 '개국'에 이르기까지 모든 것을 그의 뜻대로 관철해나갔고, 끝내 뜻을 이뤘다.

---

05 '가짜를 폐하고 진짜를 세운다.'라는 뜻으로 이성계가 창왕을 보위에서 내쫓아 몰아내고 공양왕을 옹립한 사건을 의미한다.

미련 없는 손절러 INFJ과 ESTJ의 관계

INFJ는 상대방에게 큰 상처를 받을 경우 미련 없이 손절해버리는 경향이 있어 인간미가 부족하고 차갑다는 이야기를 듣기도 한다.

사람의 가치를 중요하게 생각할 줄 아는 이성계는 뜻이 잘 맞는 정도전을 만나 새 왕조의 기틀을 다져나갔고 공신들에게 예우를 다하려고 노력했다. 하지만 무신 가문의 유일한 문과 급제자에 개국의 버팀목이 되어준 다섯 번째 아들 이방원을 비롯해 첫 번째 아내인 신의왕후 한씨 소생의 아들들은 그렇게 대하지 않았다. 급기야 두 번째 부인인 신덕왕후 강씨의 아들 이방석을 세자로 책봉하기에 이른다.

자랑거리였을 본처 소생의 아들들 대신에 막둥이를 선택한 이유는 무엇일까? 물론 총애하는 신덕왕후 강씨 가문의 요구와 막강한 권력을 염두에 둔 것도 있겠지만 이방원 그 아들이란 놈은 자꾸만 자신의 말에 토를 달거나 거역하기 일쑤였고, 자신의 만류에도 불구하고 정몽주를 맘대로 제거해버렸으니 이미 마음속에서 차근차근 손절하고 있었는지도 모르겠다. INFJ는 상대방에게 큰 상처를 받을 경우 미련 없이 손절해버리는 경향이 있으며 뒤끝이 길기 때문이다. 하지만 아버지 뺨치는 야심가였던 이방원은 '왕자의 난'을 일으켜 이복동생 이방석과 정도전 등을 죽였고, 이후로도 골육상쟁[06]하며 차근차근 권력을 장악해나갔다. 결국에 이방원은 조선의 제3대 국왕이 되어 이성계를 뒷방 늙은이 취급하였다. 화나고 상처받은 이성계는 조사의로 하여금 난을 일으키게 하여 아들과의 전면전에 나서는 등 INFJ식 뒤끝을 제대로 보여주었다.

---

06 '가까운 혈족끼리 서로 싸움'을 뜻한다.

이성계 : "내가 괴물을 낳았구나!

지금이라도 네놈을 베어 살생을 못하도록 해야겠다!

내가 낳았으니 내가 거둬가야겠다!"

이방원 : "아버지가 그러셨던 것처럼 저도 무슨 짓이든 다 할 겁니다."

– 드라마 〈태종 이방원〉 中 –

ESTJ 이방원과 INFJ 이성계, 상극이었던 부자의 말로는 파국인 셈이다. 결국 이성계는 고향인 함경도에 묻히고 싶다는 유언조차 묵살된 채 경기도 구리시의 건원릉 억새 아래에 쓸쓸하게 잠들고 말았다.

온화한 표정으로 다 들어줄 것도 같지만 자신의 뜻과 맞지 않는다면 무섭게 변해버리는 이성계를 보면서 이런 생각을 하게 된다.

'사람이 중간이 있으면 좋을 텐데.'

'갑자기 돌변해버리면 상대방은 얼마나 당황스러울까?'

'고독함도 좋지만 외롭지는 않았을까?'

'조사의의 난' 패배 이후 태상왕[07] 이성계는 더 이상 외출도 하지 않고 체념한 듯 살다가 세상을 떠났다. 고독을 즐기는 INFJ는 우울증에 걸릴 확률도 높다고 하는데 사랑하는 사람들이 모두 떠나가고 혼자가 된 이후의 고독은 분명 즐기는 것과는 거리가 멀다는 생각이 든다.

---

07 자리를 물려주고 들어앉은 임금을 이르는 말이며 상왕보다 앞선 왕을 의미한다.

틀에서 벗어나도 좋을 INFJ가 ENFP를 만났을 때

INFJ는 무엇이든 그냥 받아들이지 않고 고집스러운 태도를 보인다. 그런 부분들 때문에 늘 생각이 많고 잠을 이루지 못하기도 한다.

이성계는 분명 조선왕조 500년을 일으킨 인물인데 왜 이렇듯 실패했다는 느낌이 드는 걸까? 아마도 자신이 만든 큰 틀에서 최선을 다하며 살았지만, 정작 그것이 족쇄가 되어 발목을 잡았기 때문이지 싶다. 태상왕 시절 그는 인생을 돌아보며 이런 생각을 했을지도 모른다.

"아들 이방원이 제시하는 의견에 귀를 기울이고, 손절보다는 이해하는 마음으로 접근했다면 어땠을까?"
"내가 고집한 일들 때문에 자꾸만 무리수를 두게 되어 아끼고 사랑했던 것들을 허망하게 잃었구나!"
"나는 결국 슬픔만 가득한 고독한 뒷방 늙은이가 되었어!"

마음을 고쳐먹고 틀을 깨는 결정을 한다면, 조금 돌아가야 할 일들이 생겨 계획에 차질이 생길 수도 있고, 맞지 않는 사람의 깨방정을 참아내야 할 수도 있다. 하지만 자신의 단점을 커버해줄 수 있는 외향형 사람들을 곁에 두면서 다음을 기약했더라면 적어도 '파국'은 피할 수 있었을지도 모른다.

이성계가 INFJ 정도전과도 쿵짝이 잘 맞았기 때문에 '조선 건국'이라는 대업을 이뤄낸 것은 맞다. 하지만 '왕자의 난'과 '파국'이라는 결말은 서로의 모자란 부분을 보완해줄 수 없다는 한계를 엿볼 수 있게 한다. INFJ는 'ENTP', 'ENFP', 'ENFJ'와 일할 때 매우 잘 맞는다고 하는데, 이성계가 ENFP 신진사대부 정인지[08]를 만났다면 어땠을까? 세종 때 과학, 역사학, 문화 발전에 큰 기여를 했던

---

08 조선 전기 문신으로 세종이 특별히 기용하여 역법 연구, 역사서 편찬, 훈민정음 해례본 작성 등 다양한 분야에서 활약했던 인물이지만 행정 미숙으로 여러 번 고초를 겪기도 하였다.

정인지가 이성계에게 사상과 개혁의 힘을 더해줬다면 다른 결말을 보게 될지도 모른다. ENFP라면 큰 그림은 계획적인 이성계가 그려 놓을 때, 유동적인 아이디어와 세부적인 디테일로 여러 인물들의 마음을 살피게 했을 것이다. 이를 참고하여 틀에서 벗어나는 경험을 통해 계산하지 못했던 요소들을 발견할 수 있고, 더욱 현실적인 선택을 할 수 있을 것이다. 물론 이 과정에서 INFJ 이성계의 인내심이 매우 절실할 것이다. 사고를 치면서도 해맑은 ENFP의 경거망동이 마음에 들지 않으면 이내 손절해버렸을 테니까 말이다.

이성계는 다시 태어나도 아마 부딪치고 실컷 깨지는 것을 두려워하지 않으면서 뜻한 바를 이룰 것이다. 하지만 철저한 계획과 확고한 마음에도 상상하기 싫은 결과에 눈물을 흘렸듯이 예상치 못한 시도로 해법을 발견할 수도 있다는 것도 알았다면 어땠을까? 성에 차지 않고, 계획대로 되지는 않더라도 의외성과 우연성이 주는 '아하!'에도 마음을 기울여본다면 그것 또한 인생이지 않을까?

INFJ - 정도전

이름	정도전(鄭道傳) / 호 : 삼봉(三峯)
출생	1342년(고려 충혜왕 복위 3년) 10월 6일
사망	1398년(태조 7년) 10월 6일(향년 56세)

#조선설계자 #신권_좋아 #혁명가 #가장오랜기간_역적

감정적이면서 이성적인 INFJ의 그래 결정했어!

INFJ는 감정적이면서도 이성적이어서 불의를 보면 참지 못한다.

여말선초[01] 신진사대부의 대명사 정도전은 향리[02] 집안에서 태어났지만 아버지 정운경이 중앙에 관직을 얻어 개경에 입성함에 따라 보다 넓은 세상에서 저명한 학자들과 교류하며 성장할 수 있었다. 성리학의 거장 이제현과 이색을 스승으로 모셨으며 그 휘하에서 정몽주, 이숭인, 하륜, 권근 등과 함께 공부할 수 있는 행운까지 얻었다. 또한 고려의 공민왕을 시작으로 우왕, 창왕, 공양왕 그리고 조선 태조까지 5명의 왕을 모시며 배움을 실천하기 위한 성리학적 이상향을 꿈꿀 수 있었다.

물론 그 과정이 순탄치만은 않았다. 특히 그는 감정적이면서도 이성적인 INFJ

---

01 고려 말기, 조선 초기의 시대적 격동기를 이르는 말이다.
02 지방 관아에서 행정 실무를 담당하는 중인 계급을 말한다.

인지라 당대 권력을 움켜쥐고 있었던 권문세족과 자주 갈등을 빚었다. 고려 말 타락해버린 불교와 막대한 토지를 쥐고 있던 권문세족에 의해 경제는 파탄 났으며 백성들의 삶 또한 피폐해졌기에 불의를 보면 참지 못하는 INFJ 정도전은 그들을 맹렬히 공격했다. 또한, 그는 원나라와 단교하기를 원하며 사신 영접을 거부하다가 유배되기도 하였다. 유배에서 풀려난 후, 4년간 유랑 생활을 하며 지내다 '삼봉재'라는 학당을 열어 일타강사로 이름을 날리기도 했지만, 그를 견제하는 권문세족에 의해 학당은 세 번이나 강제 철거당하고 말았다. 삼각산에서 부평, 그리고 김포로 옮기며 그는 재기를 위해 노력하였지만 애써 힘을 내면 무너트리는 세상 앞에서 모든 것을 내려놓고 싶었다. 하지만 생각이 많은 INFJ 정도전은 가슴 속에 묻어놓은 질문들을 해결하기 위해 다시 길을 나섰다.

끊임없이 자아 성찰하는 생각 부자 INFJ

내향형(I)이지만 가끔은 외향형(E)으로 보이기도 하는 INFJ는 일단 결정을 내리면 자신의 결정에 자신감을 가지고 일을 끝까지 진행하기 위해 끊임없이 자아 성찰한다.

다소 현실적이었던 정도전은 유배와 유랑생활을 통해 많이 변했다고 할 수 있다. 그가 남긴 〈답전부(答田夫)[03]〉에 이런 이야기가 나온다.

농부 : 그대는 어떠한 사람인가?

(행색을 보아하니) 선비인가?

(배가 나온 것을 보니) 벼슬아치인가?

아니면 (벼슬아치라면 죄인만 오는 이곳에 왔으니) 죄를 지은 사람인가?

(중략)

---

03 정도전이 남긴 문학작품으로 '늙은 농부에게 답함'이란 뜻이다.

농부 : 그대의 죄목은 그 힘이 부족한 것을 헤아리지 않고 큰 소리를 좋아하고,

그때의 불가함을 알지 못하고 바른말을 좋아하며,

지금 세상에 났지만 옛 사람을 사모하며,

아랫자리에 있으면서 위를 거스른 것이다.

– 정도전, 〈답전부〉中 –

이렇듯 현자들을 만나 세상 공부를 할 수 있었고, 백성들의 삶 속에서 국가를 되살릴 수 있는 개혁의 필요성에 대해 끊임없이 묻고 또 물으며 해답을 찾고자 했다.

그는 오랜 세월 비루한 현실 속에 살았지만 '나는 어떠한 사람인가?'에 대해 생각하고, 귀양길 곤궁한 자신보다 백성들의 삶에 더 참혹함을 느끼며 현실에 대한 공부가 부족했던 스스로를 책망했을 것이다. 그를 저버린 세상 아래 유배 이후 8년이란 시간이 흘렀고, 그사이 40대가 된 정도전의 마음속에는 진짜 이상이 싹트고 있었다.

끊임없이 자아를 성찰하는 INFJ 정도전은 이상을 실현하기 위해서는 힘이 필요하다고 생각하여 1383년(고려 우왕 9년) 함흥에 있는 동북면도지휘사 이성계를 찾아갔다. 당시 이성계는 왜구와 홍건적을 물리치며 신흥 무인 세력으로 떠오르고 있었다. 정도전은 그를 만나 밤새도록 술을 마시며 함께 조선 건국에 대한 야망을 공유하며 의기투합했다. 그가 꿈꿔온 이상에 이성계의 막강한 군사력과 인지도가 더해져 새 나라를 향한 프로젝트는 순풍을 만난 배처럼 힘이 넘쳤다.

INFJ는 자신이 먼저 다가가는 것보다 타인이 먼저 다가오는 경우가 많다. 하지만 같은 INFJ인 이성계가 절실히 필요했던 정도전으로서는 먼저 다가가야만 했다. 내향형이지만 가끔은 외향형으로 보이기도 하는 INFJ는 일단 결정을 내리면 자신의 결정에 확신을 가지고 끝까지 일을 진행하기 위해 강한 의지를 보인다. 정도전은 날이 잔뜩 선 칼을 든 집도의가 되어 썩어 문드러진 고려를 수

술하기 시작했다. 개국공신이 되어 조선을 설계하는 매순간 완벽에 완벽을 추구하며 쉴 새 없이 달렸고, 죽음을 눈앞에 둔 순간까지 생각을 멈추지 않았다.

> "마음을 다 잡아 성찰하기에 온통 공을 들여서
> 책 속에 담긴 성현의 말씀 거스르지 않았네.
> 삼십 년 긴 세월 고난 속에 쌓아 놓은 학업
> 송현방 정자 한 잔 술에 그만 허사가 되었구나."
>
> – 정도전, 〈자조〉 中 –

정도전은 평생을 자기 발전을 위하여 스스로 애를 쓴다는 의미의 '자조(自助)'하는 삶을 살았지만 결국 이방원의 칼에 맞기 직전에 남긴 〈자조(自嘲)〉라는 시에서조차 스스로를 비웃는 등 자신에게 혹독했던 생각부자 INFJ였다.

불타는 열정 INFJ에게 번아웃이 찾아올 때

INFJ는 자신이 생각한 아이디어를 실행하고 일을 끝까지 해내는 데 필요한 강인한 의지와 결단력을 가지고 있다.

정도전은 이성계라는 무기를 손에 넣은 이후 자신이 세운 개혁안을 단계별로 추진해나갔다.

도전's To do List

☑ 이성계 만나기
☑ 토지 제도 개혁
☑ 역성혁명
☑ 조선 기초 공사

자신이 생각한 아이디어를 실행하고 일을 끝까지 해내는 데 필요한 강인한 의지와 결단력을 가지고 있는 INFJ 정도전은 더 나은 세상을 만들기 위해 자신이 옳다고 믿으며 불타는 열정을 뿜냈다. 1383년(고려 우왕 9년)에는 같은 결을 가진 INFJ 이성계와 손을 잡았고, 1391년(고려 공양왕 2년)에는 나라를 좀 먹고 있는 권문세족의 토지를 몰수하여 국가에 귀속시켰다. 마침내 1392년(고려 공양왕 3년) 7월 17일에는 도무지 희망이 없었던 '고려' 대신 새 나라 '조선'을 세웠다. 10여 년간 많은 이들과 날 선 공방 속 대립과 반목을 주고받았지만 두 INFJ 사나이들은 해내고야 말았다. INFJ들은 결이 비슷한 사람을 좋아하기 때문에 말하지 않아도 통하는 것이 참으로 많았던 두 사람은 손발이 척척 맞았다. 하지만 자신들의 뜻과 맞지 않다고 생각하는 이들은 바로 손절해버렸다.

두 사람은 고려 말기 최고 유학자이자 정도전의 스승이었던 이색이 끝내 새 조정에 참여하지 않기로 결정하자 그의 두 아들을 처형하였고, 이색 본인은 이곳저곳을 떠돌다 죽게 두었다. 또한, 정도전이 쫓아다니며 애정을 표하던 롤모델 정몽주와도 적이 되어 대립하였다.

유교적 질서를 바탕으로 왕도정치[04]를 꿈꿨던 정도전의 계산기에서 자꾸만 오류 값을 내는 이방원 역시 버려야 하는 카드였다. 하지만 이방원은 자신만의 목표가 확실했던 ESTJ 불도저가 아니었던가! 날카롭게 정치 9단적 면모를 보여준 이방원 앞에서 '보다 멀리, 보다 가치 있게'를 표방하며 민본(民本)을 향해 달리던 정도전은 무너졌다.

통찰력이 있는 INFJ지만 너무 자신이 넘쳤던 것일까? 사병 혁파에 이은 세자 책봉 문제로 분노에 휩싸인 이방원의 욕망과 무력을 과소평가했던 것일까? 아니면 한양도성 설계, 궁궐 이름 지정, 행정 체계 구축 등 참여하지 않

---

04 군주가 공평하고 사사로움이 없는 태도로 정치를 운영해 이상적 사회를 수립하는 것을 의미하는 유교의 대표적 정치사상을 의미한다.

은 부분이 없었던 정도전에게 번아웃이 왔을 수도 있다.

INFJ는 정신없이 달리다 결국 에너지를 소진하여 번아웃될 가능성이 매우 높다고 한다. 작은 부분보다 큰 부분에 신경을 쓰며 달리는 스타일이라 놓치는 부분들이 분명 있었을 것이다. 좀처럼 자신의 힘듦에 대해서도 표현하지 않지만 빈틈을 보였다는 것 자체가 번아웃에 빠질 가능성이 높다는 것을 보여준다. 지속적인 갈등 상황은 INFJ의 어두운 면을 유발하여 부정적인 에너지가 감당이 안 될 정도로 쌓이기 때문이다.

자신의 직관에 가끔은 의문을 품어야 할 INFJ
INFJ는 자신의 직관에 가끔은 의문을 품을 필요가 있다.

새 나라를 세워 다방면으로 개혁을 추진해나가는 데에는 무수히 많은 변수가 있을 것이다. 자신의 직관을 믿고 휘몰아치듯 나아갔던 정도전은 이 많은 변수들을 전부 커버하지는 못했다.

'사병 혁파'는 반드시 필요한 개혁이었다. 하지만 막강했던 공신과 종친들의 힘의 값을 낮게 잡고 계산기를 돌렸으니 오류 값이 나올 수밖에 없었다. 고려는 사라졌지만 구세력이 살아있는 세상에서 나 홀로 개혁은 불가능하기 때문에 어느 정도의 타협점도 찾아야 했다. '한양 천도', '왕세자 책봉' 등의 중대사 역시 주도하는 것은 좋지만 반대의 의견에 대해서도 꼼꼼히 따져보고 신중을 기했다면 어땠을까? 그러나 그는 자신의 직관만 믿고 과격한 면모를 유감없이 발휘해서 그에게 유감을 갖는 이들을 양산하고 말았다.

INFJ의 가장 명확한 목표는 다른 사람을 돕는 것이다. 정도전 역시 백성들이 자립하도록 돕고, 강한 나라 안에서 함께 돕는 길을 택했다. 하지만 그 길을 위해서 고려해야 할 장애물들을 힘으로 치워버리려다가 결국에는 그 장벽을 넘지도 못하고 주저앉은 모양새가 된 것이다. 이러한 결과물을 보았을 때, 정도전은 자신의 직관에 의문을 품을 필요가 있었다. 자신의 직관력이 아무리 뛰어나더라도, 타인을 대할 때는 그것이 절대적으로 맞지 않을 수 있기 때문이다. 자신의 의견에 반대할 수도 있다는 것을 받아들이면서 다양한 의견을 존중했다면 그 끝이 파국은 아니었을지도 모른다.

정도전은 결국 그가 두려워하던 강력한 왕권을 향한 이방원의 힘 앞에 무릎을 꿇어야 했고, 1398년(태조 7년) 제1차 왕자의 난을 통해 목이 잘리는 운명을 맞이했다.

> **정도전 : "정치의 소임은 세상의 정의를 바로잡는 것입니다."**
> **이방원 : "산에는 대나무만 있는 것이 아니라 비틀리고 꺾인 칡넝쿨도 있는 것입니다."**
>
> – 드라마 〈정도전〉 中 –

정의를 위한 당장의 한 걸음도 중요하지만 비틀리고 꺾인 칡넝쿨을 품지 못하면 애써 가꿔놓은 대나무들도 무기가 될 수 있다는 것을 알았으면 한다.

어쩌면 정도전은 너무 먼 곳만 보고 있었는지도 모르겠다. 조금만 고개를 돌려도 볼 수 있었고 바로 곁에 있었던 그들과 함께 하지 않았던 죄로 그는 1411년(태종 11년)에 폐서인이 되었고, 1865년(고종 2년) 조대비의 건의로 공신 칭호를 돌려받을 때까지는 역적의 오명[05]을 쓰고 살아야 했다.

정도전은 죽는 순간에 어떤 장면이 떠올랐을까? 아마도 이성계와 함께 새로운 모험을 시작했던 그 순간이 떠오르지 않았을까? 그는 언제나 진실한 마음으로 '그날'을 위해 모험을 했을 뿐이니까 말이다. 그래도 번아웃이 오면 목표도 흐려지는 법이니 가끔은 과거는 참고만 하고, 목표가 더욱 뚜렷해질 수 있도록 미래보다는 '현재'를 위해 선물을 해보는 것이 어떨까 싶다.

---

05 종친들을 음해하고 해를 끼치려고 했다는 '종친모해죄'라는 죄목으로 처형되었고, 자손들은 화를 입지 않았으므로 역적이라고 볼 수는 없다. 하지만 공훈과 관직이 박탈된 후 복권되기 전까지는 만고역적이라는 오명을 쓰고 산 셈이다.

INTJ - 세종

이름	이도(李祹)/조선 4대 왕 세종(世宗)
출생	1397년(태조 6년) 5월 15일
사망	1450년(세종 32년) 4월 8일(향년 52세)
재위	1418년 9월 18일~1450년 4월 8일

#책벌레 #완벽주의 #헤드헌터 #비만당뇨 #고기러버

책이 좋은 어린이, INTJ 몰두의 이유

INTJ는 자녀들은 또래 아이들에 비해 지식이 풍부한 편이다. 자신의 능력을 인정해주기를 바라며, 한 가지 분야에 몰두하는 것을 좋아한다.

세종은 태종과 원경왕후 민씨 사이에서 6남으로 태어났는데 세 번째 형까지 일찍 요절해버렸고, 양녕대군, 효령대군 두 명의 형님만 남아있었다. 할아버지는 무려 조선을 세운 이성계였기 때문에 그야말로 다이아몬드 수저 집안에서 태어났지만 그의 어린 시절은 매우 불안할 수밖에 없었다. 형제들은 모두 뿔뿔이 흩어져 자랐고, 할아버지와 아버지 사이는 점점 벌어지고 있었다. 결국 1398년(태조 7년) 왕자의 난이 일어나 피비린내 나는 살육전이 벌어졌고, 2년 뒤 아버지 태종은 오랫동안 꿈꿔왔던 왕의 자리에 올랐다. 왕이 된 아버지는 외척이 권력을 휘두를 것을 우려해 외삼촌들마저 숙청했다. 아기 세종이 언제부터 기억했을는지는 모르지만 매일 다투는 부모님과 곡소리를 내며 우는 어머니의 한을 느끼지 못했을 리 없다. 하지만 그는 숨을 죽여 살 수밖에 없었던 나이 어린 대군이었을 뿐이다. 그저 좋아하는 책을 읽으며 자신의 속내는 드러내지 않고, 무언가에 몰두하며 사는 것이 좋았던 INTJ 어린이였다. 정적들로부터 지켜내기 위해 외가에서 자란 형 양녕과는 달리 궁궐에서 부모님과 함께 살면서 다양한 학문과 예술을 배울 수 있었고, 그것에 푹 빠져 살았다.

1404년(태종 4년), 세종이 여덟 살 되던 해에 형 양녕대군이 세자로 책봉되었다. 충녕대군(세종)은 정치보다는 자신이 목표한 공부나 성과에 삶의 이유를 두는 INTJ이긴 했지만, 형이 공부가 싫어 땡땡이를 치고 망나니짓만 일삼는 모습을 보면서 어쩌면 또 다른 목표를 세우고 있었는지도 모르겠다. 대신들 앞에서 총명함을 애써 숨기지 않아 세자와 바로 비교되게 만들었고, 선의의 거짓말은 할 줄 모르는 INTJ답게 형님에게 따끔한 충고를 한 적도 있다.

> "제가 장차 군왕이 될 사람이라면 주색잡기[01]에 빠져
> 소중한 시간을 낭비하지 않았을 겁니다.
> 형님 스스로가 초래한 상황입니다.
> 남 탓하지 마시고 스스로를 돌아보십시오.
> 형님은 충분한 기회가 있었습니다."
>
> – 드라마 〈태종 이방원〉 中 –

드라마에서처럼 실록에서도 세종은 새 옷을 자랑하는 세자 양녕대군을 향해 '마음을 바로잡으신 뒤에 몸을 꾸미소서.'라며 직언했다. 충녕이 모든 이들에게 칭송받을수록 양녕은 점점 삐딱선을 탔고, 목표를 설정하면 실현될 때까지 전념하는 INTJ 충녕은 결국 어질고 현명한 자로서 신망을 얻을 만큼 성장해 있었다.

---

01 술과 여자와 노름을 아울러 이르는 말이다.

> **"아비를 폐하고 그 아들을 세우는 게 옛 제도에 있다면 모르지만**
> **없다면 마땅히 '어진 이'를 세워야 하옵니다."**
>
> — 『박시백의 조선왕조실록』 태종실록 中 —

적장자를 내세워 정통성을 세우려던 태종도 양녕의 선을 넘는 행동에 '너님 아 웃'을 외쳤고, 택현[02]을 통해 어진 이를 골라 세자로 책봉하라 명했다. 이에 학 문은 물론이요 정치적 식견도 넓고, 풍채가 좋아 술도 적당히 마실 줄 아는 충 녕이 새로운 세자로 책봉되어 훗날 세종이 될 수 있었다.

세종은 세자가 된 지 두 달여 만에 태종에게서 왕위를 양위받았다. 물론 이후 4 년간 조선은 상왕이 된 아버지의 손아귀 안에 있었고, 그는 웬만해선 상왕의 결 정을 거스를 수 없다는 것을 알았을 것이다. 결국 아버지의 뜻대로 장인어른인 심온도 처형되었으니 말이다.

창의적인 아이디어를 실현하려고 노력하는 INTJ

INTJ는 창의적인 데에서 그치지 않고 성취하는 것을 갈망하여 이내 새로운 아이디어 를 만들고, 강한 의지력까지 더하여 일을 관철해내는 사람이다. 또한 이를 바탕으로 어 려운 상황 또한 이겨낼 수 있다고 굳게 믿는다.

세종은 약 32년의 재위 기간 동안 무수히 많은 업적을 남겼는데 그중에서도 여 러 난관에 닥쳤을 때 보여준 문제해결능력이 가장 뛰어났다.

---

02 어진 사람을 고르는 것을 의미한다.

문제해결능력 우수 사례 ① 농업 생산력 증대

낙후된 농업 기술을 발전시키기 위해 각 도(道) 감사에게 나이 든 농부를 찾아 농법을 채록[03]하게 하였고, 집현전 학자들로 하여금 정보들을 모아 우리 풍토에 맞는 농사를 지을 수 있게 『농사직설』을 집필하여 보급하게 하였다.

내친김에 세종은 김순의, 노중례, 김유지 등 의원들을 집현전으로 집합시켜 중국과 우리 책을 참고하여 우리나라에서 나는 약재들을 모아 정리하라 지시하였다. 이때 만든 의학 백과사전이 바로 『의방유취』이다.

문제해결능력 우수 사례 ② 한양 대화재 대응 및 재발 방지 대책

1426년(세종 8년) 2월 15일은 조선 역사상 가장 큰 화재 사건인 '한양 대화재'가 일어난 날이다. 32명이 사망하고 한성 가옥의 약 13%에 해당하는 민가 2,400여 채가 타버리는 재앙의 날이었다. 군사훈련 차 한양을 비웠던 세종은 아내 소헌왕후에게 전권을 위임하여 컨트롤타워를 조속히 세웠다. 그는 불을 끄기 위한 노력과 더불어 부상자 치료와 이재민 구호에 최선을 다했다. 또한 방화범들을 잡아 능지형에 처했으며, 가족들까지 연좌하여 처벌했다. 이후 오늘날 소방서에 해당하는 기구인 '금화도감'이라는 기구를 설치하여 화재를 예방하게 하였으며 민가 지역에 일정 거리를 간격으로 우물을 파 향후 화재에도 대비하게 하였다. 게다가 하마터면 전소될 뻔 했던 종묘[04]와 종루[05], 대궐 안 곳곳에 소화기를 비치하도록 하였다. 그 사건 이후 이와 같은 큰 화재가 없었다고 하니 참으로 다행이다.

---

03 필요한 자료를 찾아 모아서 적거나 녹음함. 또는 그런 기록이나 녹음을 의미한다.
04 조선 시대에 역대 임금과 왕비의 위패를 모시던 왕실의 사당을 의미한다.
05 조선 시대에 한성부의 중심이 되는 곳에 종을 달아 둔 누각을 의미한다.

문제해결능력 우수 사례 ③ 백성 교육

백성들에게 유교 사상을 가르치기 위해 『삼강행실도[06]』를 펴냈고, 그들이 이 책을 읽을 수 있게 하기 위해 우리의 위대한 고유문자인 '훈민정음'을 만들어버렸다. 하지만 인쇄소는 당시 기술로는 쏟아지는 책 주문 양을 소화할 수 없어 고민이었는데 이에 책임자 이천을 불러 개선하라 명했다. 따라서 이천은 밀랍을 부어 고정하던 방식에서 대나무 조각을 끼워 넣어 고정시키는 방식으로 보다 정교하고 20배나 빠르게 인쇄에 성공했다.

문제해결능력 우수 사례 ④ 시간 오차

국가 중대사에 해당하는 '구식례[07]'에서 예보 시각이 틀리는 일이 발생했다. 이에 시간 개념에 대해서 골똘히 생각하던 세종은 정초, 이순지, 이천, 장영실 등을 불러 독자적 역법 프로젝트를 시작하게 했다. 이 프로젝트를 통해 간의, 규표, 혼천의 등 천문 관측기구 개발은 물론이요, 조선식 역법서인 『칠정산』을 만들어 내고야 말았다. 내친김에 금손 장영실과 함께 물시계 '자격루', 별시계 '일성정시의', 해시계 '앙부일구'까지 만들어 모든 이들에게 시간을 선물해주었다.

문제해결능력 우수 사례 ⑤ 가뭄

"근년 이래로 가뭄이 계속되자

세자(문종)가 근심하여

비가 오고 나면 늘 땅을 파서 젖은 정도를 재곤 했지."

– 『박시백의 조선왕조실록』 中 –

---

06 조선 시대에 설순 등이 왕명에 따라 펴낸 책으로 우리나라와 중국의 서적에서 군신, 부자(父子), 부부간에 모범이 될 충신, 효자, 열녀들을 각각 35명씩 뽑아 그 행적을 그림과 글로 칭송하였다.

07 일식이나 월식이 있을 때 이를 불길한 일이라 여겨 왕이 조정신료를 데리고 궁궐의 정전에서 해나 달이 다시 나오기를 기원하는 의식이다.

아버지를 쏙 빼닮은 문종의 아이디어에서 착안되어 세계 최초 강우량 측정기인 '측우기'도 탄생했다.

이외에도 상상 그 이상의 모든 분야에서 문제해결능력을 보여준 세종의 업적으로 하여금 그가 얼마나 창의적인지, 그 아이디어를 이뤄내기 위해 얼마나 갈망하고, 끝까지 관철하기 위해 노력하는 INTJ임을 잘 알 수 있다. 물론 모든 것이 가능했던 것은 세종 주변의 인재들 덕분이었다.

일하는 게 제일 좋아~ INTJ의 친구들

INTJ는 직급이 높다는 이유만으로 역량이 높다고는 생각하지 않는다. 하지만 주변인들까지 모두 자기 같기를 원하며, 그렇지 않을 경우 답답하다고 생각한다.

세종의 32년 치세에 이름을 날린 인물들이 유독 많았던 이유는 무엇일까? 마침 그 시대에 인재가 많았다고 생각할 수도 있지만 세종의 적재적소에 인재를 기용하는 헤드헌터적인 능력 덕분일 것이다. 세종은 선왕 때부터 근무해온 보수적인 노신(老臣)들부터 젊은 엘리트인 집현전 학자들에 이르기까지 신하들을 두루 기용하였다. INTJ는 직급이 높다는 이유만으로 역량이 높다고 생각하지 않는 사람들이므로 세종 역시 허물이 있어도 재주만 있다면 재상으로 삼았고, 신분이 낮더라도 능력이 있으면 파격적으로 대우해주었다.

ENTP 황희와 INTJ 세종의 케미

선왕 태종에 이어 세종을 보필했던 명재상 황희는 실록에서 그다지 청렴한 이미지가 아니었다. 일부 자료에 의하면 식구들 쪽으로 매관매직이나 뇌물 수수 등 여러 건이 기록되어 있기 때문이다. 하지만 세종은 그를 다시 불렀고, 24년간이나 재상 자리에 머물도록 하였다.

훌륭한 정승[08] 한 사람을 얻으면 나랏일은 근심이 없다.

- 『세종실록』 中 -

세종은 6조의 업무를 의정부를 거쳐 국왕에게 올라가게 한 제도인 '의정부서사
제'를 실시하여 중요한 일은 늘 정승들과 의논하였으며, 가장 신뢰하고 통하는
게 많았던 황희를 무려 87세가 될 때까지 영의정 자리에 잡아두었다. 황희는
토론을 가장 좋아하고, 두뇌 회전이 빠른 ENTP였기 때문에 늘 질문하고, 도전
하려는 INTJ와 찰떡궁합이어서 미래에 펼쳐질 가능성에 대해 어떠한 소통도
가능하게 해주었다. INTJ 세종의 브레이크 없는 아이디어에 ENTP 황희는 늘
브레이크나 제어기 역할을 해주었다.

"불가능하옵니다.
명과 전쟁이라도 난다면 이 나라가 어찌 되겠사옵니까?
전하께오서는 소신들과 함께 고민하시고
생각이 서로 다를 때에는 격렬하게 언쟁하면서
이 조선을 이끌어 오셨사옵니다."

- 영화 〈천문〉 中 -

세종은 현실적인 조언을 거침없이 해주는 황희가 너무도 든든했다. 물론 황희
역시 나이가 들어 몸이 힘들기는 했지만 늘 호기심 많고, 더 창의적이고 놀라운
해결책을 찾고 싶어하는 황희에게는 청년 군주 세종이 싫지만은 않았을 것이
다. 물론 사표 수리 절대로 안 해주는 직장 상사와 부하 직원 관계라고 한다면
케미만 따질 일은 아니긴 하다. 몸도 아픈 할아버지를 죽기 전까지 부려먹었
고, 정작 본인이 병에 걸려 2년 먼저 죽어버린 참으로 야속한 왕이기도 하다.

---

08 조선 시대에 문하부의 정1품 으뜸 벼슬을 의미하며 구위라고도 한다. 오늘날 국무총리, 국회의장, 대법원장급이다.

ISFP 장영실과 INTJ 세종의 의외의 조화

세종은 관노 출신이었던 장영실을 발탁하여 북경으로 유학을 보내 천문학 관련 정보를 모으게 하였다. 이후 장영실의 면천[09]은 물론이요, 세종의 과학 프로젝트에 장영실을 선봉으로 세웠다가 종3품 대호군의 자리까지 오르게 되었다. 이에 그는 천체관측기구인 간의와 혼천의, 물시계인 자격루, 해시계인 앙부일구 등 실생활에 필수적인 것들을 착착 만들어 냈다.

INTJ의 분석적인 사고와 ISFP의 배려심은 두 사람의 관계를 균형 있게 유지하는 데 도움을 준다고 한다. 많이 달라 보이는 두 사람이지만 ISFP는 INTJ에게 상호보완적 존재가 되어주기 때문에 의외로 조화를 이루는 순간이 많다. 그래서일까? 두 사람이 이뤄낸 것들은 참 많은데 이후 장영실에 대한 기록은 대부분 삭제되었다. 장영실의 감독 아래 만들어진 세종의 가마가 부서지는 '안여사건'으로 장영실은 불경죄로 80대의 장형을 받고 파직되었다. 이후에는 장영실의 종적마저 묘연해졌다. 두 사람은 서로의 요구를 만족시키며 목표를 이뤄가는 데는 최적의 관계였는데 당시의 신분적, 시대적 한계가 그저 아쉬울 뿐이다.

이렇듯 INTJ는 친구들과 유용한 이야기들을 나누며 함께 성장한다. 이것은 황희, 장영실뿐만 아니라 정승 맹사성, 정인지, 신숙주를 비롯한 집현전 학자들, 4군 6진을 개척한 최윤덕과 김종서, 아악을 정리한 박연, 과학자 이천 등 각자의 분야에서 한 획을 그은 인물들이 세종 대를 꽉 채운 이유라고도 할 수 있다. 하지만 같이 무엇인가를 열심히 한다고 해서 다들 세종 자신과 같은 INTJ라고 생각했던 것일까? 주변 신하들의 빡센 하루하루가 눈에 선했다. 다들 쉴 틈이 없어도 무언가를 이뤄가는 과정을 보면 행복해지는 INTJ는 아니었을 텐데 말이다.

---

09 예전에 천민의 신분은 면하고 평민이 되는 일 또는 그렇게 되게 하는 것을 의미한다.

완벽주의가 낳은 INTJ의 스트레스와 상처

INTJ의 완벽주의가 지나칠 경우 작은 실수도 지나치지 못하고 지속적으로 수정을 시도하며 시간을 낭비할 수 있다. 이 과정에서 자신은 물론 주변인들의 스트레스가 증가될 수 있다. 이는 신체적, 정서적 건강에 악영향으로 이어진다.

세종은 대충하지도, 대충하게도 하지 않는 완벽주의 왕이었다. 『고려사』를 편찬하는 과정에서는 용어 선택부터 표현 방법에 이르기까지 수십 차례에 걸쳐 수정해야 했다.

> "편년체[10]로 수찬(修撰)[11]하여, 차라리 번거로운 데에 실수가 있더라도
> 소략[12]하여 사실을 빠뜨리지 않게 하라!"
>
> – 『세종실록』 中 –

물론 왕이 하나하나 꼼꼼하게 살펴본 후에 반려를 반복했기 때문에 담당자들은 꼼짝없이 고치고 또 고쳤다. 결국 총 139권에 해당하는 『고려사』는 세종이 승하한 뒤인 문종 1년에 완성되었으니 세종은 그 고생을 하고도 완성본을 만져보지 못한 셈이다.

일생을 부지런하게, 누구보다 열심히 살면서 주변을 함께 움직였던 세종은 많은 것을 이뤘지만 정작 자신과 가족은 챙기지 못하는 오류를 범하고 말았다. 세부 사항에 대한 과도한 집착은 늘 과로에 시달리게 했으며, 성에 차지 않는 결과들은 그에게 큰 스트레스로 다가왔기 때문이다. 물론 가족들과 신하들도 함께 과로와 스트레스에 시달렸다.

그래서인지 세종은 30대 초반부터 많이 아팠다. 눈병과 신경통, 종기에 이어

---

10 역사 서술 체제의 하나. 역사적 사실을 연대순으로 기록하는 기술 방법이며 기년체라고도 한다.
11 서책(書册)을 편집하여 펴냄을 의미한다.
12 꼼꼼하지 못하고 간략하다.

40대에는 당뇨가 생겨 수전증에 다리 마비 증상까지 있었다. 하지만 벌여 놓은 일이 너무도 많아 대부분의 행정업무는 세자 문종에게 맡겨야 했다. 문종은 무려 29년간 세자 생활과 대리청정을 하면서 세종 치세 말기에는 이미 왕으로서해야 할 일을 모조리 하고 있었다고 해도 과언이 아닐 정도로 무리를 했으며, 설상가상으로 부인들과의 관계도 좋지 않았다.

"순빈 봉씨는 시기와 질투가 심하여, (문종의) 사랑을 원망하다가, 후궁 권씨가 임신을 하자 소리 내 통곡하였다."

– 『세종실록』中 –

첫 번째 부인 휘빈 김씨는 질투심이 심하여 문종의 신발을 훔쳐다 불에 태운 후 그 재를 그에게 먹이려고 했고, 두 번째 순빈 봉씨는 궁녀와 정을 통하여 두 명 모두 폐출되었다. 마지막 부인인 현덕왕후는 단종을 낳다 죽었다. 아들 문종의 부인들을 간택하고 내쫓는 일은 내명부, 즉 소헌왕후의 소관임에도 불구하고 세종이 적극 관여한 것을 보면 그의 완벽주의적인 성향을 알 수 있다.

아들 문종은 긴 세자 생활을 보냈지만 정작 왕위에 있던 기간은 2년 2개월뿐이었다. 문종이 세상을 떠난 뒤 둘째 아들 수양대군이 계유정난을 일으켜 안평대군과 금성대군을 죽였고, 장손인 단종을 내쫓더니 그마저도 결국 죽였다. 아이들이 자립심을 가지고 잠재력을 탐구할 수 있도록 노력하는 INTJ 부모였던 세종은 사실 육아관에 비해 여유롭고 건강하지는 못했다. 그래서 이렇듯 불행한 가정사를 안고 떠나게 된 것은 아닌가 싶다.

또한, 백성을 위하는 '위민(爲民)' 정신으로 많은 일들을 했지만 변방을 지키기 위해 함경도와 평안도에 백성들을 강제로 이주시켰던 '사민정책'과 백성들이 관찰사나 수령을 고소하는 것을 금지하는 '수령고소금지법'을 실시하면서 발생한 각종 비리에서 오늘을 살아가기에 바빴던 백성들의 마음을 놓친 것은 아닌가 하는 생각이 든다.

INTJ에게 과도한 스트레스와 촉박한 시간은 상대방의 인간적인 면을 고려하지 않거나, 사랑도 책처럼 탐구하려 하는 등 감정의 본질을 간과하는 모습을 보일 수도 있다. 남을 인정하는 방법과 실천 불가능한 생각을 접는 법을 알았더라면 당시 백성들이 조금 더 살기 좋지 않았을까? 물론 미래 백성들은 세종의 업적이 있어서 행복하지만 말이다.

INTJ 세종은 'King Sejong the Great'으로 표기되는 레전드급 명군이다. 하지만 인간 이도의 인생은 사랑하는 사람들과의 원치 않았던 이별, 아파서 제대로 볼 수도 앉을 수도 없었던 병상 일기 같은 시간들, 그리고 사후에 펼쳐진 비극까지 슬픈 그림자들이 많이 드리워져 있다. 가장 소중한 것들은 있을 때 잘 지켜야 한다는 것을 우리 모두 다 잘 아는데 실천하기란 참 어려운 것 같다.

하지만 늦지 않았다. 꾸준한 휴식과 명상을 통해 미래보다는 자신의 근황을 체크해보도록 하자. '이 생각이 과연 현실적인가?', '약은 챙겨 먹었나?', '고기는 좀 참고, 산책을 해볼까?', '아내는 오늘 무슨 옷을 입었지?', '아이들에게 사랑한다고 말하자.' 등 사소한 계획을 세우면서 머리를 조금 비워보면 어떨까?

세종대왕님, 여유가 생기니 생각지도 못했던 아이디어들이 떠올라 붓을 들게 된다고요? 전하, 통촉하여 주시옵소서. 쉬세요. 제발요!

INTJ - 허준

이름	허준(許浚) / 호 : 구암(龜巖)
출생	1539년(중종 34년)
사망	1615년(광해군 7년) 10월 9일(향년 76세)

#명의 #동의보감 #초고속승진_신화 #예방이_최고다

지적 탐구가 좋은 INTJ 능력자

INTJ는 지식과 전략으로 강력히 무장되어 있어, 포기하고 싶은 순간에도 전략을 통해 이겨낼 수 있다.

허준은 출생년도를 제외하고는 정확한 생일과 출생지 등이 불분명한 인물이다. 하지만 명의 허준은 고금을 막론하고 의학계의 인플루언서라고 할 수 있다. 특별한 편법을 쓰거나 화려한 배경 등이 아닌 철저히 실력만으로 영향력을 행사하는 INTJ 의원이었다.

그의 아버지는 용천부사 허륜이었지만 어머니가 평민 신분의 첩인 관계로 서자로 태어났다. 31세가 되던 해에 부제학 유희춘의 부인을 치료해준 인연으로 천거를 받아 궁중의 의약을 담당하던 관아 내의원에 들어가게 되었다. 물론 내의원에 들어가기 전부터 유의(儒醫)[01]로 활동하며 실력을 인정받고 있었다.

---

01 유학자로서 의학지식을 가지고 있면서도 의술을 업으로 하지 않는 사람을 의미한다.

본성이 총민하고 의학에 조예가 깊어
신묘함이 깊은 데 이르렀다.

– 양예수, 「의림촬요[02]」中 –

허준은 자신이 좋아하는 분야에 대해서는 열정적이며 노력을 아끼지 않는 INTJ로, 내의원에 들어가기 전부터 이미 의술이 높은 수준에 도달한 능력자였던 것이다. 그 능력이 인정되었기 때문에 내의원에 천거로 발탁되어 입성할 수 있었다. 그는 1575년(선조 8년)부터는 왕 선조를 담당하는 어의가 되었고, 종4품 내의원 첨정을 거쳐 1590년(선조 23년)에는 광해군의 천연두를 치료하여 정3품 통정대부에 오르게 되었다. 임진왜란이 끝난 후에는 선조를 끝까지 호종(扈從)[03]한 공을 인정받아 공신에 책봉되었고, 이후 여러 자리를 거쳐 기어이 정1품까지 진급해버리는 기염을 토했다. 종1품이 오늘날의 장관급이고 그보다 높은 정1품은 국무총리나 국회의장급이다. 중인 출신의 허준이 관료로서는 더 이상 올라갈 데가 없는 최고의 자리에 오른 것이다. 그의 출세 비결은 도대체 무엇이었을까?

정치보다 일이 먼저, INTJ의 성공 비결

INTJ는 사회적 관계를 형성하는 것보다 개인적 성공을 중시한다. 직업 생활에 높은 우선순위를 두어, 인간관계나 가족에 소홀한 경우가 많다.

서자 출신인 그가 출세한 비결 중의 으뜸은 바로 실력과 의리였다. 실력도 실력이지만 의리가 있었기에 선조의 신뢰를 얻어낼 수 있었던 것이다.

---

02 조선 선조 때 양예수가 편찬한 역대 의학자들의 전기(傳記)이다.
03 보호하며 따라가는 일 또는 그런 사람을 의미한다.

> **"내가 믿을 수 있게 다짐을 둘 수 있겠나?"**
>
> – 드라마 〈허준〉 中, 선조가 허준에게 –

> 나라가 망할 것이라는 요사스러운 말이 퍼지자…
> 명망 진신(縉紳)⁰⁴들이 자신을 온전하게 할 계책을 품었다.
> 의주에 이르기까지 문·무관이 17인,
> '어의 허준'을 비롯한…
> 몇몇이 끝까지 곁을 떠나지 않았다.
>
> – 「선조수정실록」 中 –

INTJ는 직업 생활에 높은 우선순위를 두어, 인간관계나 가족에 소홀한 경우가 많은 편이다. 허준도 임진왜란 때 가족들과 피난을 가는 대신 자진해서 선조를 지켰다. 죽음을 앞둔 선조를 치료할 때도 후환이 두려워 피하는 대신 더욱 센 약을 처방하여 임금을 살리려고 했다. 물론 선조가 죽자 허준의 승승장구에 질투와 멸시의 시선을 보냈던 자들의 그를 향한 맹공이 쏟아졌고, 그는 결국 유배형을 받고 말았지만 다시 기회를 준다고 해도 똑같이 행동했을 것 같은, 정치와는 거리가 먼 INTJ 허준이었다.

> **"나라를 다스리는 어진 재상이 되지 못할 바에는**
> **사람과 병을 다스리는 명의가 되겠다."**
>
> – 허준 어록 中 –

그가 승진 엘리베이터를 탈수록 대간들은 서얼은 정3품 당하관까지만 승진 제한을 두는 '한품서용 원칙'을 들먹이며 '상소'로 브레이크를 걸어 봤지만 결국

---

04 홀을 큰 띠에 꽂는다는 뜻으로 모든 벼슬아치를 통틀어 이르는 말이다.

광해군 때 최고 품계인 정1품 보국승록대부에 추증[05]되었다. '사람이 허심탄회(虛心坦懷)하게 되면 천지간의 도(道)와 합치되는 것이요, 야심이 있으면 도에서 멀어진다.'는 말을 남긴 허준은 승진에 상관없이 직업적인 목적의식부터 달성하고자 하는 INTJ의 면모를 일평생 보여주었다.

잡과 출신이 정1품 꼭대기까지 찍어버린 조선의 유일한 사례가 될 수 있었던 비결은 일생동안 계산 따위는 없이 자신의 책무만 다하고 왕에게 믿을 수 있는 실력과 함께 충성심과 진정성을 보여준 것이 아니었을까?

복잡한 프로젝트? 웰컴! 집념의 INTJ

INTJ는 프로젝트에 전념하는 것을 즐기며 복잡한 원칙을 다시 세워서 누구나 실용적으로 그것을 받아들일 수 있게 만든다.

> 허준은 의방(의술)을 책으로 엮으라는
> (선조의) 명을 받들고
> 몇 년 동안 자료를 수집했는데,
> 심지어는 유배되어 옮겨 다니면서도
> 그 일을 쉬지 않았다.
>
> − 『광해군일기』 中 −

허준의 가장 큰 업적은 『동의보감』을 편찬한 일이다. 이 위대한 일은 조선 15대 왕 광해군의 연관검색어이기도 하지만 사실 1596년(선조 29년) 선조의 명에 의해 착수되었다. 수의[06] 양예수를 필두로 이명원·정작·김응탁·정예남 등 공동 편찬 작업으로 이루어지다가 이듬해 정유재란으로 중단됐었다. 전란으로

---

05 나라에 공로가 있는 벼슬아치가 죽은 뒤에 품계가 높아지다.
06 내의원 최고 서열을 의미한다.

인해 더욱 바빠진 의원 본업에 뿔뿔이 흩어
진 팀원들과 양예수의 병사로 허준이 수의
가 되는 바람에 사실상 단독 책임자가 되어
진행한 쉽지 않은 대형 프로젝트였다. 게다
가 선조의 죽음과 유배형이라는 초고난도
걸림돌이 그 앞을 가로막고 있어 자칫 중단
될 뻔하기도 했다. 하지만 INTJ는 깊이 있
는 프로젝트를 달성하기 위해 끝까지 집중
하고 노력하는 사람들로 허준 역시 목표를 달성하기 위해 '유배 중이라 오히려
여유 있어 좋아!' 마인드로 남은 팀원들을 모아 연구와 집필에 매달렸다.

> "허준에게 숙마[07] 한 필을 내려 그 공에 보답하고
> 이 책은 내의원으로 하여금 국을 설치해 속히 인출케 하여
> 다음 중외에 널리 배포하도록 하라."
>
> ― 『광해군 일기』 中 ―

1610년(광해군 2년) 그의 나이는 71세가 되었고, 『동의보감』은 25권으로 완성
되어 편찬되었다. 『동의보감』은 그 가치와 위대함을 인정받아 조선뿐만 아니라
청, 일본에서 베스트셀러에 올라 현재까지 가장 널리 읽힌 의서가 되었고, 2009
년에는 동아시아 의학 저작으로는 최초로 유네스코 세계기록유산으로 등재되었
다. 증거에 기반하여 정보를 제공해야 한다는 사명감이 뚜렷한 INTJ 허준답게
독창적이고 오늘날까지 실용성을 가진 중요한 기록유산으로 평가받고 있기 때
문이다.

---

07 길이 잘 든 말을 의미한다.

"우리가 편찬할 의서는 가능한 많은 의서들을 참고로 하되,

분명한 기준을 잡아 편찬해야 할 것이오.

허나 그보다 중요한 것은 우리 약재에 대한 연구요.

우리 땅에서 나고 자란 약재가 우리 체질에 가장 잘 맞는다는 확신하오.

...

가난하고 헐벗어 의원을 찾을 수 없는 백성들도

쉽게 그 치유책을 접할 수 있도록 해야 하오."

– 드라마 〈허준〉 中 –

허준은 무엇보다도 백성들을 위하는 따뜻한 마음으로 누가 뭐라 해도 진정한 의원의 품격을 보여주었다. 또한 중국 의서에 수록된 약재가 조선에서는 어떤 식물과 동물에 해당하는지 밝혔고, 향약(鄕藥)[08]의 전통에 중국의 새로운 의학, 조선 고유의 처방인 '속방'까지 고스란히 수록했으니 가히 토탈 케어 솔루션 집합체를 탄생시켰다고 하겠다. 보감(寶鑑) 즉, 보배롭고 귀중한 거울인 이 책은 의서를 넘어 허준의 인생 가치관이 담겨있는 보물같이 귀한 인생 거울이다.

이 외에도 허준이 이룬 업적은 다양한데 빼놓으면 안 되는 그의 업적 중 하나는 『언해두창집요』, 『언해구급방』 같은 일상의 구급 의서나 『신찬벽온방』, 『벽역신방』 등의 역병에 대한 의서를 펴낸 일이다. 백성들로 하여금 굿을 해서 역병인 마마[09]를 받들어 모시며 물러가게 하는 대신 실질적인 치료법을 익힐 수 있게 하였고, 특히 '예방법'의 중요성을 강조하며 포스트 코로나 시대를 살아가는 우리에게도 깊은 교훈을 주고 있다.

---

08 예전에 우리나라에서 나는 약재를 중국 약재에 상대하여 이르던 말이다.

09 집집마다 찾아다니며 천연두를 앓게 한다는 여신으로 강남에서 특별한 사명을 띠고 주기적으로 찾아온다고 한다.

요즘 기후는 예측을 불허한다.

삼한사온[10]은 간데없고 계절의 구분이 없어져 버렸다.

인간이 자연의 변화에 빨리빨리 적응해야 한다.

– 허영만, 『허허 동의보감』中 –

자연은 변하고, 인간은 이에 적응하지 못해 벌어진 큰 난리를 경험해봤으니 이를 예방하는 일에 힘써야 한다고 허준은 이미 알려준 셈이다.

소신 있게 가는 길 INTJ가 챙겨야 할 여유

INTJ는 과정보다 결과를 중요시하며, 잡담이나 선의의 거짓말은 할 줄 모른다.

"소신은 침을 놓는 법을 모르옵니다."

– 『선조실록』中 –

약제 분야에서 전문의였던 허준은 왕의 요청에도 소신 발언을 해버리는 INTJ 그 자체였다. 물론 자신의 주 종목에서는 누구의 말도 듣지 않고, 강력하게 주장하며 환자들을 치료했다. 아마도 바쁜 일과와 프로젝트로 인하여 가벼운 잡담을 나눌 시간조차 많이 없었겠지만, 시간이 나더라도 혼자서 다음 해야 할 일을 계획하며 보내는 INTJ였다.

만약에 『동의보감』이 완성되지 못했고, 허준이 죽기 전까지 연구하던 전염병 연구의 결과물이 제대로 나오지 않았다면 어땠을까? 과정보다 결과를 중요시하는 INTJ에게는 그 무엇보다도 고통스러운 일이었을 것이다. 효율적으로 일을 잘 할 수 있도록, 일머리 좋은 사람들과 조용한 공간에서 일을 하고 싶어 하는

---

10 한국을 비롯하여 아시아의 동부, 북부에서 나타나는 겨울 기온의 변화 현상으로 7일을 주기로 사흘 동안 춥고 나흘 동안 따뜻하다.

INTJ에게 전쟁이나 유배라는 상황은 분명 멘붕이 와서 무너지기에 딱 좋은 환경이었을 것이다. 하지만 그 모든 것을 이겨낸 강인한 극 INTJ 허준은 결과론적으로 누구보다도 성공한 사람이다.

자신은 없고 일만 있었던 허준에게는 여가를 즐기고 싶은 인간 허준도 있었고, 고생하며 살았을 가족도 있었을 것이다. 때로는 한적한 곳에 가서 자신의 이야기를 실컷 들어줄 수 있는 사람과 함께 여유로운 시간을 보내는 것도 꽤 가치 있는 일이라는 것을 알았으면 어땠을까? INTJ 옆에는 INTJ만 있는 것은 아닐터, 옆에 있는 사람들이 다 자신과 같지는 않다는 것도 새겨 두면 숨통이 좀 트이지 않았을까 싶다.

언제고 닥쳐올지도 모를 전염병을 예방하듯 영원히 살지 못하는 인생에도 예방법은 필요하다. 꿋꿋하게 걸어온 INTJ의 충만한 인생을 지켜줄 토탈 케어 서비스를 구축할 때이다.

ISFP - 이황

이름	이황(李滉) / 호 : 퇴계(退溪)
출생	1501년(연산군 7년) 1월 3일
사망	1571년(선조 4년) 1월 3일(향년 69세)

#성리학자 #천원지폐모델 #스윗가이
#그럼이만퇴사할게요

쏘 스윗한 ISFP(※ 주의 : 게을러서 퇴사하는 거 아님)

ISFP는 게으른 편이지만 책임감이 강해서 일은 제때 끝내기는 한다. 다정하고 온화하며, 사람들에게 친절하다.

이황은 1501년(연산군 7년) 11월 25일 좌찬성[01]을 지낸 이식의 8남매 중 막내 아들로 태어났다. 7개월 만에 아버지를 잃었지만 어머니의 가르침 아래 총명하게 자랐다. 공자가 대문 안으로 들어오는 그의 태몽 덕분인지 그는 공부 바보 그 자체였다.

이 책을 읽고 있노라면
가슴속에 시원한 기운이 감도는 듯한 깨달음이 느껴져
더위를 잊게 되는데 무슨 병이 생기겠는가.

---

01 조선 시대에 의정부에 속하여 백관(百官)을 통솔하고 일반 정사(政事)의 처리, 국토 계획, 외교 따위를 맡아 하던 종일품 벼슬로 오늘날 부총리급이다.

이 책에는 무한한 진리가 담겨있어,

읽으면 읽을수록 정신이 상쾌해지며 마음에 기쁨이 솟아오를 뿐이네.

– 이황, 「성학십도」中 –

스무살에는 체력이 바닥날 만큼 주역[02]에 빠져 지낸 탓에 잔병치레가 많아질 정
도였다. 출세보다는 그저 공부가 좋아 과거에 큰 무게를 두지 않았지만, 가장
으로서의 책임감 때문에 나이 서른 넷에 '3수' 만에 과거에 급제하여 관직에 나
아가게 되었다.

그는 유학자였지만 생각보다 다정다감한 ISFP 남편이
었다. 스물 일곱살이 되던 해에 첫 번째 부인과 사별한
뒤 두 번째 부인 권씨와 재혼했다. 사실 당시 권씨는 연
산군이 일으켰던 갑자사화의 여파로 일족의 몰살을 겪
은 후 유아퇴행 증상을 보이고 있었다. 이황은 유배 중
인 장인 권질의 애절한 부탁을 받아들여 권씨를 아내로
맞이했다. 거절을 도통 못하는 ISFP이기도 했지만 이황
은 성격도 무던하여 아내의 실수를 다 받아주었다.

부부는 처음 만난 남녀가 하나의 세계를 창조하는 큰일이므로

인류의 시초이며 만복의 근원이다.

비록 가장 친밀한 관계이지만

한편 부부관계는 서로에게 바르게 해야 하고 가장 조심해야 하는 관계이다.

그래서 군자의 도는 부부에서 시작된다.

– 「성학십도」中 –

---

02 점(占)에 대해 서술한 책을 의미한다.

아내가 제사상에 있는 배를 감췄다가 욕을 먹는 등의 사고를 치면 그가 막아주었고, 아내를 위해 몰래 배를 손수 깎아주기도 하였다. 그녀가 지어준 옷이 의례에 맞지 않거나 모양이 이상해도 기꺼이 웃으며 입고 다녔다고 한다. 부인이 46세에 아이를 낳다 죽자 그는 장모를 끝까지 모시며 보살피기도 했고, 아들이 죽고 난 후 청상과부가 된 며느리의 재가도 눈을 감아줄 만큼 배려심 깊은 유학자였다. 심지어 이황은 물려받은 재산을 자녀들에게 골고루 상속해주기까지 했으니 진정한 의미의 '주리론자[03]' 아니겠는가! 그는 예의와 질서 또한 마음속에 도사리고 있는 본성을 따르는 것이 옳다고 생각하며 살았다.

성품이 온유한 ISFP 이황은 그의 풍부한 학식이 더해져 관직 생활을 시작한 지 10년 만에 종3품 대사성까지 오를 수 있었다. 하지만 45세가 되던 해 을사사화와 같은 정치적 사건에 자꾸만 연루되는 것에 피로감을 느껴 그는 결국 궁과 멀어지자는 결심을 했다. 이와 같이 ISFP는 타인과의 갈등이 심화되었을 경우 문제를 해결하려고 하기 보다는 회피하며 상대방과의 관계를 끊을 가능성이 더 높은 편임을 알 수 있다.

> **"척신들이 득세하게 된 조정, 내 뜻을 펼 수 있는 세상이 아니다.**
> **그만 물러나서 어릴 적부터 꾸어온 꿈에 도전하자.**
> **(아, 생각만 해도 좋구나!)"**
>
> – 『박시백의 조선왕조실록』, 명종실록 中 –

그는 단양군수, 풍기군수 등의 외직에 잠시 머물렀다가 50세에는 아예 귀향을 결심하고 이후 그토록 원했던 공부와 저술 활동을 마음껏 했다. 물론 이후에도 왕이 청하면 잠시 관직에 나아갔다가 이내 퇴직하기를 반복하였다. 이 과정에서 그는 토계[04]에서 물러날 퇴(退)를 넣은 퇴계(退溪)로 호를 삼았으니 게을러

---

03 인간의 본성은 선하며 이를 따르는 것이 당연하다는 입장을 의미한다.
04 흙으로 쌓은 섬돌을 의미한다.

보이거나 무책임해 보일 수도 있지만 싸우는 것이 더 싫었던 ISFP라 집돌이가 되어 가장 좋아하는 문화생활을 조금 깊이 즐기려 했을 뿐이었다.

관심은 싫지만 좋은 ISFP의 토론 라이프

ISFP는 타인의 의견을 잘 수용하는 편이며, 관심받는 게 싫지만 좋은 '조용한 관종'이다. 연락은 온라인을 선호하며 답장이 늦는 이유는 신중하게 내용을 썼다 지웠다 하기 때문이다.

성균관 대사성을 지내며 많은 유생들과 생각을 나눴던 이황은 퇴직 후에도 도산서당을 열어 후학을 양성하였다. 조용히 자기의 위치에 머물며 학문 연구에 몰두하는 것을 즐기면서도 성리학 관련 토론과 강의를 즐겼던 이황은 시골에 머묾에도 불구하고 제자들의 발걸음이 끊이지 않았던 조용한 관종 ISFP였다.

① ISFP 이황 VS ISTP 서경덕

그는 당대 최고 유학자 서경덕과도 이(理)와 기(氣)에 대해서 격렬하게 논쟁했다.

> 주자께서는 '이'는 사물이 있기 전에 먼저 '이'가 있음을 말한 것이니,
>
> 임금과 신하가 있기 전에 이미 임금과 신하의 '이'가 있었고,
>
> 아버지와 아들이 있기 전에 이미
>
> 아버지와 아들의 '이'가 있는 것과 같다고 하셨다.
>
> - 「성학십도」 中 -

서경덕은 우주의 기본 단위인 '기'가 우주의 법칙인 '이'보다 먼저라고 주장했지만, 이황은 주자의 말을 인용하며 '이'가 있고 나서 '기'가 있는 것이라고 반박했다.

서경덕은 독립적이고 엄청나게 이성적인 ISTP이고, 이황은 하고 싶은 것은 다 해야 하는 ISFP라 서로 비슷하면서도 다른 면에 끌려서 기꺼이 함께 논쟁을 벌였다. 생각은 많이 달랐지만 그들이 추구하는 것은 세상이 올바르게 돌아가는 것이었기 때문에 의견을 수용하며 함께 발전해갔다. 물론 두 인물 모두 중앙에서 멀리 떨어진 초야에 머무르면서 학문에 심취해 있었다는 점에서는 공통점이 많았다.

② ISFP 이황 VS ISFP 기대승

의견을 나누는 것을 멈추지 않았던 이황은 기대승과 12년간 편지를 주고받았는데, 그 가운데 8년이나 이어졌던 사단(四端)을 칠정(七情)과 대립되는 것으로 본 이황의 이기 이원론(理氣二元論)과 사단을 칠정에 포함되는 것으로 본 기대승의 이기 일원론(理氣一元論) 사이에서 시작한 사단칠정 논쟁[05]은 너무나 유명하다. 물론 두 사람 모두 대면보다는 편지가 편했던 ISFP라 가능했던 결과였을 수도 있다. 58세의 대사성 이황의 품위 넘치는 배려와 32세 새내기 학자 기대승의 뛰어난 능력은 오랜 시간 체계적이고 심도 있는 토론을 가능하게 했다.

"제가 전에 말한 것이 더욱 잘못되었음을 알았습니다."

– 이황이 기대승에게 보낸 편지 中 –

---

05 이황은 사단은 순수한 이로 선하지 않음이 없고, 칠정은 기를 겸했기 때문에 선악이 있다고 하였다. 이는 이상적인 마음이요, 기는 현실적인 육체에서 나오는 것으로 분리할 수 있다는 '이기이원론'을 주장하였다. 기대승은 사단은 칠정에 포함되는 것으로, 이기겸발설을 주장하였고 훗날 '이기일원론'으로 확장된다.

기대승은 '평생을 우러르며 그리워했는데 함께 논하고픈 생각이 구름처럼 쌓이고 말았습니다.'라는 인사말을 전하며 존경을 표했고, 이황은 기대승과 의견을 주고받다가 그의 의견을 일부 수용하여 자신의 학설에 반영하기도 했다. 모든 유형 중 ISFP끼리는 가장 말이 잘 통하고 생각을 나누기 쉽다고 한다. 서로를 가장 잘 알기 때문에 상대방을 배려할 줄 알기 때문이다. 물론 싫어하는 면을 너무도 잘 알기 때문에 상극이 될 수는 있다. 하지만 이황과 기대승은 나이와 지위에서 차이가 꽤 있었기 때문에 선을 잘 지키면서 우아한 말싸움을 이어 온 쪽에 속한다고 할 수 있다.

남의 눈치를 많이 보는 ISFP(※ 주의 : 험담은 못 참지)

ISFP는 화가 나면 논리적으로 반박하기보다 침묵하는 편이다. 하지만 자신에 대한 허위사실이 유포될 경우 이를 어떻게 해서든 바로잡으려고 한다.

③ ISFP 이황 VS ESTP 선조

이황은 거절을 잘 못하는 ISFP답게 퇴직 이후에도 명종, 선조 대까지 왕이 부르면 마지못해 한양 길에 오르기도 했다. 하지만 당시 ESTP 선조는 10대의 어린 왕이라서 즉흥적인 결정을 좋아하고 위험을 감수하는 경향을 지닌 자신을 제어해줄 신중한 조언 제공자 ISFP가 절실했기 때문에 이내 퇴직할 것을 알지만 자꾸만 이황을 불러 올렸다. 고민 끝에 거절할 방법을 고급지게 찾아낸 이황은 왕에게 그림책을 지어 바쳤다.

성학에는 커다란 단서가 있고,

백성의 지도자가 된 분의 한 마음은 온갖 징조가 연유하는 곳이고,

모든 책임이 모이는 곳이며, 온갖 욕심이 잡다하게 나타나는 자리이고,

가지가지 간사함이 속출하는 곳이기 때문에

조금이라도 태만하고 소홀해 방종이 따르게 된다면,

산이 무너지고 바다에 해일이 일어나는 것 같은 위기가 오고 말 것이니,

어느 누가 이러한 위기를 막을 수 있겠는가?

— 「성학십도」 中 —

『성학십도』는 68세의 이황이 17세의 어린 선조를 떠나며 '스스로 탐구하는 법'을 알려주기 위한 마지막 선물이었다. 선조가 성군이 되길 바라며 유교철학을 상세하게 그림으로 잘 정리해서 배려와 봉사의 마음을 담았으니 '이제는 진짜 퇴사합니다.'라는 각오가 느껴지는 듯하다.

④ ISFP 이황 VS ESTP 조식

이황은 자신과는 행동 결정 방식이 매우 다른 조식과도 오래도록 논쟁을 벌였다. 물론 집돌이 ISFP답게 이번에도 대면이 아닌 편지로만 의견을 나눴다. 퇴직과 복직을 밥 먹듯 하면서도 지지자가 넘쳐났던 이황과 벼슬을 멀리하면서 비분강개할만한 현실을 대놓고 비판하는 쪽에 섰던 조식과의 썰전은 좁혀질 수가 없었다. ISFP는 예의바르고 감정적이지 않은 사람을 선호하지만, 조식은 인내심이 부족하고 말보다 행동이 앞서는 ESTP였기 때문이다. 물론 자신이 변덕을 부릴 때 맞춰주고, 함께 할 수 있는 것들이 많은 사람을 좋아하는 조식은 지나치게 남의 눈치를 많이 봐서 정치 이야기만 나오면 말을 아끼는 이황의 행동에 약이 올라 늘 분노를 표출했다.

요즘 공부하는 자들을 보건대

비질하고 물을 뿌려 손님을 맞는 법도도 모르면서

입으로는 천리를 담론하고 헛된 이름을 훔쳐 남을 속이려 하고 있소이다.

십분 억제하고 타이르심이 어떨른지요.

– 『박시백의 조선왕조실록』 명종실록 中 –

나이 어린 이이나 기대승의 의견도 수용하고, 존중해주던 이황이었지만 자신을 디스하는 조식만큼은 그냥 넘어갈 수 없어 그의 오만함과 단순함에 불쾌함을 표하기도 했다. 이황은 타인에게 비치는 자신의 이미지를 중요하게 생각하고, 잘못된 것을 바로잡으려고 노력하는 ISFP이기 때문이다. 물론 멱살 잡고 싸우는 일은 없었고, 두 사람은 내내 예의를 지키며 편지를 주고받는 것으로 대립했으나 이랬던 두 사람의 제자들은 훗날 동인을 형성하여 이이의 제자들로 구성되었던 서인과 대립하게 된다. 물론 이들은 상대방의 스승을 비판하며 격렬히 대립하였다. 이후에는 이황의 제자 유성룡, 기대승, 김성일, 강항 등 퇴계학파가 남인으로, 조식의 제자 정인홍, 곽재우 등 남명학파가 북인으로 나뉜다.

이황과 조식은 알고 있었을까? 자신의 글을 필사하고 토론하며 세상의 이치에 대해 연구했던 많은 제자들이 조선을 그들이 바로 잡고자 했던 곳으로 이끌어 갈 수 있도록 성장할 것인지에 대해서 말이다. 그들이 열띤 논쟁을 펼치는 동안 세상은 그다지 평온하지 않았고, 이후 조선 역시 마찬가지였다는 사실에 또 다시 '썰전 IN HEAVEN'이 펼쳐진다고 하더라도 세상을 구할 방도는 나오지 않았을 것이다.

물 흐르듯 살고픈 ISFP에게 결단력이 필요한 이유

ISFP는 자연적인 것을 좋아하고 물 흐르듯 살길 원한다. 하지만 누군가에게는 그 태도가 우유부단하게 보일 수도 있기 때문에 결단력과 추진력이 필요하다.

조식의 눈에 이황은 비겁함 그 자체였다. 실천성이 떨어지는 학자의 이론을 추종하는 자가 늘어날수록 썩어빠진 세상을 바꿀 수 있는 가능성이 전혀 없다고 생각했기 때문에 맹렬히 비난했다.

결국 이황은 척신정치[06]에 빠져 허우적대는 당시 정치판에서 자신이 할 수 있는 일은 없다고 생각하여 은둔 생활을 택했다. 학자로서 학문을 심도 있게 연구하며, 일타강사가 되어 후학을 양성하는 것으로 소임을 다하려 했다고 하여 비난을 피할 수는 없다. 물 흐르듯 살길 원하는 ISFP는 누군가의 눈에는 우유부단하게 보일 수도 있고, 비겁하다는 평가를 내릴 수도 있다. 자신이 아닌 누군가의 입을 빌려서 의견을 피력하는 것 또한 마찬가지이다.

이황이 70년의 삶을 사는 동안 연산군부터 선조에 이르기까지 왕이 다섯 번 바뀌었고 조선의 상황은 갈수록 악화되고 있었다. 그가 그의 인생 방식을 고수하며 살고 있었던 16세기에는 관리들의 심각한 수탈·수취 체제의 문제점 속에서 1555년(명종 10년) 을묘왜변[07]이 터졌고, 흉년으로 인한 기근까지 덮쳐 힘들어진 백성들을 대변하는 듯 '임꺽정의 난'까지 일어났다.

이황은 건강관리에도 최선을 다하며 살다가 70세까지 살아 1571년(선조 4년), 그러니까 1592년(선조 25년) 임진왜란이 일어나기 전에 죽었다. 모범적으로 생활하면서 이론을 구축한 것은 맞지만 현실에 드러난 문제점은 어쩔 수 없었다.

사람이 이성만을 중시하고 살아간다면

인간 생활은 인정도 애정도 없는 삭막한 세상이 될 것이며

---

06 명종 때 문정왕후의 외척 세력에 의해 주도된 정치형태를 말한다.

07 1555년(명종 10년)에 왜구에 대한 무역통제를 강화하자 전라남도 해남군에 있는 달량포에 왜선 60여 척이 쳐들어온 사건이다.

또 감성만으로 살아간다면 도덕과 질서가 무너지는 세상이 될 것이니

이성과 감성의 조화를 통해 삶을 지혜롭게 운영해야 한다.

– 이황, 「퇴계집[08]」 中 –

물론 이치에 맞는 좋은 말씀이다. 하지만 불행히도 그가 세상을 떠난 뒤 조선에는 난리가 불어닥쳤다. 이성과 감성 그 어떤 것으로도 이해되지 않는 전란으로 인정도 애정도 없는 삭막한 세상이 되고 말았다.

높은 지성을 가진 지도자라면…

막대한 영향력이 있는 인플루언서라면…

학생들이 줄줄이 따르는 일타강사라면…

문묘와 종묘 모두에 모셔질 만큼 존경받고 영향력이 있는 학자[09]라면…

이황은 자신을 필요로 하는 사람들을 바로 봐야 할 절체절명의 시대를 살았다. 때문에 조금 더 단호한 결정력과 추진력이 필요했다. 물론 세상의 벽이 높아 넘을 수 없다 하더라도 이치만 따지기에는 세상에는 너무도 가여운 것들 투성이었기 때문이다.

물론 이황이 남긴 철학은 우리 앞의 생이 끝나갈 때 세월에 후회는 없노라고 이야기하기 위한 중요한 가르침이다. 하지만 당장 먹고 사는 문제가 급선무인 이들을 위해서는 어떤 목소리가 필요한지에 대해서도 귀 기울이며 때로는 진짜 관종이 되어 자기의 목소리를 낼 수 있는 용기를 가져보기로 하자. ISFP는 따뜻한 사람이니까.

---

08 1599년(선조 32년)에 도산 서원에서 간행한 이황의 유고집이다.

09 문묘와 종묘 두 곳 모두에 배향된 인물은 단 6명뿐이다. 이들을 배출한 가문은 왕조를 대표하는 가문인 국반(國班)으로 인정받았다.

ISFP - 장영실

이름 장영실(蔣英實)
출생 미상
사망 미상

#최고의개발자 #금손 #그대는어디에

칭찬에 설레는 ISFP가 호기심 대마왕 INTJ를 만났을 때

ISFP는 겸손하며 정이 많고 퍼주기를 좋아한다. 또한, 칭찬을 받으면 하루 종일 떠올린다.

장영실의 생몰연도는 알려진 바가 없으며, 부산 동래현의 관노라는 것 정도만 알 수 있다. 하지만 분명한 사실은 그는 손재주가 뛰어나 많은 이들에게 인정받고 너도나도 그를 찾았다는 것이다.

> 장영실은 원나라 출신 아버지와
> 동래현 관기 어머니 사이에서 태어났다.
> (중략)
> 공교한 솜씨가 뛰어나
> 태종께서 보호하셨고,
> 나도 역시 이를 아낀다.
>
> – 「세종실록」 中 –

1400년(정종 2년) 영남에 심한 가뭄이 들었을 때 그가 만든 수차[01]로 강물을 대어 재난을 극복하기도 했을 만큼 재주가 좋았고, 천문학과 과학적 지식 또한 뛰어났던 금손 인재였다. 결국 기술자로서 인정을 받아 이미 태종 때 발탁되었다. 1421년(세종 3년) 세종 역시 그를 눈여겨보았다가 불러들여 북경으로 유학을 보내주었고, 더불어 북경 구석구석을 뒤져 천문학 관련 정보들을 비밀리에 모으게 하였다. 관찰력이 뛰어나 세부 사항을 잘 포착하는 ISFP답게 명나라의 철통 같은 보안 속에서 많은 기술들을 머릿속에 가득 담아왔다. 세종의 든든한 지원 아래 장영실은 그 기술들을 줄줄이 풀어 생각만으로 존재했던 것들이 실재할 수 있는 길을 열었다.

영실의 사람됨이 비단 공교한 솜씨만 있는 것이 아니라
성질이 똑똑하기가 보통에 뛰어나서,
매양 강무할 때에는 내 곁에 가까이 두고
내시를 대신하여 명령을 전하기도 했다.

– 『세종실록』中 –

세종은 성실하고 겸손한 인재 장영실에게 선물을 하고 싶었다. 우선 노비 신분을 면천해준 후 '상의원 별좌'라는 관직을 주기 위해 이조판서 허조와 병조판서 조말생을 불러 이 문제를 의논하게 하였다. 그러나 조말생은 찬성했지만 허조는 반대하여 답이 나오지 않았다. 세종은 이에 굴하지 않고 병조판서 유정현을 불러 기어이 OK를 얻어낸 후 장영실에게 별좌 자리

01 물을 높은 곳으로 퍼올리는 기계

를 하사하였다.

세종의 아낌없는 칭찬과 선물은 장영실의 손과 머리를 춤추게 하였다. 물시계 개발로 스타트를 끊더니 천체의 운행과 그 위치를 측정하는 '혼천의'와 행성과 별의 위치, 시간의 측정, 고도와 방위를 정밀하게 측정할 수 있는 '간의'를 탄생시켰다. 칭찬을 들으면 하루종일 그 생각이 머릿속에서 떠나지 않는 ISFP 장영실의 춤사위는 그야말로 놀라웠다. 그의 겸손한 자세와 무엇이든 만들 수 있다는 자신감 덕분에 호기심 대마왕 INTJ 세종의 아이디어 뱅크는 무한동력을 얻은 기분이었다.

> **"전하께서 그런 꿈을 꾸시지 않았더라면
> 소인이 어찌 그런 일을 이룰 수 있겠사옵니까?"**
>
> – 영화 〈천문〉 中 –

INTJ와 ISFP는 상대의 강점이 자신의 약점, 자신의 강점이 상대의 약점인 관계이다. 일에 있어 같은 목표를 가지고 나아갈 때 최상의 시너지 효과를 내기 때문에 웬만해선 그들을 막을 수 없었다. 장영실은 세종의 전폭적인 지지 아래 조선의 과학 기술 발전을 위한 프로젝트를 맡아 발전시켜갈 자신이 있었다.

세심한 ISFP의 뜻 깊은 선물

ISFP는 집중력이 매우 높아 본인이 하고자 하는 일에 몰두한다. 좋은 사람들과 함께 자율적으로 할 수 있는 일을 선호하며 세심하게 주의력을 요하는 일을 잘한다.

장영실은 당대 내로라하는 과학자들과 드림팀을 이루었다. 금속활자 총괄 및 병선 제작자 이천, 역법 총괄 및 천문학자 이순지, 농사직설 집필 및 간의대 제작 관장 정초, 한글 창제 및 천문·역사서 편찬자 정인지 등의 드림팀과 바쁘게 움직였다. 세종의 특명에 따라 '독자 역법 계획'을 연구하기 위해서 개발된 천문 관측기구들을 이용하여 한양의 위도를 확인하고, 자료들을 참고하여 마침내 『칠정산』 내외편을 만들어 중국이 아닌 한양을 기준으로 한 정확한 시간을 계산할 수 있게 되었다.

또한 그는 해시계 '앙부일구'를 만들어 사람들이 오고 가는 큰길에 설치할 수 있게 했으며, 물시계 '자격루' 역시 사람들에게 시간을 선물해주었다. 게다가 세자 문종의 아이디어를 바탕으로 세계 최초 강우량 측정기인 '측우기'까지 개발했다.

앙부일구　　　　　　자격루

장영실은 사람들에게 편리함과 효율을 선물해준 공으로 종3품 대호군으로 승진했고, 이에 보답하고자 태양 모양을 본떠 만든 '천상시계'와 물시계인 '옥루'를 만들어 세종에게 바쳤다.

금손 장영실의 실력은 그를 궁궐의 핵인싸로 만들어 주었다. 배려심 많고 웬만해선 부탁을 거절하지 못하는 ISFP 장영실은 그를 찾는 곳 어디라도 마다하지 않았다. 특히 여러 편찬사업으로 출판할 일이 무수히 많아진 주자소에서 그는 금속활자인 갑인자[02]와 인쇄기를 완성하여 이전보다 20배 빠른 속도를 낼 수 있었다. 박연의 악기 제작에도 도움을 주었으니 세심하게 주의력을 요하는 일을 잘 해내는 ISFP 장영실의 손길이 닿지 않는 곳이 없을 정도였다.

---

02 1434년(세종 16년) 갑인년에 만든 구리 활자이다.

믿는 도끼에 발등 찍히면 더욱 상처가 깊은 ISFP

ISFP는 인간관계에서 상처를 많이 받는 편인데 남을 도와주고서 충분히 대가를 받지 못할 때도 있다. 특히, 관습적이고 전통적인 성향이 강한 상대방과 궁합이 좋지 않다.

슬프게도 장영실의 꿈은 영원할 수 없었다. 우선 그를 향한 세종의 전폭적인 지지와 총애는 많은 이들의 질투와 미움을 샀다. 또한 세종과 함께 조용히 진행한 조선의 독자적인 역법 만들기 프로젝트는 자꾸만 브레이크가 걸렸다. 사대교린[03] 원칙과 법도에 의하면 조선은 명나라의 시간과 역법을 따라야 했는데 명이 귀신 같이 알아채고 견제하기 시작했기 때문이다.

> 대호군 장영실이 안여 만드는 것을 감독하였는데
> 튼튼하지 못하여 부러지고 허물어졌으므로
> 의금부에 내려 국문하게 하였다.
>
> - 『세종실록』 中 -

1442년(세종 24년) 3월 16일 장영실은 임금이 탈 가마인 안여를 만드는 일의 설계 감독을 맡았는데, 시범 운영 중 안여가 부서지는 사고를 내고 말았고 이에 조정은 발칵 뒤집혔다. 의금부에 끌려간 장영실은 불경죄로 곤장 100대를 선고받았다가 감형되어 80대를 맞은 뒤 쫓겨났다. 그리고 그 뒤로 행적이 묘연하다. 죽었는지 살았는지 그의 20여 년 간의 공적 활동 외에는 아무런 기록도 남아 있지 않아 추측만 난무하다.

---

03 큰 나라를 받들어 섬기고 이웃 나라와는 화평하게 지내는 것을 의미한다.

이 간의대가 경회루에 세워져 있어

명나라 사신으로 하여금 보게 하는 것이 불가하므로

내 본래부터 옮겨 지으려 하였다.

－『세종실록』中－

1443년(세종 25년) 1월 14일 자 『세종실록』의 기사를 보면 장영실과 세종이 합작하여 이뤄낸 하늘을 관찰하고, 역(曆)을 만드는 일은 당시 사대교린 관계에 있었던 명나라를 자극하는 일이었음을 알 수 있다. 이 모든 책임을 장영실이 떠안고 간 듯 간의대가 허물어진 점 외에는 아무 기록이 없다. 그 때문에 영화 〈천문〉에서는 세종은 장영실의 목숨을 구해주기 위해 애를 썼고, 장영실은 대의를 위해 희생하려는 모습이 그려졌다. TV 프로그램 〈천일야사〉에서도 세종이 명나라로부터 '장영실을 빼돌리려고' 죽은 사람처럼 꾸며 궁 밖으로 내보내며 미안하다 눈물짓는 장면이 그려지기도 했다.

"소인 역시 어려서부터 하늘 보는 것을 참 좋아했습니다.

허나 노비의 신분이라 고개만 들어도 혼쭐이 나니

종일 땅바닥만 보며 살았죠.

그런데 별은 제가 아무리 고개를 빳빳이 들고 올려다봐도

제게 절대 뭐라 하지 않았습니다.

오히려 제 얘기를 들어주고

또 저에게 말을 거는 것 같았습니다."

－ 영화 〈천문〉中－

감히 하늘을 좋아한 장영실과 하늘을 여는 꿈의 무대를 마련해준 세종은 같은 꿈을 꾸었지만 그 꿈은 시대적 한계에 부딪혀 다시는 열리지 않았다. 장영실이 사라진 뒤 자격루는 21년 후인 1455년(단종 3년)에 자동으로 시각을 알려주는 장치가 고장났지만 결국 수리할 수 있는 사람이 없어 1536년(중종 31년)에 새 자격루가 만들어질 때까지 고장난 채로 두어야만 했다. 조선의 찬란했던 과학 기술이 거짓말처럼 멈춰 섰다.

장영실이 원했던 것은 세상을 변화시킬 무언가를 열심히 만들었을 때 자신이 꿈꿨던 그대로가 온전히 전해질 수 있는 그런 세상이었다. 하지만 조선은 안타 깝게도 그런 세상이 아니었다.

현실은 가끔 너무 막막하고 무섭기도 하다. 또한 꿈과 상상 속에서만 존재하는 것을 끄집어내려 할수록 더욱 우울해질 때도 있다. 이럴 때 ISFP는 허무해진 다. 믿었던 것들에 배신을 당하는 순간에 더더욱 무너져 내리는 ISFP에게 필요 한 것은 적당한 경계심이다. 어렵겠지만 거절해야 할 때는 거절하는 용기를 가 지면 좋겠다.

INFP - 광해군

이름	이혼(李琿)/조선 15대 왕 광해군(光海君)
출생	1575년(선조 8년) 6월 14일
사망	1641년(인조 19년) 8월 7일(향년 66세)
재위	1608년 3월 17일~1623년 4월 13일

#임진왜란_히어로 #최초의_서자출신_세자 #마음의병
#인조반정_폐위 #유배지_18년

자기애는 높으나 자존감은 낮은 INFP

INFP는 관심받고 싶다.

광해군은 1575년(선조 8년)에 선조와 공빈 김씨의 사이에서 둘째 아들로 태어났다. 그가 세 살 때 어머니는 출산 후유증을 앓다가 세상을 떠났고, 선조는 진작부터 인빈 김씨를 총애하며 의안군, 신성군만을 바라보고 있었기에 광해군은 외로운 어린 시절을 보낼 수밖에 없었다. 그나마 정비인 의인왕후가 후덕한 인품으로 임해군과 광해군 형제를 아껴주었다. 형인 임해군은 유명한 사고뭉치로 각종 사건을 일으키며 관심을 갈구하였지만, 광해군은 모범생의 면모를 보여주며 신하들의 신뢰를 쌓아가고 있었다.

내면세계와 자아 성장에 관심이 많은 INFP

자기애가 높은 사람은 끊임없이 성장하려고 노력한다. 물론 마음 속으로는 '무엇이 부족한 것일까? 내가 무엇을 더 하면 될까?'와 같은 질문을 끊임없이 던져야 했을 것이다. 하지 않아도 될 고민까지 더해가면서 광해군은 생각하고 또 생각했을 것이다. 그는 아버지의 관심을 받기 위하여 수양하고, 인재가 되기 위하여 무예를 익히며 공부했다. 그러던 어느 날이었다. 선조가 아들들을 불러 몇 가지 질문을 했는데 그에 대한 광해군의 답은 남달랐다.

> **선조 : "세상에서 가장 으뜸인 반찬이 무엇이냐?"**
> **광해군 : "소금이옵니다."**
> **선조 : "짜디 짠 소금 말이냐? 이유가 무엇이냐?"**
> **광해군 : "소금이 아니면 맛을 이루지 못 하기 때문입니다."**
>
> ─ 『공사견문록(公私見聞錄)』 中 ─

광해군의 영특한 대답에 선조가 무척 흐뭇해했다는 기록이 무색하게도 아버지는 오래도록 아들에게 무관심했다. 심지어 적장자[01]만을 기다리며 광해군이 열여덟 살이 될 때까지 세자 책봉을 미뤘으며 책봉을 서두르고자 '광해군 강추합니다!'라고 의견을 냈던 정철을 유배 보내기까지 했다. 하지만 1592년(선조 25년) 6월 발발한 임진왜란으로 선조는 궁궐과 백성을 버리고 도망치듯 파천[02]을 떠나며 광해군을 급히 왕세자로 책봉했다. 이로서 광해군은 조선 역사상 최초로 서자 출신 세자가 되었다. 물론 임진왜란이라는 위기 버프도 있었지만, 많은 이들이 신뢰하는 인재가 되기 위해 그는 몸을 낮추며 많은 노력을 했을 것이다.

---

01 1919년 이전에 첩 제도가 인정되던 가족 제도에서 정실이 낳은 맏아들을 이르던 말로 적장자 제도는 조상의 제사를 승계하는 사람을 선정하는 데 필요하였다.
02 임금이 도성을 떠나 다른 곳으로 피란하던 일로 거빈, 파월, 파탕이라고도 한다.

일과 사람들에 대해 책임감이 강한 INFP

세자가 된 광해군에게 선조는 분조(分朝)까지 맡겼다. 분조란, 조정을 둘로 나누는 것이지만 왕이 궁궐을 버리고 도망쳤으니, 선조는 사실상 조정의 모든 실권을 광해군에게 준 후 책임지게 한 것이다. 이런 상황에서 당시 열여덟 살 청소년 세자의 심정은 어땠을까?

영화 〈대립군⁰³〉에서 여진구가 연기한 광해군은 원행길 초반에 두려움이 가득한 모습을 보여준다. 대립군 만렙 토우(이정재)와 이런 대화를 나누기도 했다.

> 광해군 : "(물에서) 나가야겠다. 물이랑은 상극이라…."
> 토우 : "물이 무서우신 분이 어찌 들어오셨습니까?"
> 광해군 : "물보다는 범이 무서웠던 모양이지."
> 토우: "무서운 게 없다면 용기도 안 났을 것입니다.
> 병법서에 절벽을 등진 자와는 싸우지 말라고 나와 있겠습니까?"
> 광해군 : "난 아직 없나보다. 등 질 절벽이…."
>
> – 영화 〈대립군〉 中–

어린 광해군에게 왜놈들보다 더 무서웠던 것은 아무도 믿을 사람이 없다는 현실이 아니었을까 싶다. 아버지조차 믿을 수 없는 상황 속에서 적들과 싸우고, 백성들을 지켜야 한다는 중압감은 엄청났을 것이다.

하지만 INFP 광해군은 달랐다. 아버지처럼 도망가지 않았고, 의병들과 함께 적진 한복판에 들어가 싸웠다. 이에 백성들의 사기는 회복되었고, 의병들도 더욱 열심히 싸울 수 있었다. 웬만한 책임감이 아니면 보여줄 수 없는 10대 파워에 세상은 그를 영웅으로, 차기 왕으로 인정할 수밖에 없었다.

---

03 조선 시대에 돈을 받고 군역을 대신해주는 사람들을 일컫는다.

광해군이 인정받을수록 못난 선조는 아들을 질투하고 미워했지만 대안이 없었다. 폭행과 간통, 재산 갈취 등을 일삼았던 임해군, 무고한 사람들을 살해한 순화군, 그리고 그런 임해군과 순화군이 선녀로 보일 정도였다는 정원군은 사고뭉치 아니 사이코패스에 가까웠고, 인목왕후가 낳은 금쪽같은 적장자 영창대군[04]은 너무 어렸다.

> **왕자들의 무리들이 이르는 곳마다 백성들을 침탈하여 소란을 피웠고,**
> **때문에 민심을 크게 잃었다.**
>
> - 『선조수정실록』中 -

광해군이 왕이 되지 못할 이유는 어디에도 없었지만 선조는 인목왕후와 함께 광해군을 압박해 왔다.

생각에 잠기는 일이 많은 INFP, 흑화되면 위험하다

INFP 사람들은 자신을 괴롭히는 고민거리 때문에 머릿속에서 늘 싸우며 산다.

설상가상으로 광해군이 스물 다섯이 되던 해 그를 아껴주던 의인왕후가 세상을 떠났다. 그녀의 빈자리는 너무도 컸고, 영창대군 진영의 압박은 생각보다 심했다. 적장자라는 강력한 무기를 앞세워 세자의 마음을 어지럽혔다. 명나라 역시 광해군이 장자가 아닌 둘째라는 이유로 무려 다섯 번이나 책봉을 거부했고, 영의정 유영경을 앞세운 무리인 유당(柳党)은 선조의 의중을 파악하여 영창대군을 밀기 시작했다. 중궁전 나인들까지 동궁전 나인들을 핍박하는 등 세자의 입지는 점점 불리해져만 갔다. 그렇게 그는 10년을 불안 가득한 삶을 살았다.

---

04 광해군과 나이 차이가 31살이나 난다. 심지어 인목왕후는 광해군보다 9살 어렸다.

INFP의 순기능이 사라지면 내면의 깊은 곳에서 상대방에 대한 끝없는 저주와 미운 감정들이 이어지며, 그러면서도 자신의 속도 말이 아니라서 점점 더 증상은 심해질 수 있다. 10년이라는 긴 시간 동안 광해군 역시 변해가고 있었을 것이다. 1607년(선조 40년) 10월 선조가 갑자기 쓰러졌고, 이듬해 2월 승하 직전에서 야 광해군을 후계자로 지목하였으니, 1608년(선조 41년/광해군 즉위년) 3월 17일에 마침내 그는 보위에 올랐다. 왕이 된 광해군은 임진왜란 이후 황폐해진 토지를 파악하기 위해서 양전 사업을 시행하고, 방납(防納)[05]의 폐해를 시정하기 위하여 이원익 등의 주장에 따라 경기 지역부터 여러 가지 공물(貢物)을 쌀로 통일하여 바치게 한 납세 제도인 대동법을 처음 시행하였다. 또한 허준으로 하여금 동의보감 편찬 작업을 마저 하게 하는 등 전란 후 나라를 복구하고 백성들을 돌보는 일에 매진했다. 또한 후금의 위협에 방어하기 위해 명이 조선에 출병을 요구했을 때, 명의 요구를 거절하기도 어려웠지만 새로운 강국으로 등장한 후금과 적대 관계를 맺는 것은 아니라는 판단 아래 중립 외교 정책을 펴는 등 대외 정책에도 신중을 기했다.

하지만 마음에 생긴 병이 컸던 것일까? 그는 즉위 후 임해군옥사를 시작으로 본격 '옥사시대'를 열고야 말았다. 광해군은 추국청[06]을 설치하여, 매일같이 친히 죄인을 심문하거나 고문을 지시하기도 하였다. 결국 그  는 당시 아홉 살이던 영창대군은 강화도 교동에 위리안치 시켰다가 죽이고, 인목대비는 폐위하여 서궁에 유폐시켰 다. 1623년(광해군 15년)에는 인빈 김씨의 셋째 아들 정 원군의 차남인 능창군까지 역모로 처형하니 형 능양군(훗 날 인조)을 비롯한 적을 양산하고 있었다. 기자헌과 이이 첨을 중심으로 한 대북 세력의 권력 싸움에 광해군의 마음 의 병이 만나 역사에 오점을 남기고 말았다.

---

05 조선 시대에 하급 관리나 상인들이 공물을 백성 대신하여 나라에 바치고 백성에게서 높은 대가를 받아 내던 일로 후에 폐단이 많 아 광해군 때부터 대동법을 실시하였다.
06 중죄인을 추국하기 위하여 임시로 설치한 청사를 의미한다.

덕질쟁이 INFP

INFP는 그 순간의 기억과 행복을 간직하기 위해 무언가에 집착하기를 좋아한다.

광해군은 왕으로서 자신의 힘을 확인하고는 왕권 강화에 집착하며 무려 5개의 궁궐을 지었다. 전쟁 후라 재정이 바닥인 상황 속에서도 선조가 끝내지 못한 창덕궁 공사를 마무리했고, 창경궁을 수리했으며 돈의문 안에 경덕궁(경희궁)을 지었다. 이어 인왕산에 왕의 기운이 돈다는 이야기를 듣고 정원군의 집을 빼앗아 허문 뒤 그 자리에 인경궁을 지었고, 지금은 없어진 자수궁까지 연달아 지었다. 궁궐을 지으며 자신의 마음은 편해졌는지 모르지만, 그나마 자신의 편이었을지도 모르는 백성들의 마음이 모두 떠나버렸다. 이런 상황에서 광해군 손에 동생 능창군을 잃고, 아버지 정안군의 집마저 빼앗긴 장남 능양군은 서인과 함께 폐모살제(廢母殺弟)[07]를 내걸어 반정을 일으켰다. 인조반정이 성공하면서 광해군은 폭군이라는 낙인과 함께 폐주[08]가 되었고, 가족도 모두 잃었다.

쓸데없는 걱정은 눈앞에 있는 것을 놓치게 한다

광해군은 유배지에서 무려 18년을 살다가 죽었다. 그의 마지막 유배지였던 제주도의 차디 찬 바람은 그의 마음을 더욱 시리게 했을 것이다. '어디서부터 잘못된 것일까?' 그는 수도 없이 되내였을 것이다. 세자가 되기 전, 세자가 되고 난 10년, 그리고 재위 시절 하나하나 세어보며 한숨지었을 것이다.

그가 불안할 때마다 마구 벌린 일들은 걱정하지 않았더라면 실제로는 일어나지 않은 일이 될 수도 있었다. 하지만 그의 곁에는 마음의 병을 치료해주는 사람들

---

07 어머니를 유폐시키고 동생을 죽인다는 의미이다.
08 임금을 몰아내는 것을 의미하며 폐군이라고도 한다.

이 아닌 힘겨루기에 바빴던 자들로 가득했다.

광해군이 생활했던 창덕궁의 대조전(大造殿)은 '큰 공을 이루다.'라는 뜻을 가지고 있는데, 만약 경복궁의 강녕전(康寧殿)과 같이 '근심 걱정 없이 안녕하다.'는 뜻이었다면 어땠을까? 광해군에게 가장 필요했던 것은 복잡한 생각 없이 편안하게 잠드는 것이었을 수도 있으니까 말이다. 이런 광해군에게 위로의 말을 전하고 싶다. 드라마 〈정신병동에 아침이 와요〉에 이런 대사가 나온다.

'너무 애쓰지 마, 너 힘들 거야!

모든 걸 다 해주고도 못 해 준 것만 생각나서 미안해질 거고,

다 네 탓할 거고, 죄책감 들 거야!

네가 다 시들어 가는 것도 모를 거야.

인생이 전부 노란색일 거야.

노란 불이 그렇게 깜빡이는데도 너 모를 거야.'

− 드라마 〈정신병동에 아침이 와요〉 中 −

만약 INFP인 광해군이 일단 본인 스스로 아프다고 인정하고, 먼저 자신을 돌본 후에 눈앞에 닥친 일들을 하나하나 해결해나갔다면 결과는 달랐을 것이다. 아니면 왕들의 일기 『일성록』을 다음과 같이 칭찬일기 버전으로 써보는 방법도 괜찮지 않았을까.

'어린 나이에 왜놈들로부터 나라를 구하기 위해 애썼고, 도망치지 않은 나 자신, 칭찬합니다.'

'신하들의 반대에도 명과 후금 사이에서 중립 외교를 밀어붙인 나 자신, 칭찬합니다.'

'공납을 땅이 많은 지주들에게 많이 걷고, 가난한 백성들은 구제해줄 수 있도록 대동법을 밀어붙인 나 자신, 칭찬합니다.'

천재와 덕후 사이 INFP

INFP는 본인이 관심을 갖는 무엇인가에 잘 빠진다.

이이는 신사임당과 이원수 사이의 4남 3녀 중 셋째로 태어났다. 세 살에 시를 지었고, 일곱 살에 경서[01]를 섭렵하였으며, 열세 살에 진사시 장원[02]을 차지한 천재 중의 천재였다. 뿐만이 아니라 과거시험에서 장원만 아홉 번을 하여 사람들은 그를 구도장원공(九度壯元公)이라고 불렀다.

---

01 옛 성현들이 유교의 사상과 교리를 써 놓은 책으로 『역경』·『서경』·『시경』·『예기』·『춘추』·『대학』·『논어』·『맹자』·『중용』 따위를 통틀어 이른다.
02 조선 시대 과거에서, 갑과에 첫째로 급제하거나 그런 사람을 의미하며 도장원, 장두이라고도 한다.

About 조선 시대 과거시험	About 이이's 과거 급제 이력
1. 3년에 단 33명만 선발함	생원과 초시 : 29세
2. [소과]	생원과 복시 : 29세
→ 1차 시험 [초시] : 생원과 / 진사과	진사과 초시 : 13세, 29세
→ 2차 시험 [복시] : 생원과 / 진사과	진사과 복시 : 21세
3. [대과 = 문과]	대과 초시 : 29세
→ 3차 시험 : 문과 초시	대과 복시 : 29세
→ 4차 시험 : 문과 복시	대과 전시 : 29세
→ 5차 시험 : 문과 전시	별시 초시 : 23세

심지어 열세 살에 고위 공무원 시험에 합격하다니! 그의 어마어마한 이력은 엄청난 경쟁률과 난이도가 상당했던 과거 시험을 우스워 보이게 할 정도이다. 훗날 제자들이 줄줄 따르지 않을 수 없는 대단한 스펙이며, 누군가에게는 배알이 꼴릴 수 있는 재능이기도 하다.

INFP들은 본인이 관심을 갖는 무엇인가에 잘 빠지기도 하는데 이이의 과거 시험도 거의 홀릭에 가까울 정도라 할 수 있다. 중복 응시까지 감행하며 장원을 차지한 면모는 가히 '과거 덕후', '공부 덕후'라 할 수 있다. 또한 그는 책과 언어에 관심이 많았고, 표현력이 뛰어나 작가적 천재성도 지닌 진정한 INFP였다.

이별의 이유가 내 탓같은 INFP

INFP인 사춘기 아이가 우울증에 걸렸을 때는 방에만 처박혀 있거나 이상한 생각에 빠질 가능성이 높다.

열여섯 살에 어머니 신사임당을 여읜 이이는 슬픔을 이기지 못하고 방황하는 사춘기를 보냈다. 정신적 지주와도 같았던 어머니의 부재, 어머니께서 돌아가시자마자 아버지가 데리고 온 나이 어린 첩의 존재부터 받아들이기 쉽지 않았다. 게다가 첩 권씨는 화풀이를 하거나 목을 매어 죽는 시늉을 하는 등 행실이 요란하였지만 아버지는 내내 무심하여 이이에게 정신적인 충격을 주었다. INFP는 어떤 문제가 발생했을 때 모든 일을 자기 탓으로 돌리는 경향이 있는데 청소년 이이 역시 눈앞에 벌어진 상황을 자기 탓으로 돌리며 방황을 시작하고 말았다.

무엇보다도 모두를 놀라게 한 부분은 푹 빠져 있던 유학 공부를 모두 접고, 금강산에 있는 절에 들어가 석담(石潭) 스님이 된 것이다. 뭐 하나에 빠지면 홀릭하는 INFP답게 부처님의 가르침에 푹 빠진 탓에 사람들은 그를 두고 살아있는 부처, 즉 '생불(生佛)'이라 생각할 정도였다. 이이는 1년간 불경에 심취하며 속세를 잊는 듯 하였으나 끝내 사람의 생사에 대한 해답은 얻지 못하였고, 훌훌 털고 산에서 내려와 유교로 컴백하였다. 불교에 귀의했던 시간 때문에 정통 유학자들에게 차가운 시선과 따돌림을 받았지만 그에게는 매우 소중했던 시간이었다.

> "하고자 하면 이르는 것이니
> 어찌 남에게 그것을 찾으며, 어찌 훗날을 기다릴 것인가.
> 뜻을 세우는 것을 귀하게 여기는 이유가 여기에 있다."
>
> – 율곡 이이 어록 中 –

마음이 동하면 움직이는 'P형' 이이는 그 길로 성리학에 몰두했으며, 1564년(명종 19년) 29세가 되던 해에 문과에 장원급제하여 정6품 호조 좌랑으로 관직 생활을 시작하였다.

ESTP는 INFP를 칭찬하거나 찐따라고 생각해

ESTP는 INFP 이야기를 잘 들어주는 것 같으면서도 속으로는 무시할 때가 많다.

이이의 관직 생활은 쉽지 않았다. 많은 이들이 자기들끼리 편 먹고 그를 이단에 마이웨이라고 밀어냈기 때문이다. 하지만 선조만큼은 그를 신임하고 매우 아꼈다. 이이가 경연장의 핵인싸로서 입이 떡 벌어질 법한 해석을 쏟아내니 그에게 빠져들 수 밖에 없었다. 심지어 끈질긴 역사 바로 세우기 사업을 통해 조광조가 이루려던 '위훈 삭제[03]'를 선조로 하여금 수용케 하였다.

> "무릇 임금은 구중에 깊이 계시면서도 참다운 덕이 있다면
> 백성이 보고 느껴 사방이 감동하는 법인데
> 백성이 초췌하고 풍속이 폐퇴한 것이
> 오늘날보다 심한 때가 일찍이 없었사옵니다."
>
> − 『박시백의 조선왕조실록』 선조실록 中 −

하지만 답정너, ESTP 선조가 아니던가! 듣자 듣자 하니 죄다 쓴소리에 융통성도 없어서 돌려서 말할 줄도 모르는 그에게 선조는 일찌감치 피로감을 느끼고 있었다. 하지만 이이는 이용 가치가 넘쳐나는 인재인지라 자신의 곁에 두고 열심히 굴렸던 것은 아니었을까? '그래 너는 떠들어라.'라고 생각하면서 말이다. 사실 ESTP는 INFP 이야기를 잘 들어주는 것 같으면서도 속으로는 무시할 때가 많다고 하니 그것 참 묘하고 서글픈 관계이다. 두 사람의 궁합은 도움을 주는 관계가 아닌 한 상극이었으니 선조는 17년간이나 이이를 부려 먹고도 재상 자리 한 번을 주지 않았고 결국에는 탄핵시켰다.

---

03 중종반정 때 공을 세운 반정공신 중 자격이 없다고 평가되는 사람들의 서훈을 박탈하고 토지와 노비를 환수한 사건을 말한다.

내적 신념이 확고한 INFP의 약점

INFP는 내적 신념이 확고하지만 비판에 쉽게 상처받는다.

선조 재위 시절은 사람이 동인과 서인으로 나뉘어 당쟁이 격화되어갔던 시기였고, 왕은 이이를 활용하여 여당 동인을 제어하게 하였다. 표면적으로 서인에 속해 있던 이이는 동인의 김효원, 서인의 심의겸과 정철을 동시에 탄핵하는 등 자신만의 신념으로 당쟁을 조절하려고 노력하였다. 하지만 그 누구도 그를 중립적이라고 생각하지 않았고, 오히려 그는 양쪽의 미움을 모두 받아야 했다. 동인은 이이의 승려 이력과 그에게 붙어있는 먼지를 다 털어 그를 공격하였고, 서인은 그를 두둔해주지 않았다.

> **군자는 두루 사귀고 편당 짓지 않으며, 소인은 편당 짓고 두루 사귀지 않는다.**
>
> - 『율곡전서』中 -

이이는 각 학파의 문제점을 거침없이 지적하면서 동·서의 협조와 평화를 위해 고군분투하며 외로운 싸움을 이어갔다. 하지만 돌아오는 것은 탄핵 공격이요, 남는 것은 과로로 인한 병환뿐이었다. 이이는 비판에 쉽게 상처받는 INFP라서 더욱 아팠을 것이다.

자기관리가 부족한 INFP의 최후

이이는 결국 지긋지긋한 탄핵으로 사퇴하였고, 그 뒤로 와병을 하다가 석 달 만인 1584년(선조 17년) 2월 27일에 향년 47세의 나이로 생을 마감했다. INFP는 일의 과정을 즐기다가 정작 자기관리를 하지 못하고 자신이 힘들더라도 남에게 티내는 것을 싫어하는 사람들이 많은데 그 역시 그랬나 보다.

"새벽에 일어나면 아침에 해야 할 일을 생각하고,

아침밥을 먹은 뒤에는 낮에 해야 할 일을 챙기며,

잠자리에 들 때는 하루 일을 반성하고 내일 해야 할 일을 생각하라.

일은 합당하고 순리에 맞게 처리할 것을 생각하며,

그런 뒤에 글을 읽어야 하니,

글을 읽는 까닭은 옳고 그름을 가려 그 지혜를 일에 활용하기 위함이다."

– 율곡 이이 어록 中 –

이이는 대략 'J 40% + P 60%' 정도 되는 인물인 것 같다. 하지만 그나마도 자신을 위해서가 아닌 옳은 일을 위해 하루를 쪼개가면서 살았을 것이다. 나라와 백성을 위해 노심초사하며 새벽부터 늦은 밤까지 그리고 밥을 먹는 동안에도 내내 생각하고, 이 일 저 일을 벌여가며 애를 썼던 모양이다. 하지만 공납의 폐단을 시정하고자 대공수미법[04]을 제시하거나 서얼이라도 재능이 있으면 요직을 줘야 한다고 주장하는 등 17년간 강조했던 경장[05]은 좌절되었고, 동·서 붕당의 대립 또한 막지 못하였으니 아쉬움이 더해져 과로사한 것은 아닌지 모르겠다. 요즘 젊은이들이 추구하는 워라밸을 따르는 자기관리가 정말로 필요했던 사람이다. 진정성 있게 열과 성을 다한 이이와 같은 인재를 너무 빨리 떠나보낸 점은 조선과 선조에게 두고두고 아쉬운 대목이다. 그러니 INFP들은 제발 일보다 자신을 먼저 챙기고, 세상은 그들이 능력을 펼친 만큼 보상을 받을 수 있도록 해줬으면 한다.

그리고 남들이 괜찮냐고 물었을 때 그저 옳은 일을 하려고 했을 뿐이고 힘들게 일했으니 안 괜찮다고 말해도 된다. 진상들이 하는 말까지 마음에 담아두지 말고, 토닥토닥 자신을 아껴주었으면 좋겠다.

---

04 공물(貢物)의 세목을 쌀로 통일하여 납부하게 하는 제도로 이이, 유성룡 등에 의해 건의되었으며 훗날 대동법으로 시행된다.
05 경장(更張)이란 본래 거문고의 줄이 느슨해 졌을 때 이를 조율해 다시금 팽팽하게 하여 제대로 된 소리를 낸다는 의미로, 처음에는 잘 만들어졌던 제도들도 세월이 흐르면서 시대에 맞지 않게 되거나 폐단이 발생할 수도 있으니 일정 시기가 되면 이를 다시 바로 잡는 경장의 시대가 오게 되니 지금이 그때라고 생각하였다.

은근히 승부욕 강한 ISTP

ISTP는 귀차니즘처럼 보이지만 은근히 승부욕이 강해서 할 것은 한다.

인조는 선조의 첫 번째 손자이자 광해군의 조카이다. 아버지 정원군은 할아버지가 아끼던 후궁 인빈 김씨의 아들이었기에 광해군의 종친 감시 레이다망에 언제나 걸릴 수밖에 없었다. 왕위 승계 과정에서 선조의 견제와 신하들과의 대립 때문에 의심병이 생긴 광해군은 즉위 후 역모 고변만 있으면 진위 여부와 상관없이 옥사를 일으키곤 했는데, 인조의 동생 능창군을 추대했다는 역모 고변으로 능창군은 유배지에서 자결하고 말았다. 집터에 왕기가 있다는 미신 때문에 광해군에게 집까지 빼앗겼으며, 아버지 정안군은 화병으로 죽었다. 광해군의 견제가 심해질수록, 왕이 될 서열이 전혀 아니었던 능양군(인조)의 마음속 깊은 곳에선 승부욕이 불타올랐다.

인조는 북인들의 '폐모살제'를 명분으로 삼아 김류, 이귀, 신경진, 김자점, 최명길, 이괄 등의 서인들과 함께 반정을 계획하고 1623년(광해군 15년) 3월, 마침내 성공했다. 29세의 능양군은 그렇게 조선의 왕 인조가 되었다. 또한, 운 좋게도 그의 집권 이후 즉위한 왕들이 모두 그의 직계 후손이므로 사실상 그는 중시조(中始祖)[01]가 되었다. 그의 아들 효종에 의해 성군이나 명군만 받을 수 있는 '인조(仁祖)'라는 묘호까지 받았으니, 조선 역사상 가장 욕을 많이 먹는 왕 치고는 얻어낸 타이틀이 상당히 많다. 조선이 위기를 맞았을 때 아무것도 한 것이 없어 인조가 귀차니즘 가득해 보이지만 사실 할 일은 했던 ISTP였음을 알 수 있다.

> **"나는 심병(心病)이 매우 깊은데 지금 나이가 13세인 이종이**
> **내 앞에서 재롱을 부리고 매번 그림을 그려 바치므로 한바탕 웃곤 한다.**
> **할아비를 위해 마음을 기쁘게 하여 주었으니, 상을 주지 아니할 수 없다."**
>
> − 『선조실록』 中 −

인조는 할아버지 선조에게는 위로를 주는 손자였고, 자신과 식구들을 살얼음판 위에 살게 만들었던 광해군의 세상을 바꾸기 위하여 반정을 계획하고 실행에 옮겼던 것이다.

---

01 쇠퇴한 집안을 중흥시킨 조상을 의미한다.

한 번 뒤돌면 끝인 ISTP

ISTP는 인간관계에 있어 오는 사람 막지 않고, 가는 사람 잡지 않을 뿐만 아니라 한 번 뒤돌면 끝이다.

반정 후 인조 역시 칼같이 그런 사람과 아닌 사람을 정리해나갔다. 우선 광해군의 측근 세력과 대북의 이이첨을 처형시켰고, 기자헌, 유봉인 등을 제거했다. 나아가 반정의 명분이었던 폐모론에 소극적이었던 소북에 대한 숙청도 이어졌다. 이 때문인지 광해군 복위 운동과 역모 사건이 줄줄이 일어났다. 반정 이후 논공행상에 대한 견제와 불만으로부터 시작된 '이괄의 난[02]' 또한 관련자들을 쓸어버리는 데 적극 이용되었다. 사실 이괄은 인조에게 신임을 받았던 몇 안 되는 사람이었다.

> **인조가 어검을 하사하고, 직접 이괄의 수레를 밀어주었다.**
>
> – 『연려실기술』 中 –

실록에는 없는 기록이긴 하지만 왕의 명령에 따라 북방인 평안도를 지키기 위하여 떠나던 날, 두려워하는 이괄에게 왕은 굳은 신뢰를 보여주었다. 하지만 왕이 이괄의 마음까지 알아주었다면 어땠을까? 이괄은 자신을 2등 공신에 머물게 한 것도 모자라 멀리 변방으로 보냈다고 생각했을지도 모른다. 수레를 밀어준 것이 자기 딴에는 마음의 표현이라고 생각했겠지만 마음에 따라 얼른 가라 떠민 모양새도 되기 때문이다. 그러므로 타인의 감정을 이해하는 데 미숙했던 ISTP 인조는 '이괄의 난'으로 인한 혼란과 북방 경비의 구멍, 그리고 패잔병 일부가 후금의 길잡이 역할을 한 것에 대한 책임이 있다고 볼 수 있다.

---

02 1624년(인조 2년) 정월에 이괄이 주동이 되어 일으킨 반란으로 인조반정 때 공을 세운 이괄이 논공(論功)에서 우대받지 못하고 평안 병사(兵使) 겸 부원수로 좌천되자 이에 불만을 품고 난을 일으켰다가 반란이 실패하자 일부가 후금(後金)으로 도망쳐 국내의 불안한 정세를 알리며 남침을 종용하였는데, 이것이 1627년(인조 5년)에 정묘호란의 원인이 되었다.

명분을 내세워 반정으로 왕위에 올랐으면 권력 다툼과 정권 유지를 위해 관계를 정리하는 것이 아니라 멀리 내다보고 그러한 사람들을 곁에 두었으면 어땠을까? 당장에 마음에 들지 않는다고 내칠 것이 아니라 필요한 인재인지 살펴보고, 내쳤더라도 필요하다면 다시 불러서 나라의 재건에 힘썼으면 상황이 조금은 좋아지지 않았을까 싶다.

하지만 인조의 주변에는 후금 홍타이지의 침략이 임박했는데도 뾰족한 수가 없이 '아닐 거야', '그럴 리가 없어!', '어쩌지?', '어떻게든 되겠지!'라며 회피하는 자들만 가득했으니 인조의 주변 환경부터 문제였다.

조언 따윈 필요 없는 ISTP

ISTP는 조언 따위는 원하지 않고, 원치 않는 일은 절대하지 않는다.

친명배금[03]을 내세우며 후금의 성장을 무시해왔던 인조 정권은 1627년(인조 5년) 3만의 후금 병력을 막아내야 했다. 하지만 관군은 연패했고 왕은 강화도로 피신했으며 곳곳에서 일어난 의병만이 후금의 남하를 간신히 막고 있었다. 전쟁은 '형제의 맹약'을 맺는 것으로 끝났고, 인조 정권은 반정 명분인 '척화론'조차 지킬 수 없는 처지가 되었다. 조선은 정묘조약을 맺고 금나라를 형님으로 모시며, 매년 공물을 바치기로 했으므로 스스로 인조반정의 실효성을 깨부순 셈이다.

그래서였는지 인조는 수많은 반대 상소에도 불구하고 부실해진 자신의 명분과 정통성을 세우기 위해 아버지 정안대군 추숭 작업에만 몰두했다. 전쟁 후 백성들은 굶주렸고, 이후 복구와 방비를 위해 할 일이 산더미였지만 ISTP 인조는 추숭 작업만 눈에 들어왔기 때문에 그 어떤 조언도 필요치 않았다. 눈치껏 왕의

---

03 명(明)을 중시하고 후금(後金)을 멀리하겠다면서 내세웠던 외교 정책의 방향을 의미한다.

뜻에 동조해준 이귀 외에 극구 반대하던 신하들은 모두 유배형을 당하고 말았다. 그리고 마침내 1632년(인조 10년) 그의 아버지 정원군은 '원종'이라는 묘호를 얻어 종묘 입성에 성공했다. 왕은 끝내 뜻대로 정통성 강화라는 꿈을 이루게 되었다.

1636년(인조 14년) 후금의 압박과 무례함이 더해졌을 때 왕은 갑작스럽게 '척화'를 내세우며 국교 단절을 선언했다. 대신 최명길과 도원수[04] 김시양, 부원수[05] 정충신이 강력하게 반대하였으나 왕은 이렇다 할 대비책도 없이 자기 뜻대로 계속 밀어붙였다.

결국 나라 이름을 청(淸)으로 고친 홍타이지(청 태종)는 청나라를 '임금의 나라'로 섬기라는 요구와 함께 10만 대군을 직접 이끌고 무서운 속도로 쳐들어 왔다. 인조는 남한산성으로 피신하여 버티기에 들어갔다. 하지만 바닥나 버린 식량과 추위에 45일 만에 패배를 인정해야만 했으니 1637년(인조 15년) 1월, 그는 세자와 함께 남한산성 서문으로 나가 삼전도 바닥에서 청 태종을 향해 세 번 절하고 아홉 번 조아리는 삼배구고두의 예를 다하는 치욕을 맛봐야 했다.

도성으로 돌아오는 길에 여기저기 쌓여있는 시체와 불 타버린 마을, 안하무인인 청나라 병사들을 보면서 인조는 어떤 생각을 했을지 궁금하다. 자신이 자초한 치욕에 사로잡혀 있었을까? 소현세자를 비롯한 신하와 수십만의 백성들을 포로로 떠나보내며 후회라는 것을 하기는 했을까?

ISTP 인조에게 이런 조언을 해주고 싶다. "자신이 원하는 바도 중요하겠지만 간절히 바라는 결과를 위해서는 인내심이 필요해요. 참을 땐 참아야죠. 싫은 말도 들을 줄 알고, 우선순위인 일들을 처리해야 꿈을 이룰 차례도 오는 겁니다." 하지만 이렇다 할 조언을 몇 트럭을 갖다 바친다고 해도 인조는 분명 자기 위주로 전쟁의 결과를 풀이했을 것이다. 공감은커녕 "저자의 목을 쳐라!"라는 명이 떨어질 것이 분명하다.

---

04 고려·조선 시대에 전쟁이 났을 때 군무를 통괄하던 임시 무관 벼슬을 뜻한다.
05 전시(戰時)에 임명하던 임시 벼슬로 도원수나 상원수 또는 원수에 다음가는 군의 통솔자이다.

다른 사람의 감정도 살펴야 할 ISTP

ISTP는 다른 사람의 마음을 모르고, 자신의 마음을 솔직히 나눌 줄도 모른다.

전란 후 왕은 그날의 치욕을 잊을 수가 없었다. 무능한 지도자의 표본이 되어 온 세상의 원망을 받았고, 이후 청나라의 눈치를 보면서 애간장을 태우다 의심 병도 생겼다. ISTP 중에는 신경과민증인 경우도 많다고 하는데 그에 반해 다른 사람의 마음은 전혀 관심이 없고, 자신의 마음을 솔직히 나눌 줄도 모르는 인조는 아들 소현세자조차 믿지 못하게 되었다. 아들이 청 태종과 합심하여 자신을 내쫓을 것이라 확신하며 미워하고, 의심했다. 그러다 아들 부부가 9년만에 조선으로 영구 귀환했을 때, 백성들은 환영했으나 아버지 인조는 반겨주지 않았다.

세자가 가져온 서양 책은 무엇인지, 조선이 나아가야 할 길은 어디인지 이야기를 나눴더라면 어땠을까? 아버지가 그날 이후 많이 힘들었다고, 이해해달라고 솔직히 감정을 나눴더라면 좋았을 텐데 결국 그러지 못했다.

마음속에는 따스하고 유쾌한 면들을 많이 가지고 있는 ISTP이니 그러한 면모를 아낌없이 발휘하여 가장 가까운 가족과 고민을 나눴더라면 많은 비극 중 하나라도 막을 수 있었을지도 모른다. 소현세자의 의문 가득한 죽음은 그렇다 치더라도 며느리 강빈과 두 손자의 비참한 죽음은 인조 자신이 결정한 일이다. 하지만 가족의 죽음 앞에서 행복한 사람은 없듯 결국 세자가 죽고 4년 뒤부터 그의 건강이 악화되었고, 병에 걸려 누워서 지내다가 1649년 6월(인조 27년) 오늘날 말라리아인 학질 증세를 보이며 죽었으니 당시 그의 나이 55세였다.

인조는 26년 5개월간의 재위 기간 동안 참으로 모진 일을 많이 당한 왕이다. 광해군의 세상을 문제 삼아 변화를 약속하듯 등장했기에 그 책임감도 무시할 수 없었고, 뜻하지 않게 자꾸 꼬여가는 정국과 망가져 가는 인간관계 속에서 갈팡질팡하다 결국 후손들에게 가장 많은 욕을 먹는 왕이 되었다.

그가 누구보다도 열정을 가지고 나락으로 떨어져 가는 조선과 가여운 백성들을 구했다면 결과는 달라졌을지도 모른다. 언제까지 '이게 진짜일 리 없어!'만 외치며 현실 부정만 하고 있을 수는 없지 않은가! 마음에 드는 사람만 곁에 두는 것이 아니라 그렇지 않은 사람들과 마음을 나누고, 위기의 시그널을 받아 귀찮더라도 재빨리 움직였다면 어땠을까?

인조(인간)처럼 살지 말고, 인정 가득한 사람이 되어야 할 때가 있음을 꼭 기억하자!

나는야 조선 명탐정~

ISTP - 박문수

이름	박문수(朴文秀)
출생	1691년(숙종 17년) 10월 28일
사망	1756년(영조 32년) 5월 22일(향년 64세)

#어사_박문수 #노필터_바른소리 #실록에_미친놈으로_
기록됨 #나주괘서사건

혼자가 편한 ISTP

ISTP는 냉정하고 자제력이 강하다. 혼자가 좋지만 어울릴 때는 또 은근히 잘 어울린다.

박문수는 소론 명문가인 고령 박씨 집안에서 금수저로 태어났으나 어린 나이에 부모님을 여의고, 외가 쪽에 의지하며 자랐다. 사고를 치던 시절도 있었지만 냉정하고 자제력이 강한 ISTP 청년으로 성장한 박문수는 1723년(경종 3년) 서른세 살이 되던 해에 과거에 합격했으며, 4년 후에는 암행어사로 임명되었다. 혼자가 좋았을 ISTP인 그가 신분을 숨긴 채 다양한 사람들을 접해야 하는 극한 직업 암행어사를 어떻게 감당해낸 것일까? 놀랍게도 그가 '암행어사'직을 수행한 기간은 아주 잠시였다. 같은 어사이긴 하지만 흉년으로 기근이 들었을 때, 진휼[01]하는 일을 감독하는 감진(監賑)이나 곳곳을 돌아다니며 민심을 달래는 일인 순무(巡撫) 등의 특별한 업무를 위해 별도로 파견되는 '별견어사(別遣御史)'

---

01 흉년을 당하여 가난한 백성을 도와주는 일을 의미한다.

를 수행하는 일이 대부분이었다. 하지만 백성들의 신뢰와 전해져 내려오는 이야기 속에서 그는 언제나 백성들의 '워너비 암행어사'였다.

ISTP는 오지랖이 넓지 않고 혼자 있는 것을 좋아하기는 하지만 어울릴 때는 또 은근히 잘 어울리는 스타일이라 어사 업무도 문제없이 수행해냈다. 뿐만 아니라 귀차니즘 가득하지만 마음먹으면 맡은 일을 잘해내는 ISTP라서 백성들이 처한 현실을 누구보다 잘 파악하며 미담제조기가 되어갔다.

해결사 ISTP

ISTP는 해결사 기질이 있다.

박문수는 진심으로 백성을 위하며 타고난 통찰력으로 다양한 사건과 문제를 해결했다. 말그대로 조선판 명탐정이자 히어로가 되어 사방팔방 활동하면서 어려움에 처한 이들에게 희망을 주었다. 특히 기근과 홍수, 흉년 등으로 힘들어하는 백성들을 위해서라면 원리원칙과는 상관없이 일단 먹여 살려야 한다는 생각으로 파격안을 퍼붓는 폭격기가 되기도 했다.

박문수 미담 리스트

- 영남 별견어사로 파견되어 수령들의 부정부패를 적발함
- 극심한 흉년에 괴로워하던 백성들에게 사재를 털어 곡식을 나눠줌
- 1729년(영조 5년) 경상도 관찰사 재직 시, 함경도에 홍수가 일어나자 처벌받을 것을 각오하고 왕의 허락이 내려오기 전에 경상도 제민창(濟民倉)[02] 곡식을 함경도로 이송하여 백성들을 제때 구휼[03]함
- 소금 생산을 통해 기근으로 인해 무너져 내린 진휼 재원을 확보하는 방안을 내놓음
- 김해 명지도 제염사업을 대성공시킴(1만 8,000여 석의 소금을 생산하여 이 가운데 1만 석을 백성 구휼에 사용함)

---

02 1763년(영조 39년)에 남쪽 지방에 둔 구호 사업 기관으로 춘궁기에 농민들에게 곡물을 저리(低利)로 빌려주고 추수기에 받아들였다.
03 사회적 또는 국가적 차원에서 재난을 당한 사람이나 빈민에게 금품을 주어 구제한다는 의미이다.

그의 이러한 비현실적 미담은 민담이 되어 조선 팔도에 널리널리 퍼져갔다. 일제강점기에는 '어사 박문수'전이 신문에 연재되어 큰 인기를 끌 정도였으니 오늘날 박문수와 관련된 야사가 많은 것이 십분 이해된다. 그는 자신의 이야기가 이렇게 후손들에게 널리 퍼질 줄 알고 있었을까?

ISTJ 영조와 ISTP 박문수

ISTJ와 ISTP는 아슬아슬한 관계이다.

ISTJ와 ISTP는 아슬아슬한 관계이다. 문제해결을 위해 확실히 정하고 가는 것을 좋아해서 잘 통한다고 생각하다가도 지기 싫어하는 성미가 부딪히는 날에는 세상 원수가 따로 없다. 하지만 선만 잘 지켜주고, 성숙하게 관계를 맺는다면 쿵짝이 잘 맞을 수 있는 관계이기도 하다. ISTJ 영조와 ISTP 박문수가 바로 그런 관계였다.

영조가 세제였을 때, 박문수는 세제를 교육하는 '시강원'에서 그를 가르치는 설서(說書)였다. 스승과 제자로 시작된 두 사람의 우정은 33년간 끈끈하게 이어졌고, 까다롭기로 유명했던 영조는 그를 전폭적으로 지지해주었고 총애하였다. 특히, 영조는 소론에서 일으킨 '이인좌의 난[04]'이 일어났을 때, 박문수가 한달음에 달려와 진두지휘하여 자신을 지켜준 일을 잊지 않았다. 박문수는 비록 소론이었지만 목숨이 위태롭다고 백성들을 버릴 수 없다며 궁을 지켰던 영조를 진정한 왕으로 섬겼기에 과감히 칼을 빼어 든 것이다. 이 일로 박문수는 그를 미워했던 노론에 이어 소론에게까지 미움을 받는 신세가 되었다.

ISTJ 영조와 ISTP 박문수는 눈앞에 놓인 조선의 문제들을 하나씩 해결할 때마다 하이파이브를 했을 것이다. 두 사람이 가장 좋아하는 쿵짝이 잘 맞는 순간이

---

04 1728년(영조 4년) 정권에서 배제된 소론과 남인의 과격파가 연합해 무력으로 정권탈취를 기도한 사건이다.

라 오래도록 실현되지 못했던 개혁들이 이루어지는 순간을 위해 서로에게 못마땅했던 점들 정도는 이해하지 않았을까? 영조는 일 하나는 끝내주게 잘하는 박문수를 정말 예뻐해서 그가 아무리 까칠하고 시니컬한 ISTP 스타일 직언으로 왕을 갈구어도 다 이해해주었다. 박문수가 죽었을 때 영조는 슬퍼하며 이렇게 말할 정도였다.

> **"나의 마음을 아는 사람은 영성(靈城, 박문수의 봉호)이며,**
> **영성의 마음을 아는 사람은 나였다."**
>
> − 『영조실록』 中 −

영조가 장수를 하면서 박문수의 보호막과 날개가 되어 주었기에 늘 하고 싶은 말과 해야 할 일들을 해왔던 박문수는 어떤 이유로 갑자기 세상을 떠난 것일까?

입 발린 소리 할 줄 모르는 ISTP의 막말

ISTP는 하고 싶은 말은 모조리 해버린다.

박문수는 '노필터 막말러'로도 유명하다. 조선의 왕들 가운데 성격으로는 탑을 찍는 영조와 꼬장꼬장한 노론들 앞에서 주눅은커녕 하고 싶은 말은 모조리 해버리는 진정한 ISTP였다.

여기서 잠깐『영조실록』에 등장하는 박문수의 명대사 명장면을 잠시 보고 가자!

〈1탄〉
(왕 앞에서 고개를 빳빳하게 들고 있는 그를 비난하는 신하들 들으라고)
"임금과 신하는 아버지와 자식 같은 사이인데 아들이 아버지의 얼굴 좀 쳐다본다고 뭐 그리 예의에 어긋난다 할 수 있겠습니까?"
이에 영조는 그를 혼내기는커녕 다른 신하들에게도 얼굴을 드는 것을 허락하였다.

〈2탄〉
"(천재지변이 심한 시국을 걱정하며) 지금은 교화도 없고, 법도도 없고, 새로운 인재도 없고, 사대부는 염치가 없고, 민생은 망했고, 재난은 계속되니 이 책임은 왕께 있사옵니다. 이렇게 말해도 '유념하겠노라!'라고만 하실 거죠?"

〈3탄〉
"공주님들한테 너무 퍼주는 거 아닙니까? 백성들에게는 사치를 금하라고 명하셨잖아요. 그런데 그렇게 막 퍼주기 있기? 없기?"

〈4탄〉
"저들은 마치 노예처럼 입을 다물고만 있으니 나라다운 나라가 되겠습니까?"

〈5탄〉
"대신들의 녹봉을 깎아 그것으로라도 백성들을 구제해야 하옵니다. 통촉하여 주시옵소서."

〈6탄〉
"양반도 예외를 두지 말고, 모두가 군역에 대해 부담해야 합니다. 호마다 돈을 내는 '호전법'은 어떠신지요?"

〈7탄〉
"전하께서 원하시는 대로 군포[05]를 1년에 2필에서 1필만 내게 하는 '균역법'을 시행하면 부족분에 대한 보안책이 필요하옵니다. 그 부분은 왕실이나 권세가에 바치던 어염세[06]를 국가 세금으로 돌려서 충당하면 되옵니다."

---

05 조선 시대에 병역을 면제하여 주는 대신으로 받아들이던 베를 의미한다.
06 어장이나 염전에 부과된 세금을 의미한다.

하고 싶은 말은 반드시 해야 하는 괴팍한 성격에 자꾸만 가진 자들의 곳간을 털려고 난리부르스였던 박문수는 당시 지배계층의 욕받이가 될 수밖에 없었다. 그들은 박문수를 노골적으로 욕하고, 그가 내놓은 개혁 정책에 반기를 들며 상소를 올렸다. 그리고 마침내 사대부의 특혜까지 손을 대려 하자 그들은 더 이상은 참지 못하고, 칼을 빼어 든 것이다. 막말러 박문수를 향한 칼날은 어떤 모습이었을까?

집콕을 좋아하는 ISTP의 은둔 LIFE

ISTP는 집에 있는 것을 좋아하며 연락을 잘 안 한다.

1755년(영조 31년) 나주 객사[07]에 붙은 괘서 때문에 세상이 몹시 시끄러웠다.

> **"간신이 조정에 가득하여 백성들이 도탄에 빠졌구나!"**
> ㅡ 『영조실록』 中 ㅡ

이를 '나주괘서 사건[08]'이라 하는데 노론은 이 사건에 박문수를 굴비 엮듯 엮어서 옥에 가둬버렸다. 그가 백성 구제 목적으로 거둔 수 만 냥을 횡령했다는 죄목도 더하여 영조도 쉴드를 칠 수 없게 만들었다. 백성들을 위해 홀로 고군분투했음에도 이내 손절당하고만 박문수는 집에 틀어박혀 나오지 않았다. 연락 잘안 받는 ISTP 주의보 발동! SNS가 있었다면 그는 모두 비공개로 바꾼 뒤 카톡도 안읽씹하고 지내다 이듬해에 세상을 떠났다.

융통성을 더한 강한 개혁 의지로 전설의 암행어사는 되었어도 결국 버림받게

---

07 나그네를 치거나 묵게 하는 집을 말한다.

08 윤지(尹志)가 나주 객사에 붙인 벽서와 관련하여 일어난 역모 사건으로 소론 일파가 노론을 제거하기 위하여 나라를 비방하는 글을 써 붙이고 노론 쪽의 행위로 꾸몄으나 윤지의 소행임이 드러나 오히려 소론이 화를 입었다.

된 박문수는 영조마저 도와줄 수 없는 상황속에서 끓어오르는 일들을 곱씹으며 차오르는 말들을 뱉어낼 수 없는 상황이라 병이 났을 것이다.

'무엇이 문제인가?', '어쩌다 이렇게까지 된 것인가?' 물론 이런 고민 자체를 하는 박문수는 아니었지만 아니할 수 없는 극단적 상황이니만큼 해봤자 혼자서 방에 틀어박혀 노래를 부르는 일 정도만 했을 것이다. ISTP는 혼코노를 선호하니까.

백성을 위해 다크히어로를 자처했던 박문수는 결국 두문불출하다가 세상을 떠났다. 유턴도 없고, 우회도 없이 직진만 좋아했던 박문수는 결국 노론이 설치해놓은 나주괘서 방지턱에 꽝 부딪히고 말았다. 만약 그가 선의의 거짓말이나 그들을 이해시킬 수 있는 영리한 화법을 갖추었다면 어땠을까?

세상이 썩어버렸다면 뭐라도 하긴 해야 하니 박문수가 맞긴 하다. 하지만 옳다고 생각하는 행동을 하려고 할 때마다 자신을 철저히 포기해야 함을 잊지는 말자.

ISTJ - 영조

이름	이금(李昑)/조선 21대 왕 영조(英祖)
출생	1694년(숙종 20년) 10월 31일
사망	1776년(영조 52년) 4월 22일(향년 81세)
재위	1724년 10월 16일~1776년 4월 22일

#연잉군 #장수_임금 #까다로움 #사도세자_손절

성실한 자기계발러 ISTJ

ISTJ는 자기계발을 게을리하지 않으며, 과거의 자신을 돌아보고 거기에서 교훈을 얻으며 성장해간다. 또한 성실함과 책임감 있는 모습으로 자신의 일을 끝까지 완수해내려 한다.

영조는 숙종과 숙빈 최씨 사이에서 차남으로 태어났다. 아버지 숙종은 적장자 출신 현종의 외아들이어서 정통성 끝판왕이었지만, 어머니는 궁궐에서 청소를 하던 무수리 출신이었기 때문에 그에게는 천한 신분 출신이라는 최대의 콤플렉스가 있었다. 더욱이 장희빈의 아들 경종이 세자로 버티고 있었기 때문에 그는 10여 년간은 몸을 낮추어 궁 밖 사가에서 살아야 했다.

하지만 영조는 연잉군 시절에 주어진 삶 앞에서 절대 주저앉지 않았다. ISTJ답게 성실하고 책임감 있는 모습으로 공부했으며, 자신이 욕망과 능력을 드러내면 안 되는 견제 대상 1호임도 잊지 않았다.

연잉군 : "종학(宗學)⁰¹에 가면 소학(小學)⁰²을 모르는 척 하라는 말씀이십니까?

왜 그리해야 합니까?"

동이(숙빈 최씨) : "그건 네가 위험해질 수도 있기 때문이란다."

경종이 재위했던 4년 동안에는 소론과 노론의 당쟁 속에서 수없이 많은 위기가 있었기 때문에 아마도 영조는 기회가 올 때까지 자신을 낮추고 또 낮추었을 것이다.

당시 장희빈과 경종을 지지하던 남인과 소론의 숙적이자 거대 붕당이었던 노론은 몸이 허약한 경종이 후사마저 없음을 빌미로 틈만 나면 영조를 내밀며 '왕세제 책봉'을 건의했다.

"성상께서 춘추가 한창이신데도 후사가 없으시니

대신으로서 주야로 걱정이 되옵니다.

연잉군의 위호는 마땅히 왕세제로 정해야 할 것입니다."

노론이 거대 야당이 아니었다면 역모의 의도가 있다는 이유로 영조의 목숨마저 위태로울 수 있었던 상황이었지만 1721년(경종 원년) 8월, 영조는 노론에 의해 왕세제에 책봉되었다. 이후 노론은 한 술 더 떠서 왕세제의 대리청정까지 건의하였으니 더 이상은 참을 수 없었던 경종은 분노하고야 말았다.

---

01 조선 시대 종실(宗室)의 교육을 담당한 관청
02 아동들을 위한 유학 수신서이다.

"영의정 김창집, 좌의정 이건명, 영중추부사 이이명,
관중추부사 조태채를 삭탈관직하고 유배형에 처하라!
그리고 조태구를 새 영의정에, 최규서를 좌의정, 최석항을 우의정에 제수하노라!"

– 「경종실록」 中 –

점차 소론의 세상이 오고 있었고, 그만큼 노론과 영조는 위태로워졌으며 때마침 서얼 출신이자 남인인 목호룡이 소론편에 가담하여 노론이 경종을 시해하려는 모의가 있었다는 이른바 '삼급수설(三急手說)'을 고변한 사건이 일어났다.

"노론 핵심 세력의 자제들이 비밀리에 성상(聖上) 제거를 도모하여 왔습니다.
선왕의 국장 때 담을 넘어가 칼로 해친다는 대급수(大急手),
독살하는 소급수(小急手), 폐위 교지를 위조하여 폐출시키려는
평지수(平地手) 등 나라가 생긴 이래 없었던 역적입니다.
청컨대 급히 역적을 토벌하여 종사를 안정시키소서."

– 「경종실록」 中 –

이 사건으로 노론 세력이 대거 숙청되는 신임사화가 발생하였고, 영조의 지지 기반은 큰 타격을 받았다. 영조 역시 무관하지 않았기 때문에 목숨 또한 위태로웠으나 재빨리 기지를 발휘하였다. 그는 왕에게 나아가 왕세제의 자리에서 물러나게 해달라고 빌며 무릎을 꿇었고, 끝내 자리를 보전할 수 있었다. 그리고 다시 성실함을 더욱 보강하여 공부에만 전념하였다. 인내심이 강한 ISTJ 영조는 공포를 참아냈고 위기를 이겨냈다. 물론 모든 일들은 그의 마음속에 하나하나 쌓여갔다.

주어진 임무를 철저히 완수하고, 규칙을 잘 지키는 ISTJ

ISTJ는 주어진 임무를 완수하기 위해 규칙을 잘 지키며, 계획 짜는 것을 좋아한다.

경종의 병세는 점차 악화되었고, 복통과 설사를 반복하다가 1724년(경종 4년) 8월 25일, 끝내 승하하였다. 이에 영조는 왕실 최초이자 유일하게 왕세자(子)가 아닌 왕세제(弟)로서 보위에 오른 국왕이 되었다. 경종이 죽기 전 영조가 연이어 수라에 올렸던 게장과 생감, 그리고 인삼차 등으로 인한 독살설 의혹과 함께.

영조는 즉위와 동시에 어머니 출신에 대한 콤플렉스와 경종 독살 의혹 그리고 노론의 압박 등에서 벗어나기 위해 부단히 애를 썼다. 그는 주어진 임무를 철저히 완수하는 ISTJ로서 왕이 풀어야 할 과제를 정확히 알고 있었기 때문이다.

> **원만해 편벽되지 않음은 곧 군자의 공정한 마음이고,**
>
> **편벽해 원만하지 않음은 바로 소인의 사사로운 마음이다.**
>
> — 〈탕평비(蕩平碑)[03]〉 中 —

영조는 즉위 후 소론을 몰아내긴 하였지만 노론의 일당독재를 막기 위하여 소론의 일부를 등용하는 등 탕평책을 내세워 격화된 당쟁을 막고자 하였다. 소론 중 '완소'는 그래도 영조를 경종이 인정한 정통 계승자로 인정했기 때문이다. 대리청정으로 사사되었던 대신들과 목호룡의 고변으로 희생된 자들의 원한도 풀어주었다.

또한 그는 연잉군 시절 사저에서 생활할 때부터 생각해두었던 문제들도 하나씩 개혁해나갔다. 압슬형, 낙형, 자자형 등 가혹한 형벌을 폐지하였고, 신문고 제

---

03 1742년(영조 18년) 유학생들이 어느 한쪽에 치우침이 없도록 공평하게 군자의 도를 닦게 하기 위해서 영조가 세운 비석이다. 영조는 정사의 시비를 논하는 상소를 금하고 노론·소론을 고루 등용하여 불편부당의 탕평책을 수립하고 성균관 입구에 탕평비를 건립하였다.

도를 부활하여 백성들의 인권을 보호하고자 하였다. 그리고 군포를 2필에서 1 필로 줄이는 균역법을 실시하여 세금 부담을 줄여주었다. 또한 신하들과 백성들에게 근검절약을 강조하였고, 금주령을 내려 곡식으로 술을 담그지 못하게 하였다.

맛있는 음식은 한때 배부르게 할 수 있을 뿐이지만
학문의 재미는 일생 동안 배부르게 한다.

－『영조실록』 中 －

영조는 공부도 게을리하지 않았다. 즉위 초, 하루에 세 번 경연을 열어 제왕 학습에 열의를 보였으며 재위 기간 동안 총 3,458회의 경연 기록을 달성하여 신하들을 기죽게 만드는 학구열과 계획표대로 움직이는 성실함으로 많은 것들을 이뤘다.

1746년(영조 22년)에는 『경국대전』이 반포된 이후 추가로 공포된 법령 중에서 당시 실정에 맞게 재정비하기 위해 『속대전』을 편찬하였다. 그 외에도 법과 의례서인 『국조속오례의』와 백과사전류인 『동국문헌비고』 등 활발한 편찬 사업으로 문예 부흥의 기반을 닦았다. 또한 1760년(영조 36년)에는 한양의 백성 15만 명과 역부 5만 명을 동원했던 청계천 준설공사로 도성의 하수처리 문제와 실업 문제를 한꺼번에 해결했다.

영조는 83세까지 살면서 역대 조선 왕 중 최장수 왕이 되어 저 세상으로 갈 마음이 없다는 듯 부지런히 살았다. 이토록 최선을 다하며 52년이라는 최장 재위 기간을 기록했지만 '이인좌의 난'을 비롯하여 각종 괘서와 역모 등으로 영조를 인정할 수 없는 자들의 끊임없는 도전은 계속되었다. 더욱이 사랑하는 아들 효장세자마저 아홉 살에 세상을 떠나버렸기 때문에 영조는 초심을 지켜내기가 쉽지 않았다.

과도한 원칙주의자, ISTJ의 강박증

ISTJ가 건강하지 않을 경우 세부적인 부분까지 원칙을 정하기도 한다. 자신이 세운 원칙에서 벗어날 경우 굉장히 불편을 느끼며 그것이 인간관계에 영향을 미치는 경우도 있다.

모범 군주로서의 면모를 만들어주었던 계획적인 영조의 루틴은 점차 편집증[04]과 강박증으로 변해갔다. 심지어 그는 12시간 동안 딱딱한 의자에 꼿꼿하게 앉아 정무를 보았고, 공부 역시 지나칠 정도로 많이 했다. 정시에 밥을 챙겨 먹는 습관 때문에 경연 중에 신하들 앞에서 혼자 밥을 챙겨 먹기도 하였다. 또한 신하들과 회의 때 입었거나 정무를 볼 때 입었던 옷들은 부정한 기운이 있다고 생각하여 방에 들어가기 전에 갈아입고 들어갔다.

> **'죽을 사(死)'와 돌아갈 '귀(歸)'는 꺼려하여 쓰지 않았다.**
>
> – 혜경궁 홍씨, 『한중록』 中 –

영조는 안 좋은 이야기를 하거나 들었을 때 반드시 입을 헹구거나 귀를 씻어냈고, 좋아하는 문과 싫어하는 문을 구분하여 다녔다. 주변 사람에 대한 의심도 점차 많아졌으며, 한번 미워한 사람은 멀리하거나 끝까지 용납하지 않는 ISTJ의 면모를 서서히 드러냈다. 심지어 자식까지도 호불호를 극명하게 드러냈을 뿐만 아니라 자신이 떨쳐버리고 싶은 일이나 생각들은 입으로 뱉어서 물에 씻고는 싫어하는 자식이 있는 궁궐 방향으로 흘려보냈고, 좋아하는 사람이 싫어하는 사람과 같이 있는 것을 볼 때면 신경질적인 반응을 보이기도 했다.

영조는 자신의 정한 원칙에서 벗어나는 일에 대해서는 거침없이 말을 하는 ISTJ가 되었다. 원하는 대로 되지 않으면 화를 냈고, 잔소리 대마왕에 꼰대 중의 꼰대가 되어갔다. 그는 눈물을 자주 흘렸고, 다혈질적인 반응을 자주 보여

---

04 체계가 서고 조직화된 이유를 가진 망상을 계속 고집하는 정신병을 의미한다.

자칫하면 감정형 F처럼 보일 수도 있으나 자신의 꼰대스러운 행동에 대한 주변 반응을 전혀 신경 쓰지 않았고, 심한 욕설과 변덕으로 많은 이들을 싸늘하게 만들었다. 수차례의 선위 파동으로 주변인들의 마음을 떠보려고 하였고, 당파 싸움 중인 대신들을 향해 눈물로 호소하거나 단식 투쟁을 벌이는 등 다분히 정치적 의도를 가지고 감정을 표출하는 T였을 것이다.

당쟁이 심한 정치판을 오래도록 지켜내느라 점점 더 건강하지 못한 ISTJ가 되어갔던 것일까? 결국 그는 역사적인 오점을 남기고 말았다.

가까운 사람은 통제하려고 하는 ISTJ 아버지

ISTJ 부모는 자녀의 입시나 취업에 중점을 두는 편이며, 아이가 게으르거나 계획과 다르게 행동한다고 생각되면 통제하려 한다.

정통성이 취약했던 영조는 42세가 되어 만난 늦둥이 아들 사도세자를 자신만의 방법으로 사랑했다. 아들을 위해 직접 교재를 필사하여 교육에 적극적으로 참여했고, 강하게 키우기 위해서 칭찬보다는 다그치거나 몰아세우는 일도 많았다. 또한 섭섭한 일이 생기거나 의심스러운 마음이 들 때마다 '선위하겠다!'를 선언하였고, '네가 못나서 날씨가 이 모양이다!', '넌 존재 자체가 역모다!'와 같은 막말로 사도세자를 가스라이팅하였다.

영조의 지독한 학대와 통제, 반복되는 선위파동을 겪으며 사도세자는 정신이 망가져 잦은 비행에 이어 살인까지 일삼는 괴물이 되고 말았다. 영조는 그런 그를 한여름에 뒤주에 가둔 뒤 8일간 물 한 모금 주지 않았다. 비극적인 일이 벌어지고 있는 동안에도 비정한 영조는 정시에 밥을 먹었으며, 사도세자의 죽음을 확인하자마자 후회 없는 결정을 했다는 듯 경희궁으로 환궁하며 바로 역적, 외적을 물리쳤을 때나 울리는 개선가를 연주하도록 했다고 전해진다.

하지만 영조는 다리를 펴지도 못한 채 굳어버린 사도세자의 마지막 모습을 떠올리며 어떤 심정이었을까? 눈물 많은 왕이었으니 결국 제 손으로 죽여 버린 아들을 생각하며 눈물을 흘리지는 않았을까?

영조가 떠안고 있었던 막중한 책임감과 부담감은 충분히 이해가 간다. 하지만 그럴수록 ISTJ 영조는 변화와 가능성에 중점을 두어 보다 장기적인 안목을 지닐 필요가 있었다. 자신에게 의지하고 압박하는 이들로 인해 쌓인 감정을 한꺼번에 표출하지 말고, 적절하게 표현했다면 다른 결말을 얻었을지도 모른다. 생각하는 것보다 강하지 못할 수도 있는 자신을 너무 다그치지만 말고, 상처투성이인 자신의 마음을 가장 먼저 들여다봤다면 다른 사람의 마음도 어루만질 수 있었을 것이다. 영조처럼 아무렇지 않은 척, 강한 척 살아가다 보면 결국에는 생각지도 못했던 비극으로 무너져 내릴 수 있다는 것을 잊지 말았으면 한다.

나는 다 계획이 있지!

ISTJ - 흥선대원군

이름   이하응(李昰應)/작호 : 흥선대원군(興宣大院君)
출생   1821년(순조 21년) 1월 24일
사망   1898년(고종 35년) 2월 22일(향년 77세)
섭정기간   1864년 1월 21일~1873년 11월

#가장유명한_대원군 #고종_아빠 #한국근현대사_1페이지

다 계획이 있는 ISTJ

ISTJ는 목표를 정하면 마침표를 찍어야 직성이 풀린다.

파락호[01], 양아치, 미친 놈 등으로 불리던 흥선군은 누구에게나 별로였던 그냥 종친 누구쯤이었다. 야사(野史)에서 전해지는 이야기이긴 하지만 그는 남루한 차림으로 술이나 마셔댔고, 도박판을 기웃거리거나 돈을 빌리러 다니기도 하는 등 주변 사람들에게 견제할 필요가 전혀 없는 존재였다.

하지만 이 모든 행동은 그의 둘째 아들 명복이를 왕으로 만들기 위한 흥선대원군의 기초 작업 중 하나였던 '모두를 방심시키기'였다. 영리하고 예리했으며 의지가 강했던 그는 목표를 정하면 마침표를 찍어야 직성이 풀리는 참으로 계획적인 ISTJ였기 때문이다.

흥선군의 다음 계획은 안동 김씨 세상에서 승기를 빼앗고 싶었던 풍양 조씨의

---

01 재산이나 세력이 있는 집안의 자손으로서 집안의 재산을 몽땅 털어먹는 난봉꾼을 이르는 말이다.

대모 신정왕후 '조대비'와의 파트너십이었다. 두 사람의 전략적 제휴에서 첫 번째 성과는 바로 흥선군의 둘째 아들인 명복이를 조대비와 그녀의 남편 익종(효명세자)의 양자로 들여 후사 없이 죽은 철종의 후계자로 지목하는 것이었다. 익종의 후손으로 왕통을 이어가게 하는 것으로 조대비의 마음을 휘어잡은 흥선군은 결국 자신의 아들을 왕으로 만들었고, 개국 이래 최초의 살아있는 대원군이자 '대원군'의 대명사와 같은 인물이 되었다.

참고로 조선 역사에서 대원군은 총 4명이다. 선조의 아버지인 덕흥대원군, 인조의 아버지 정원대원군, 철종의 아버지 전계대원군 그리고 고종의 아버지인 흥선대원군이지만, 대개 '대원군'이라고 하면 사람들은 흥선대원군을 떠올리곤 한다. 심지어 1968년 대종상 작품상에 빛나는 〈대원군〉이라는 영화와 드라마 〈대원군〉의 주인공이 모두 '흥선대원군'일 정도로 그는 조선 역사상 가장 존재감이 확실한 대원군이라 할 수 있다. 모두가 이렇게 생각하는 이유는 그의 얼굴이 한국 근현대사 교과서를 펴자마자 등장하고, 개혁을 위해서 자신만의 계획을 착실하고 확실하게 해나갔던 인물이기 때문일 것이다.

정확하고 합리적으로 일을 처리해내는 ISTJ

ISTJ는 목표를 완수해나가는 과정에서 인생 만족도를 찾는다. 그 과정에서 자신의 방법과 생각만을 고집하며 타인의 감정을 무시하기도 한다.

고종이 열두 살에 즉위했기 때문에 10년간은 흥선대원군의 섭정 기간을 동반해야 했다. 이는 조선에서는 처음으로 시도되는 정치 형태로 여러모로 마땅한 명분이 없었다. 생부라는 이유로 정치에 관여할 수도 없었고, 무엇보다 고종은 익종(효명세자)의 양자로 입적되었으니 더더욱 그렇다. 하지만 조대비의 3년간의 수렴청정 이후였던 1866년(고종 3년)은 15세 소년 고종이 감당하기에는 너무도 힘들었던 난세였기 때문에 고종이 조정 대신들과 논의한 안건을 흥선대원군의 사가인 운현궁으로 보내면 대원군이 최종적으로 결정하고 형식상 재가는 고종이 하는 '막후 정치[02]' 형태로 나랏일이 진행되었다.

흥선대원군은 건강하고 살기 좋은 나라를 만들어서 그 위에 강력한 왕권을 세우고 싶었기에 그가 내세운 개혁의 칼날은 정확했고 합리적이었다. ISTJ답게 체계적인 계획 아래 현실적인 방안들을 내세우면서 '복수'나 '응징'이 아닌 '발전'을 위한 망나니 칼춤을 췄다.

그의 첫 번째 타깃은 조선을 좀 먹는 요소들을 제거하는 것이었다. 우선 안동 김씨 가문만 믿고 까불던 벼슬아치와 수탈을 일삼았던 탐관오리들을 도려냈다. 또한 평안도에 과거 시험인 '도과'를 실시하여 서북 지방 인재들을 등용하였고, 개성 사람들을 위한 과거 시험도 실시하여 '지역차별'이 자아내던 갈등 요소도 과감하게 없앴다. 물론 그 자리에 자신에게 힘이 되어줄 전주 이씨 종친들과 인척들이 채워지는 바람에 '세도정치'를 완전히 뿌리 뽑지 못한 점이 아쉬웠지만 그 다음 작업을 위한 최선이었으리라 본다.

두 번째 타깃은 국가 재정을 채우는 것이었다. 우선 백성들을 괴롭혀왔던 삼정인 전정[03], 군정[04], 환곡[05]의 폐단들을 하나씩 고쳐나갔다. 그 가운데 가장 획기적인 일은 양반과 평민이 군포를 똑같이 부담하게 하는 '호포제'였다. 한 마디로 양반에게 있던 군 면제 특혜를 법으로 없애버린 것이다. 그는 군포를 늘려 국가의 재정을 확보할 수 있었으며, 양반과 상민 구별 없이 함께 부담하는 것이니 붕괴 직전인 신분제 세상에 맞는 합리적인 조치였다.

세도정치 시기에 백성들을 돕기 위해 운영했던 '환곡'은 고리대업이 되거나 관리들의 배만 채워주는 수단으로 변질되었다. 따라서 이를 바로잡기 위해 '사창제'를 실시하여 마을에 쌀 창고를 짓고 그 관리를 조정에서 하는 것이 아니라

---

02 (幕後政治) : 겉으로 드러나지 않게 은밀히 하는 정치를 말한다.
03 토지에 대한 전세, 대동미 및 그 밖의 여러 가지 세를 받아들이던 일을 말한다.
04 군역에 소집된 남자들에게 군역을 면제해주는 대신 베를 받는 일을 말한다.
05 조선 시대에 곡식을 사창(社倉)에 저장하였다가 백성들에게 봄에 꾸어 주고 가을에 이자를 붙여 거두던 일 또는 그 곡식을 의미한다.

마을 주민 중에서 한 명을 뽑아 임명하여 관리하게 하였다.

또한, '사치방지법'을 실시하여 갓의 크기, 도포의 소매의 폭, 담뱃대의 길이를 규제하는 등 재정을 늘리기 위한 그의 철저한 계획은 성공적이었다.

세 번째 타깃은 조심스러웠던 '서원 철폐령'이었다. ISTJ는 확인하고 또 확인하는 신중한 사람들이다. 기득권층이 가지고 있는 힘의 크기를 잘 알고 있던 흥선대원군은 우선 서원들에 대해 실태조사를 한 후 폐단을 지적할 명분을 만들었고, 1865년(고종 2년) '만동묘 폐지' 카드를 먼저 꺼냈다. 만동묘는 명나라 황제인 신종과 의종을 제사 지내던 사당으로 노론의 상징과도 같은 곳이다. 역시나 유림들의 거센 반대가 이어졌지만 끝내 뜻을 관철시켰으며 '서원 철폐령'을 내려 전국의 47개 서원을 제외한 모든 서원이 철폐되었다. 이로써 병역 면제, 토지 면세의 혜택을 받으며 작당모의의 산실이 되어버렸던 900여 개의 서원이 사라졌다.

불타버린 경복궁 중건 역시 흥선대원군이 꼭 해내고 싶었던 일이었다. 하지만 임진왜란 이후 죽어가던 땅에 겨우 씨를 뿌리고 채워질 국고를 기다려야 했던 시기가 아니였던가! 무리한 공사를 위해 추진했던 각종 잡세 신설, 원납전[06] 징수, 당백전[07] 발행 등은 그나마 대원군 편이었던 백성들의 마음마저 돌아서게 만들었다.

목표를 완수해 나가는 과정에서 인생 만족도를 찾는 ISTJ 흥선대원군의 한계는 조선이 처한 현실에서 서서히 드러났다. 자신의 방법과 생각만을 고집하며 타인의 감정을 모른 체하고 무시한 결과 기득권층과 백성들 그리고 아들 부부마저 그에게서 등을 돌리기 시작했다.

---

06 조선 후기에 경복궁 중수를 위하여 흥선대원군이 백성들로부터 강제로 거두어들였던 기부금이다.
07 조선 후기에 경복궁 중건으로 인한 재정적 궁핍을 해결하기 위하여 흥선대원군이 만든 화폐이다.

모험보다는 안전 제일 ISTJ

ISTJ는 모험보다는 안전이 제일이어서 신중한 편이다.

흥선대원군의 한계는 대외 정책에서도 나타난다. 그가 집권했던 19세기 말은 '서세동점(西勢東漸)[08]'의 시기였다. 어떻게 대처하느냐에 따라 국운이 결정될 수 있었던 중요한 시기였다는 이야기다. 하지만 흥선대원군은 '모험보다는 안전이 제일'인 ISTJ로 신중을 기했다. 그는 두 차례의 아편전쟁으로 무너져 내린 청나라를 지켜봤으며 유교적 전통과 친해질 수 없는 서학의 전파도 마음에 들지 않았기 때문이었다. 이에 1866년(고종 3년) 2월에 프랑스 신부와 천주교

신자들을 처형한 사건인 '병인박해'가 발생하였고, 이를 구실로 쳐들어온 프랑스 군대와 '병인양요'를 치르며 큰 피해를 입었다. 심지어 같은 해 7월에는 미국 상선인 제너럴 셔먼호를 불태우는 사건이 발생하여 1871년(고종 8년) '신미양요'를 이어서 치르기도 했다. 결국 그가 내린 결정은 전국에 '척화비'를 세워 통상수교를 전면 거부하는 것이었다.

자본주의의 물결을 탈 수 있는 타이밍을 놓친 조선은 이후 여러 차례의 개혁을 시도해보았지만 끝내 흥선대원군의 마음을 꺾지는 못했다. 세상은 변화하고 있었고 사람들도 분명 달라지고 있었지만 그는 지나치게 신중했고, 변화의 흐름에 편승하지 못했다.

---

08 서양 세력이 동양에 침투하여 세력을 펼쳐 가는 것을 의미한다.

융통성이 부족한 ISTJ, 이용만 당할 수 있다

ISTJ는 뒤끝이 길고 융통성이 부족하다.

10년에 걸친 흥선대원군의 섭정 끝에는 22세가 된 아들 고종의 냉정한 결단이 기다리고 있었다. 하지만 강제로 정계에서 물러난 후에도 그는 포기하지 않고 복귀를 노리며 ISTJ의 뒤끝이 무엇인지를 제대로 보여주고 말았다. 특히 이 과정에서 ISTJ인 자신과 상극인 ENFP 며느리와의 신경전으로 모양 빠지는 악수까지 두게 되었으니 파란만장했던 시간들을 간단하게 살펴보면 다음과 같다.

- 1881년(고종 18년) 서자 이재선을 왕으로 옹립하려다 내부고발로 실패함
  (이후 계속 시도함)
- 1882년(고종 19년) 임오군란 수습을 핑계로 한 달간 집권함
  (이때 명성황후가 사망했다고 공포함)
- 1882년(고종 19년) 며느리 명성황후가 청나라를 개입시키며 톈진으로 압송됨
- 1885년(고종 22년) 조선으로 돌아왔지만 고종의 명령으로 가택연금됨
- 1887년(고종 24년) 위안스카이[09]와 손잡고 고종을 압박함
- 1894년(고종 31년) 동학농민운동을 이용, 재집권 및 역모를 시도함
- 1894년(고종 31년) 일본의 경복궁 점령 이후 갑오개혁 때 일본에 의한 재집권에 성공하나
  2차 개혁 때 토사구팽 당함
- 1895년(고종 32년) 명성황후 제거를 계획 중이었던 일본에 빌미를 제공함
- 재집권하였지만 고종의 아관파천[10] 이후 축출됨

그가 자신의 목표를 위해서 최선을 다하고, 누구보다 열심히 살아왔다는 것은 인정하지만 때로는 목표를 위해 휘어질 줄도 알았다면 좋았을 것이다. 마음에 들지 않더라도 아들은 한 나라의 왕이었고, 법적으로도 엄연히 친정을 행할 수 있는 성인이었다. 물러서야 할 때를 알고 정계에서 떠난 후에는 부모로서, 어

---

09 중국의 정치가(1859~1916)로 조선의 임오군란·갑신정변에 관여하였으며, 의화단 사건 후 총독, 북양(北洋) 대신이 되었다.

10 1896년(고종 33년) 2월 11일부터 1897년(고종 34년) 2월 20일까지 친러 세력에 의하여 고종과 세자가 러시아 공사관으로 옮겨서 거처한 사건이다. 일본 세력에 대한 친러 세력의 반발로 일어난 사건으로, 이로 말미암아 친일 내각이 붕괴되었으며 각종 경제적 이권이 러시아로 넘어갔다.

른으로서, 선배님으로서 든든한 조력자가 되어주었다면 어땠을까? 고집을 피우며 자신의 뜻만 관철시키려다가 이 땅에 엄한 놈들이 맘대로 설치고 다닐 수 있도록 만들어버렸고, 본인은 열강에게 이용만 당하다가 버림받았으니 씁쓸한 결과만 남고 말았다.

미우나 고우나 며느리고 사랑하는 아들이며, 백성들이 행복하기를 바랐건만 흥선대원군 곁에는 결국 누가 남아 있었는가? 1898년(고종 35년) 2월 향년 79세의 나이로 사망할 당시 백성들은 대원군의 치적에 대해 감사하기는커녕 분노와 원망의 눈초리가 가득하였다. 며느리는 비참하게 죽었고, 황제가 된 아들은 그의 임종은커녕 장례식에도 참석하지 않았다.

"주상이 보고 싶구나… 아직도 오지 않았느냐?"

죽는 순간이라도 아들의 얼굴을 한번 보고 떠나고 싶었던 흥선대원군은 끝내 그 소원을 이룰 수 없었다.

그에게 필요했던 것은 무엇이었는지 생각해보자. 일단 목표를 이루는 것이 정말로 중요하다고 생각되었다면 계획대로 되지 않더라도 한 발 물러서서, 그림자가 되어 주는 현명함이 필요했다. 그의 주위에는 계획표를 조금 수정해도 좋을 만큼 괜찮은 아이디어를 가진 사람이 많았을 것이다.

판단력도 필요했다. 멀리 내다보니 눈앞의 일들이 매우 사소한 일이었음을, 감정싸움을 할 때가 아니었고, 혼자서 해낼 수 있는 상황이 아니었음을 말이다. 내편보다 우리가 필요한 시국이었으니 그들의 감정을 살펴 하나가 되어 조선의 미래를 힘을 모았으면 어땠을까?

흥선대원군이 방법을 알았더라면 '이젠 그랬으면 좋겠다.'고 생각하며 눈을 감았을 것이다. 그러니 쓰나미급 후회가 밀려오기 전에 아주 조금만 꼿꼿했던 마음을 구부려보자. 스트레칭 되듯 시원하고 명쾌한 바람이 불어올 수도 있으니까.

ISFJ - 정조

이름	이산(李祘)/조선 22대 왕 정조(正祖)
출생	1752년(영조 28년) 10월 28일
사망	1800년(정조 24년) 8월 18일(향년 47세)
재년	1776년 4월 27일~1800년 8월 18일

#조선_르네상스 #문무겸비_엄친아 #수원화성
#나는_사도세자의_아들이다

다른 사람의 기대치를 충족하기 위해 노력하는 ISFJ

ISFJ는 자신이 해야 할 일에 대하여 진지한 편이며, 다른 사람의 기대치를 충족시키기
위해 최선을 다한다. 또한 감정형(F) 중에서 가장 사고형(T)에 가까운 ISFJ는 대체로
차분하며, 규칙을 잘 따른다.

정조는 조선의 21대 왕 영조의 손자이다. 아버지 사도세자는 1762년(영조 38
년) 그가 열 살이 되던 해에 할아버지 영조의 어명에 따라 뒤주에서 비참하게
죽었다. 그는 어머니 혜경궁 홍씨와 함께 폐서인이 되었다가 큰아버지인 효장
세자의 양자가 되었고, 스물 넷이 되던 1776년(영조 52년) 대리청정을 통해 정
사에 참여하였다. 그로부터 3개월 뒤 그는 마침내 왕위에 올랐다. 정적들의 위
협과 무서운 할아버지 사이에서 쉽지 않은 시간이었지만 그는 최선을 다해서
살아남았다.

정조는 원래 타고난 모범생이기도 했지만 할아버지의 총애를 한 몸에 받기 위
하여 더욱더 공부와 독서에 매진했던 ISFJ였다. 교육에 진심이었던 ISTJ 할아

버지 영조는 아들 사도세자와는 달리 손자 정조에게는 칭찬과 격려를 아끼지 않았고, 무한한 신뢰를 보냈다.

> **1775년(영조 51년) 영조가 세손에게 왕위를 물려줄 뜻을 밝히려고 하자**
> **홍인한이 승지의 앞을 가로막고 앉아서 글을 쓰지 못하게 할 뿐 아니라**
> **임금의 하교가 어떻게 된 것인지도 들을 수 없게 하였다.**
>
> – 『영조실록』中 –

정조가 왕위에 오르는 것을 반대하던 무리들의 저항이 거셌으나 영조는 끝내 정조에게 보위를 물려주었다. 임오화변으로 아버지를 잃는 고통을 겪은 뒤 '걱정되고 불안하여 차라리 살고 싶지 않은 마음이었다.'고 이야기할 정도로 정조는 불안했던 날들을 보냈지만 강인한 책임감과 인내력으로 조심성 있게 때로는 근엄하게 자리를 보전하였다. 매일 밤 일기를 쓰는 것으로 괴롭고, 두려운 시간을 달랬으며 그 습관은 왕이 된 이후에도 계속되었다. 그 결과 그는 『일성록』을 편찬하기에 이른다.

> **"나는 낮에는 마음을 졸이고, 밤에는 방 안을 맴돌며 잠을 이루지 못하였다."**
>
> – 『존현각 일기』中 –

그의 속마음은 일기 속에 철저히 감춰졌기 때문에 주변 사람들은 물론, 점차 본인도 자신의 성격을 잘 모르는 ISFJ 어른이 되어가고 있었다. 어쩌면 그는 외향적인 E형이거나 사고형인 T형이었을 수도 있지만, 그의 성장 배경은 그를 다른 사람의 기대치를 충족시키기 위해 최선을 다하는 ISFJ가 되게 하였다.

호의를 당연하게 생각하면 손절하는 ISFJ

ISFJ는 상대방을 오랜 시간 파악한 뒤 나에게 상처를 주지 않는다고 판단될 때 마음을 여는 편이며, 자신의 곁에 있는 사람들을 위해준다. 하지만 자신의 일이나 주변 사람에게 해를 끼친다고 생각할 때 가차 없이 돌변하기도 한다.

일기조차 힘이 되지 않았던 위기의 순간에는 동궁을 보좌하는 춘방[01]사서 홍국영과의 브로맨스가 있었다. 홍국영은 정조에게 바깥세상 이야기를 전해주는 형이자 친구가 되었고, 사도세자를 죽음으로 몰고 갔던 혜경궁 홍씨의 작은 아버지인 홍인한과 화완옹주의 양자인 정후겸에 맞서 정조의 대리청정을 성사시키는 등 든든한 버팀목이 되어 주었다. 정조는 그런 홍국영을 신임하였고, 자신의 오른쪽 날개라고 말할 정도로 아꼈다. 이에 힘입어 홍국영은 비서실장인 도승지를 비롯하여 군권을 장악할 수 있는 훈련대장이 되었다. 또한, 규장각 첫 직제학[02], 이조참판, 대사헌 등을 역임하면서 존재감을 과시하였고, 척신[03] 세력 척결에 앞장서며 정조의 왕권 강화를 도왔다.

하지만 세도정치의 원조가 된 홍국영의 야심은 점차 깊어졌고, 그의 여동생인 원빈 홍씨가 정조의 아들을 낳지 못하고 죽자, 정조의 이복동생 은언군의 아들인 이담을 죽은 원빈의 양자로 두어 정조의 후계로 삼고자 하는 등 선을 넘는 일들을 벌였다. 결국 정조는 그런 그가 불편해졌고, 마침내 그와 헤어질 결심을 했다. 이처럼 ISFJ는 자신의 곁에 있는 사람들을 위해주다가도 자신의 일이나 주변 사람에게 해를 끼친다고 생각할 때 가차 없이 돌변하기도 한다.

---

01 조선 시대 세자시강원(世子侍講院)의 별칭으로 왕세자 교육을 담당하기 위하여 설치되었던 예조 소속 관서이다.
02 고려 시대에 둔, 정사품 벼슬이며 제학의 아래로, 예문관·보문각·우문관·진현관 따위에 두었다.
03 임금과 성이 다르나 일가인 신하를 말한다.

이전과 이후 천 년 동안 군주와 신하의 이러한 만남이 언제 있었던가,
그리고 또다시 있을 수 있겠는가. 예로부터 흑발의 재상은 있었으나
흑발의 봉조하(奉朝賀)는 없었는데,
이제 흑발의 봉조하(명예직)가 있게 되었다.

- 『정조실록』 中 -

ISFJ 정조 역시 자신의 뜻에 반하는 홍국영의 배신에 대해 명퇴를 가장한 사직 상소를 강요하였고. 홍국영은 팽 당한 모양새로 쫓겨나서 이곳저곳을 떠돌다가 강릉 근처 바닷가에서 술을 마시기도 하고 울부짖기도 하다가 화병에 걸려 서른 셋에 죽었다.

정조의 탕평책 또한 같은 맥락이라고 볼 수 있다. 영조는 당파의 시비를 가리지 않고, 온건하고 타협적인 인재를 등용하였지만 정조는 당파의 옳고 그름을 가려서 자신이 내건 철학을 이해하여 함께 해주는 이들이라면 노론, 소론뿐만 아니라 소외되었던 남인과 소론 강경파를 적극 등용하는 등 여러 당파를 등용하였다. 하지만 1800년(정조 24년) 5월 그믐날에 경연[04] 자리에서 오래도록 숨겨왔던 마음을 밝히며 탕평책 또한 변주했다.

"오늘의 하교는 오래도록 참다가 나온 것이니…
모두들 자기 조부와 부친이 선조 (先朝)를 위해 충성을 바쳤던 것처럼 하였더라면,
어찌 모년(某年)의 의리를 범하는 일이 벌어졌겠는가."

- 『정조실록』 中 -

---

04 그믐날 오월 경연 연석에서 하교하였다 하여 오회연교(五晦筵敎)라고 한다.

정조는 위와 같이 사도세자 사건에 대한 아쉬움을 밝히며 그와 관련된 자들과 정조의 결심에 대해 반대하는 자들은 탕평이고 뭐고 없이 손절해버렸다. 자신의 마음을 알아주고, 따라주는 이는 '친구!'였지만 호의를 당연하게 생각하면 순식간에 '누구?'가 될 수밖에 없었던 어쩌면 계산적인 ISFJ 정조였던 것이다.

개혁은 좋지만 틀은 지키고 싶은 ISFJ

ISFJ는 원리원칙을 과하게 고집하다 융통성이 없다는 이야기를 들을 때가 있다.
그는 자신만의 방식만을 고수하는 것처럼 정해진 틀에 지나치게 얽매이는 경향이 있다.

정조는 소문난 독서광에 유학에 심취하고, 학문을 좋아했던 군주이다. 왕실 도서관인 규장각을 세워 실력 있는 관료를 뽑아서 그들과 함께 문풍[05]을 거세게 일으키고자 하였다. 새로운 활자를 대거 개발하고 수많은 책들을 편찬하여 조선 후기 정조판 르네상스를 꽃피웠다.

옛날을 보는 것은 지금을 살피는 것만 못하고,
남에게서 구하는 것은 자신에게 반추[06]하는 것만 못하다.

− 『일성록[07]』 서문 中 −

『일성록』은 무려 676권에 달하는 정조의 일기이다. 과거의 기록이 아닌 현재

---

05 글을 숭상하는 풍습을 말한다.
06 한번 삼킨 먹이를 다시 게워 내어 씹는다는 의미로 되새김하다. 새김질하다라고도 한다.
07 정조 이후 1910년(융희 4년)까지 약 151년간 저술되었고, 2011년 유네스코 세계 기록유산으로 등재되었다.

시점에서 남긴 기록이라서 정조 본인의 생각과 시대적 흐름에 대해 알 수 있다. 기록하는 것을 좋아하고, 집에 있어도 가만히 있지 못하는 ISFJ 정조의 면모에서 나온 업적이라고 생각한다.

어려운 곳을 보면서 쉬운 곳부터 손대야 한다.

– 『홍재전서』中 –

정조의 작품들을 모아 편찬한 184권의 『홍재전서』 또한 빼놓을 수 없다. 기록의 양과 수준은 학자로서도 최고에 해당하며, 왕 중에서는 탑 오브 더 탑 클래스라고 할 수 있다. 또한, '의궤[08]'를 통해서 당시 의례와 행사 등을 생생하고 디테일 넘치게 기록하기도 하였다. 이외에도 무수히 많은 편찬 사업을 통해 가히 르네상스라고 말할 수 있는 시대를 만들었다.

하지만 다소 보수적인 ISFJ 정조에게는 자신이 정해놓은 틀이 있었다.

나는 본래 책을 읽어도 성현의 말씀만 읽었다.
패관잡기[09]는 아무 쓸모가 없고, 마음을 혼란스럽게 만드는 것이다.
근래의 문풍이 이렇게 된 것은 모두 박지원의 『열하일기』 때문이다.

– 『일성록』中 –

정조는 1792년(정조 16년)에 문체반정(文體反正)[10]을 일으켜 유교 경서와는 거리가 먼 패관문체의 책들을 모조리 태우도록 하였고, 사신들에게는 명말청초의 문집을 들여오지 못하게 하였다. 심지어 패관문체를 사용하는 자들에게는 과거 시험에서도 불이익을 주게 하라는 엄명을 내렸다. 이를 어기고 소설을 읽거나

---

08 의례(儀禮)의 본보기로 의범이라고도 한다.
09 민간에 나도는 이야기들을 모으는 관직인 패관이 수집한 소설, 수필 등의 이야기
10 조선후기 정조 때에 유행한 한문문체를 개혁하여 순정고문으로 환원시키려던 정책을 의미한다.

문체를 교정하지 않는 자에게는 작게는 반성문부터 평생 과거 금지라는 벌을 내렸고, 정조의 마음에 드는 문체로 반성문을 제출하는 경우에는 다시 중용하기도 하였다.

반면에 정조는 여러 정책 개혁을 통해 개방적인 모습도 보여줬는데 1776년(영조 52년) '서류허통절목'을 반포하여 오래도록 신분 차별을 받아온 서얼들의 요구를 상당 부분 받아들였으며, 서얼의 관로 진출을 막았던 '서얼금고법'을 상당히 완화시켜 실력으로 인재를 선발하였다. 덕분에 이덕무, 박제가, 유득공, 서이수, 이향림, 이덕형 등의 서얼 출신 인재들이 빛을 볼 수 있었고, 정조는 이들을 적극 등용하여 학문 발전과 개혁에 박차를 가하였다. 하지만 부탁받으면 거절을 못하는 ISFJ 정조로서는 어쩔 수 없는 기존 관료 세력의 거세고 단단한 반발 때문에 서얼 출신 인재들은 청요직(사헌부, 사간원, 예문관 등) 진출에는 실패했다.

ISFJ는 다른 사람의 마음을 잘 알아주고, 고민을 잘 들어준다.

정조는 백성들이 북과 꽹과리를 쳐서 억울함을 호소할 수 있는 격쟁[11]을 활성화시켰다. 뿐만 아니라 원행[12] 때마다 백성들의 목소리에 귀 기울였고, 이를 개혁에 반영하고자 노력하였다. 1795년(정조 19년) 어머니 혜경궁 홍씨의 회갑연을 위한 행사 때 화성행궁의 정문에서 그는 과부, 고아, 노인 등에게 쌀과 소금을 나눠주고 죽을 끓여 대접했고, 노인들을 초대해 양로잔치를 베풀기도 했다. 또한 박문수 등의 암행어사를 파견하거나 믿을 만한 신하들을 보내어 민심을 살폈으며, 이는 정조의 개혁 정책으로 이어졌다. 대표적으로는 시전 상인들의 난전[13]을 금지시킬 수 있는 권리인 금난전권을 폐지하여 소상공인들의 숨통을

---

11 조선 시대에 원통한 일을 당한 사람이 임금이 거둥하는 길에서 꽹과리를 쳐서 하문을 기다리다.
12 왕세자나 세자빈 및 왕의 사친(私親) 등의 산소에 가다.
13 조선 시대에 나라에서 허가한 시전(市廛) 상인 이외의 상인이 하던 불법적인 가게로 난가게라고도 한다.

트이게 했던 '신해통공'과 도망친 노비들을 잡아들이는 '노비추쇄도감'을 폐지한 것이다.

숙종 대부터 시작된 기후 이상으로 인해 국가 재정이 악화된 데 대해 영조가 금주령을 내려 가혹한 처벌을 했던 것에 반해, 정조는 자신을 도와주는 내시와 액정서 소속의 인원 및 궁녀를 줄이거나 한양 이래의 군대를 통폐합하여 불필요한 국방비를 줄이는 것으로 재정을 안정시키려고 노력했다.

이외에도 많은 일을 했던 정조는 그야말로 애민(愛民)이라는 수식어가 어울리는 업적 부자이다.

과거에 대한 집착, ISFJ의 건강 적신호

ISFJ는 다른 사람들의 필요를 충족하기 위하여 최선을 다하다 보니 번아웃이 올 수 있다. 또한, 과거 상황을 끊임없이 회상하며 스트레스를 많이 받기도 한다.

ISFJ는 인간관계에서 스트레스를 많이 받는 편이다. 어린 시절 목도했던 아버지의 비극적인 죽음, 어머니와의 애처로운 이별, 할아버지의 매서운 그늘, 끊임없는 역모와 암살 위협 등 정조가 처한 상황은 그를 더욱 힘들게 했을 것이다. 자신 앞에 놓인 어그러진 관계를 바로잡기 위해 정조는 자신에게 너무도 혹독한 ISFJ가 되어 '과로'는 필수옵션으로 삼았다. 그의 술, 담배 사랑은 나름 살고자 한 방책이 아니었을까 싶을 정도로 너무도 고된 삶이었다.

정조가 보낸 혹독한 시간에 비례하여 조선은 르네상스를 맞이했고, 정약용, 홍대용, 김홍도 등 실력 있는 인재들이 폭포처럼 쏟아졌다. 하지만 그와 반대로 정조의 건강은 급속도로 악화되고 있었다. 시력이 나빠져 안경을 껴야 했고 이도 빠졌으며 백발이 되어갔다. 게다가 머리와 등에 종기가 돋았으나 점차 약도 소용이 없었다.

"대체로 이 증세는 가슴의 해묵은 화병 때문에 생긴 것이다.

조정에서는 두려움을 모르니

내 가슴속 화가 어찌 더하지 않을 수 있겠는가? "

– 『박시백의 조선왕조실록』, 〈정조실록〉 中 –

1800년(정조 2년) 6월 28일, 해결하지 못한 과거와 어린 세자를 향한 걱정, 그리고 여전히 해야 할 일이 산더미였던 정조의 초조함은 끝내 그의 목숨을 앗아갔다. 24년의 재위 기간 동안 번아웃을 이겨내며 달려왔던 정조는 해결하지 못한 수많은 과제를 품은 채 47세의 나이로 세상을 떠났다.

ISFJ 정조는 왕으로서 최선을 다했지만 안정을 추구하며 틀에서 벗어나지는 못했다. 드문드문 보이는 그의 모험적인 면모를 통해 어쩔 수 없이 ISFJ로 살아가야 했었던 시대 탓을 해 볼 수도 있다. 19세기 바로 직전에 세상을 떠난 정조는 세상에 불어닥친 폭풍 같은 변화를 느끼지 못하지는 않았을 터, 그는 조금더 자발적이고 창의적으로 새로운 것들을 시도하고 싶었을지도 모르겠다. 하지만 그럴 수 없었던 처지 때문에 그는 최선을 다하면서도 신나지 않았고, 아끼는 이들을 더욱이 끌어주지 못했으며 너무도 허망하게 세상을 떠나 많은 것들이 흐지부지 되고 말았다. 고단한 숨을 내쉬며 오늘 하루를 버티지만 말고, 때로는 바랄 수 없는 것을 바라도 보고, '에라이 튀어!'하며 쉬어도 좋았을 텐데 말이다. 하지만 용기를 내기에는 아버지 사도세자의 그림자가 너무 짙게 드리워졌던 정조였다. 그러니 ISFJ여, 과거에 대한 기억 대신 진짜 열심히 살고 있는 오늘의 나를 격려해준 다음 마음속 청사진을 꺼내 보자!

ISFJ - 신사임당

이름	신사임당(申師任堂)
출생	1504년(연산군 9년) 12월 5일
사망	1551년(명종 6년) 6월 20일(향년 47세)

#시인 #화가 #금손 #남편_이_웬수 #율곡이이_엄마
#오만원권

헌신적이지만 신념이 강한 ISFJ의 충고

ISFJ는 옳다고 믿는 것에 매우 헌신적이며, 가족을 위해 많이 희생한다.

신사임당의 본명은 조선 시대 여성들이 대부분 그렇듯 본명이 알려져 있지 않다. 하지만 그녀는 고대 주나라의 문왕의 어머니인 태임(太任)을 스승으로 삼아 본받는다는 의미로 사임당(師任堂)이라고 본인의 아호를 직접 지었고, 스스로 올바른 사람이 되겠다고 약속했다.

신사임당은 조선 중기의 화가이자 시인이며 문인이자 유학자이다. 강원도 강릉의 대표적 명문가인 평산 신씨 집안에서 태어나 외할아버지 이사온과 아버지 신명화로부터 성리학 교육을 받았다. 그녀는 아들이 없는 어머니에게 늘 아들 같은 딸이 되어 준 듬직한 효녀였다. 신사임당의 아버지는 딸의 출중한 능력을 키워주고 싶어 명문가 출신이지만 가난했던 이원수를 데릴사위로 삼았다. 덕분에 혼인 후에도 신사임당은 계속해서 그림을 그릴 수 있었고, 아버지가 세상을 떠난 후로는 혼자가 된 친정어머니를 모시기 위해 친정에 자주 머무를 수 있었다.

<blockquote>
늙으신 어머님을 강릉에 두고

이 몸 혼자 서울로 떠나는 마음

돌아보니 고향은 아득도 한데

흰 구름 나르고 산은 저무네.

– 신사임당, 〈대관령을 넘으면서〉 中 –
</blockquote>

친정에 머물다 집으로 돌아가는 길에 홀로 계실 어머니를 생각하며 남겼던 시조를 통해 어머니를 향한 그녀의 애틋한 마음을 짐작할 수 있다. 남편에게 한성과 강릉 중간 지점인 평창으로 거주지를 옮기자 제안한 이유도 어머니를 더욱 자주 뵙기 위함이었다.

한편 남편 이원수는 과거 시험에 번번이 낙방했다. 신사임당은 명산을 찾아 남편을 보내기도 했고, 공부를 접고 돌아온 남편을 향해 머리카락을 자르며 차라리 비구니가 되겠다고 협박조의 충고를 날리기도 했다.

<blockquote>
아버지는 성격이 활달하시고, 뜻은 크지만

집안일에는 관심이 없었다.

아버지가 잘못을 하실 때에는 어머니가 잘 이끄셨고,

집안일을 꼼꼼히 챙기셨다.

– 『선비행장』 中 –
</blockquote>

하지만 이원수는 결국 과거에 응시하기를 단념했고, 나이 오십에 오늘날 특채와도 같은 음서(蔭敍)[01]로 겨우 관직 하나를 얻었다. 심지어 이원수는 결혼생활 내내 바람을 피웠으니 신사임당의 결혼생활은 결코 순탄하지 않았다. 고분고분하고 헌신적인 아내로만 살아가기에는 가족들이 걱정되었던 신사임당은 남편에게 당부에 가깝게 충고했다.

> **"내가 죽은 뒤에 당신은 다시 장가를 들지 마시오.**
> **우리에게는 이미 4남 3녀의 자식이 있는데 더 구할 것이 있겠소?**
> **그러니 『예기[02]』의 가르침을 어기지 마시오."**
>
> – 정내주, 「동계만록」 中 –

이 말에 이원수는 공자도 별거했고 증자도 이혼했다며 빈정거리더니 기어이 행실이 좋지 않았던 주막집 여인 권씨를 첩으로 삼았다. 그리고 신사임당이 죽자마자 첩을 집에 들여 큰 아들 이선과의 불화는 물론이요, 셋째 아들 이이를 출가하게 만들었다.

요즘이라면 이혼을 생각할 수도 있는 상황이었지만, 조선 성종 이후 자리 잡은 유교 국가에서 '이혼'은 금기사항이었다. 특히, 자식들이 과거를 치르고 출세를 하려면 더욱이 참아야 하는 것이 어머니였기에 신사임당은 치욕스럽고 고통스러웠던 날들을 인내했다. 덕분에 율곡 이이는 조선 시대 최고 학자이자 정치가가 될 수 있었다.

---

01 고려·조선 시대에 공신이나 전·현직 고관의 자제를 과거에 의하지 않고 관리로 채용하던 일로 문음이라고도 한다.
02 공자와 그 후학들이 지은 책을 모아 엮은 것으로 의례의 해설 및 음악·정치·학문에 걸쳐 예의 근본정신에 대하여 서술하였다.

사려 깊은 ISFJ의 반전미

ISFJ는 사려 깊으며 자신을 잘 드러내지 않는다. 차분하지만 대인 관계 능력도 뛰어나 외향형으로 오해를 받기도 한다.

신사임당은 글이나 그림 실력은 이름만 들면 알 법한 대가들의 발문이 남아 있을 정도로 뛰어났지만 자신의 실력을 함부로 뽐내거나 자랑하지 않았다. 물론 조선 시대 여인이라는 숙명 때문에 더욱 뽐낼 수도 없었으며, 자랑할 길도 없었다.

어머니께서는 평소 글씨와 그림을 좋아하셨다.

7세 때 안견[03]의 그림을 모방해

산수도를 그리셨는데 지극히 절묘했다.

- 『선비행장』 中 -

특히 산수도(山水圖)를 좋아했고, 오늘날 교과서에 실린 초충도(草蟲圖)를 포함하여 많은 그림과 서예작 등의 작품을 남겼다. 당시 조선 여성의 본업은 결혼과 양육의 책임을 다하는 것인데 신사임당은 엄격한 사회적 제약에도 불구하고 강릉에서 이름난 신씨 가문의 재력 덕분에 자신의 재능을 갈고 닦을 수 있었다. 세상은 비록 규범과 제약에 갇혀 답답하게 굴러 갔지만 자신의 작품 속 세상에는 순수한 본연의 것들이 거짓 없이 존재할 수 있게 했다. 하지만 그녀는 자신의 깨어있는 생각을 드러내지는 않았다. 고요하고 청초하게 그림을 그리고 글을 써나가는 일에 영혼을 담아낼 뿐이었다.

대체로 자녀의 필요와 감정을 잘 이해하는 ISFJ 어머니 신사임당은 교육에도 신경을 많이 썼는데 때마다 스스로 모범을 보였다.

---

03 조선 전기의 화가로 산수화를 잘 그렸으며, 작품에 〈몽유도원도〉, 〈적벽도(赤壁圖)〉, 〈청산백운도(靑山白雲圖)〉 등이 있다.

신사임당은 경전에 능통하며 글과 글씨에 뛰어난 재능을 보인 군자요,

무엇보다도 그림에 조예가 깊은 화가이다.

-『선비행장』中 -

아이들이 경거망동하지 않도록 '말은 망령되게 하지 말아야 한다. 기품을 지키되 사치하지 말 것이고 지성을 갖추되 자랑하지 말라.'고 하였으며 올바른 일을 하고 사회 규칙을 준수할 수 있도록 엄하게 가르쳤다.

신사임당은 차분한 편이었지만 인간관계에서 타인에게 맞추려는 성향이 있는 ISFJ라서 만나는 사람마다 성격이나 말투를 달리 했을 것이다. 남편 이원수에게 그랬던 것처럼 고분고분하다가도 필요시에는 논리적으로 맞대응을 하거나 하고자 하는 일들을 했으니까 말이다.

한 예로 신사임당이 동네 잔칫집에 놀러 갔다가 빌려 입고 온 치마에 단술을 쏟아 난처해하던 여인을 위해 침착하게 치마폭을 펼쳐 그림을 그려나갔다. 얼룩은 그림 속에서 아름다운 포도덩굴이 되었고, 현재 〈묵포도도〉로 전해지고 있

다. 엷은 담채로 그려진 유려한 포도송이와 거침없는 줄기는 그녀를 닮은 듯 멋을 부리지 않아도 기품이 있었고, 재치와 타인을 배려하는 마음이 치마폭 가득 펼쳐져 있었다. 하지만 주변 사람들에게 귀를 기울여 실질적인 해결책을 내주려하는 ISFJ 신사임당의 포도나무 솔루션은 쉽지 않은 인생을 살았던 자신에게 가장 필요했을지도 모르겠다.

'아니요'가 필요한 ISFJ

ISFJ에게 필요한 것은 자신을 표현하는 것이다. '아니요'라고 말해야 할 때를 알아야 하고, 자신의 감정을 억제하여 다른 사람의 필요를 따르는 것은 실제로 본인을 불행하게 만들기 때문이다.

신사임당은 행복했을까? 물론 자신의 재능을 펼칠 수 있게 해준 부모님을 만났고, 계속해서 작품 활동을 할 수 있었던 점은 행운이라 할 수 있다. 하지만 친정어머니를 홀로 책임지고, 남편의 과거 뒷바라지에 애간장을 태웠으며 조금만 튀어도 '암탉이 울면 집안이 망한다.'고 손가락질 했던 시대에 살았던 그녀가 행복했을지는 의문이다. 남편의 무능력함과 부도덕함을 향해 잔소리를 하기는 했지만 그 또한 여자가 너무 잘나서 남편이 기가 죽어서 그렇다는 둥, 처가 눈치 보느라 힘들다는 둥 당연한 일인 것처럼 여겨졌을 수 있다. 하지만 이런 상황에서도 그녀는 묵묵히 자신의 소임을 다했다.

그녀는 조선 시대 여인답게 자신의 감정을 최대한 억제하고 부모와 세상이 원하는 여성이 되기 위해 노력하는 ISFJ로 살아갔다. 누군가는 그런 그녀가 고상해 보인다거나 완벽한 여성상이라고 생각할 수 있겠지만 상황이 보여주는 그녀의 그림자에는 불행이 드리워져 있다.

신사임당은 결국 심장병에 걸려 48세에 사망했다. 자신의 열정을 지키기 위해서 '아니요', '힘이 듭니다.', '제가 할 수 없는 일입니다.'라고 말했다면 어땠을까? 자신이 진정 하고자 하는 일이 있다면 다른 모든 것들을 완벽히 해내지 않아도 된다. 조금은 느슨하게 해도 괜찮다는 생각을 가지고 자신의 진정한 행복을 찾기 위해 노력할 필요가 있다.

하지만 마음속 모든 것을 드러낼 수 없었던 조선 시대 여성 신사임당처럼 아니라는 것은 알지만 '네'라고 답할 수밖에 없는 상황은 잔인하게도 늘 존재하므로 슬프지만 많은 것을 인내해야 한다. 따라서 다른 사람들을 위해 헌신하는 마음을 조금만 덜어 '자기 관리'에 사용하는 정도의 노력이 더더욱 필요할 것 같다. 그러니 오늘은 자기 자비[04]를 베푸는 시간을 갖는 것은 어떨까?

---

04 자신의 가치를 소중하게 여기고 존중과 사랑으로 대하는 마음을 의미한다.

아부지!
이제 그만 내려가셔~

대한제국

INTP - 고종

이름	이형(熒)/조선 26대 왕 고종(高宗)&대한 제국 1대 황제, 고종 태황제(高宗 太皇帝)
출생	1852년(철종 3년) 9월 8일
사망	1919년 1월 21일(향년 66세)
재위	1864년 1월 21일~1897년 10월 12일, 1897년 10월 12일~1907년 7월 19일

#재위44년 #아버지와_부인_사이 #암군 #망국

ISTJ와 INTP는 갈등하기 쉬운 관계

INTP는 어떤 일에도 담담하다. 늘 새로운 가능성에 대해 탐구하는 INTP는 ISTJ가 계획하고 결정을 내려 자신을 통제하는 것을 좋아하지 않는다.

1863년(철종 14년) 철종이 후사 없이 세상을 떠나버렸다. 이에 고종이 조선의 26대 임금으로 즉위하였으니 이 결과는 아버지 흥선대원군의 계획이었다. 안동 김씨 세력의 종친 위협은 의도적인 방탕한 생활로써 벗어날 수 있었고, 다음 왕을 지목할 조대비를 찾아가 풍양 조씨 가문을 일으키는 데 자신의 아들을 양자로 들이는 것을 무기로 삼으라고 로비를 해왔기 때문이다. 또한, 조대비가 수렴청정을 하기에는 이미 나이가 열아홉 살이였던 첫째 대신 다소 나이가 어린 둘째를 추천하여 조대비의 수렴청정을 가능하게 했다. 그렇게 열두 살 소년 명복이는 하루아침에 한 나라의 왕이 된 것이다.

'어떤 일에도 담담하다는 INTP'인 고종, 하지만 이날 이후로는 모든 일을 마냥

귀찮아할 수도, '그렇구나, 뭐 어쩔 수 없지!'만 할 수는 없었을 것이다. 물론 왕이 되었다고 해서 마음대로 할 수 있는 일은 하나도 없었다. 제왕 교육을 받지 않았기 때문에 즉위 후 3년간은 조대비의 수렴청정하에 열심히 공부해야 했고, 열다섯 살이 되던 해에는 법에도 나와 있지 않은 아버지 흥선대원군의 섭정 체제를 받아들여야 했다. 왜냐하면 그해 1866년(고종 3년)에는 제너럴셔먼호 사건[01], 병인양요[02] 등으로 대외적으로도 혼란스러웠던 일들이 연속적으로 일어났던 시기였기 때문에 비공식적이지만 어린 아들을 대신하여 아버지가 모든 일을 결정해야 했다.

또한 극 J형인 아버지 흥선대원군은 철저한 계획 아래 세도정치 청산과 재정 확보를 통한 왕실 권위 높이기 대작전에 돌입했으며, 착한 아들 고종은 그 뜻을 묵묵히 따르며 지원하였다.

하지만 고종은 이미 머리와 마음으로 다른 뜻을 품고 살았다. 늘 새로운 가능성에 대해 탐구하는 INTP이기에 아버지의 계획과 결정에서 벗어나 진정한 '친정(親政)'을 행사할 그 날을 꿈 꿨을 것이다. 고종은 22세가 되자 드디어 숨은 속내를 차례차례 드러냈다.

Step 1. 1873년(고종 10년) 경복궁 내에 사비를 들여 궁궐의 가장 깊은 곳에 자신의 독립 공간인 '건청궁' 짓기

Step 2-1. 동부 승지 최익현의 상소

"종친의 반열에 속하는 사람은 지위만 높여주시고 녹봉을 후하게 지급하시되, 나라의 정사에는 관여하지 못하게 하소서!"

– 「고종실록」中 –

---

01 1866년(고종 3년)에 대동강을 거슬러 올라와 평양에 이르러 통상을 요구하던 미국의 상선으로 평양 군민과 충돌하다가 불에 타서 침몰하였다.

02 대원군의 가톨릭 탄압으로 1866년(고종 3년)에 프랑스 함대가 강화도를 침범한 사건이며 병인박해 때 중국으로 탈출한 리델 신부가 텐진(天津)에 와 있던 로즈 제독에게 진상을 보고함으로써 일어났는데 프랑스 함대는 약 40일 만에 물러갔다.

Step 2-2. 최익현을 벌하라며 반대 의견을 내는 사람들 강력하게 처벌하기

Step 3. 운현궁과 창덕궁 사이에 있던 흥선대원군 전용 출입문인 공근문(恭覲門) 폐쇄
하기

마침내 1874년(고종 11년) 흥선대원군이 하야[03]하였고, 고종은 그제서야 진짜 친정을 시작할 수 있었다. 그러나 그 뒤로도 계속해서 아버지와 정치적 신경전을 벌여야 했다.

INTP는 간섭하고 명령하는 사람을 좋아하지 않는다. 특히, ISTJ 부모가 이런 양육 태도를 보일 때 INTP 자녀와는 갈등이 증폭되어 부자 관계일지라도 손절하는 일이 발생할 수도 있다. 하물며 물러서야 할 때 물러서지 못하고 아들을 막아서며 권력을 누리려고 한 아버지의 최후는 어땠겠는가? 결국 고종은 자신을 왕으로 만들어 준 아버지에게서 등을 돌렸고, 흥선대원군은 이런 아들을 폐위시키기 위해 여러 차례 정변을 일으켰다. 결국 1898년(고종 35년) 흥선대원군이 사망했을 때 고종은 장례식에 불참할 정도로 갈등은 깊었다.

이러한 부자 관계는 조선을 발전시켜 나가야 했던 힘의 축을 송두리째 흔들어 놓았으며 두 사람이 꿈꿨던 왕조 유지와 왕권 강화를 향한 목표를 약화시켰다.

---

03 관직이나 정계에서 물러나다는 말로 시골로 내려간다는 뜻에서 나온 말이다.

내가 관심 있는 분야만 눈에 보이는 INTP

INTP는 꾸준하거나 과감하지 못했을 뿐이지 마음만 먹으면 무엇인가를 해낸다.

고종은 흥선대원군의 섭정 기간인 10년을 포함하여 총 44년이라는 긴 시간 동안 왕의 자리에 있었다. 하지만 교과서를 폈을 때 가장 먼저 나오는 것은 '흥선대원군의 개혁'이라는 챕터이고, 수능 시험에서도 고종의 개혁은 나오지 않을 만큼 그가 직접 정치에 나선 후의 업적에 대해서 자세히 아는 사람이 별로 없다. 아니, 한 일이 없다고 생각하거나 아버지와 부인의 싸움 사이에서 새우 등 터진 사람쯤으로 평가하는 일이 많다. 하지만 자세히 보면 꾸준하거나 과감하지 못했을 뿐이지 마음만 먹으면 무엇인가를 해내는 INTP 고종의 행적도 찾을 수 있다.

1881년(고종 18년)에는 박정양, 어윤중, 홍영식 등의 관료들을 비밀리에 조사 시찰단으로 일본에 파견하여 일본의 제도와 법률, 공장 등을 조사하고 보고서를 올려 개화정책을 실행하는 데 활용하였다. 갑신정변[04] 이후 청의 내정 간섭이 심해졌을 때에는 청을 견제하기 위해 '조 · 러 비밀 협약'을 추진하는 등 러시아와 우호 관계를 강화하며 열강의 간섭 속에서 중립국의 가능성을 열기도 하였다. 또한, 1894년(고종 31년) 12월에는 '홍범 14조'를 반포하여 국내외에 자주 독립을 선포하며 개혁을 추진해 나갔다. 1895년(고종 32년) 10월 아내 명성황후가 시해되었던 을미사변이 벌어진 후에는 러시아 공사관으로 피신했지만, 1897년(고종 34년)에는 원구단에 서서 대한제국을 선포하며 자주적이고 강한 황제의 나라를 만들겠다고 선언하기도 하였다. 그리고 1905년(고종 42년) 을사늑약이 체결된 후 이준, 이상설, 이위종을 헤이그의 만국평화회의에 특사로 파견하기도 했다. 하지만 그는 이 일로 궁에 감금되었고, 결국 일본에 의해 강제 폐위되었다.

---

04 1884년(고종 21년)에 김옥균, 박영효 등의 개화당이 민씨 일파를 몰아내고 혁신적인 정부를 세우기 위하여 일으킨 정변. 거사 이틀 후에 민씨 등의 수구당과 청나라 군사의 반격을 받아 실패로 돌아갔다.

하지만 이 모든 개혁과 변화를 향한 의지에는 백성의 마음을 살핀 흔적은 없었다는 것이 문제이다. 철저히 왕권을 지키고, 유지하는 것에만 목표를 두었을 뿐 대내외적으로 복잡했던 상황에는 기민하게 대처하지 못했다. 막연하고 더딘 결정이 아닌 조금 더 현실적인 판단력이 필요했으나 그렇지 못했던 것이다.

홍선대원군은 분명 틀에 박혀 있었으나 막강한 영향력과 지도력이 있었던 사람이니 무조건 내칠 것이 아니라 함께 헤쳐나갈 방법을 모색했다면 어땠을까? 오히려 둘이 적이 되어 해결해야 할 문제를 하나 더 만든 셈이니 말이다. 또한, 군인들의 월급조차 제대로 주지 못하는 상황임에도 당장 멋져보이는 개화 정책에만 돈을 퍼부었고, 빚까지 왕창 졌다. 그러는 동안 재정은 파탄 나고 백성들의 원성은 커졌으며 그나마 구축해 놓은 신식 무기들은 구색이 맞지 않아 힘이 없었다.

그러는 사이 강한 나라들의 각축전은 더욱더 치열해졌고, 굳은 각오와 결심 대신에 안절부절못하거나 우유부단하게 결정을 바꾸기만 했던 고종의 눈앞에는 개혁의 바람 대신 거센 외세의 폭풍에 스러져갈 조선의 운명만이 놓여 있었다.

우물쭈물하다가 내 그럴 줄 알았지 ① 모든 일에는 타이밍이 있다

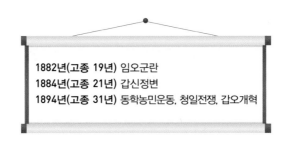

1882년(고종 19년) 임오군란
1884년(고종 21년) 갑신정변
1894년(고종 31년) 동학농민운동, 청일전쟁, 갑오개혁

1882년(고종 19년)부터 1894년(고종 31년), 대략 10년이라는 시간 동안은 조선이 한창 개화 정책을 폈던 시기이다. 하지만 그사이 구식 군인들의 난인 '임오군란'과 급진개화파의 쿠데타 '갑신정변' 그리고 동학을 필두로 한 농민들이 일으킨 혁명이 일어났다. 이는 무엇인가 잘못되어 가고 있다는 증거임을 고종도 모르지 않았을 것이다. 하지만 고종은 이미 민씨 일족이 재정을 파탄 내고 나라를 어지럽히고 있다는 것을 알면서도 정치적 계산과 근대화 개혁을 추진하기 위해 필요하면 다시 기용했고, 해결하기 힘든 상황이 생길 때마다 외세에 의존했다. '어떻게든 되겠지' 하며 되는대로 대처했던 상황은 뜻밖의 조력자에 의해 운 좋게 잘 해결될 때도 있었겠지만 국운을 이미 다 끌어다 쓴 조선은 강한 나라들 사이에서 힘을 잃어가고 있었다. 이 10년의 시간은 조선에게 '절호의 타이밍'이었지만 우물쭈물하는 동안 모든 것들이 스쳐 지나가고 말았다.

그 결과 우리 스스로의 개혁과 발전이 가능했던 타이밍은 모두 사라져버렸고, 그토록 희망해왔던 봉건적 폐습들은 일제의 강요와 계획하에 '갑오개혁'으로 귀결되어가고 있었으니 그 순간 고종은 한숨을 쉬며 이런 생각을 하고 있지는 않았을까?

"하, 어디서부터 잘못된 것인가?"

우물쭈물하다가 내 그럴 줄 알았지 ② - 골든타임을 잡아라!

1895년(고종 32년) 을미사변, 단발령 실시
1896년(고종 33년) 아관파천
1897년(고종 34년) 대한제국 설립
1904년(고종 41년)~1905년(고종 42년) 러일전쟁
1905년(고종 42년) 을사늑약 체결

20세기 전후였던 1895년(고종 32년)부터 1905년(고종 42년) 사이 10년이라는 시간은 고종에게 가장 큰 실연기이자 암흑기였다. 1895년(고종 32년) 10월에는 시국을 타개하기 위해 러시아 세력을 끌어들였던 부인 명성황후가 궁궐에서 일본 낭인들에 의해 시해된 후 불태워지는 사건이 발생하였다. 물론 고종은 두려움에 떨다 죄를 지은 사람들을 제대로 처벌하지도 못하였으니 조력자들은 이후 잠시 피했다가 떵떵거리며 잘 살았고, 일본 역시 떳떳한 입장일 수 있게 하였다.

1895년(고종 32년) 을미개혁으로 '단발령'이 내려졌을 때 고종은 왕세자와 함께 머리를 짧게 자르고 나타났다. 세상 모든 이들이 울며 통곡했지만 단발 정도의 결정은 그리 오래 걸리지 않았다.

명성황후가 시해된 후 러시아 공사관에 머물렀던 1년에 대한 대가는 열강 국가들에게 빼앗긴 수많은 이권이었다. 고종이 '러시아가 일본을 어떻게 해주겠지.'라며 우물쭈물하는 동안 압록강, 두만강, 울릉도의 산림 벌채권과 강릉의 광산 채굴권 등이 넘어갔다.

고종은 더 이상 우물쭈물할 수만은 없었다. 꾸준하거나 과감하지 못했을 뿐이지 마음만 먹으면 무엇인가를 해내는 INTP가 아니던가!

하지만 '자주독립, 자강개혁, 자유민권'을 주장하던 '독립협회'를 통해 새로운 국면을 모색하려는 시도 역시 자신의 자리를 위협하는 단체라는 소문만 믿고, 군대를 동원해 강제로 해산시켜버렸다. 또한, 모든 곳에 '대한제국' 수립을 선포한 후 추진했던 광무개혁[05]의 목표 또한 오로지 '황권' 강화뿐이었기에 아쉬운 점이 많다고 할 수 있다.

진정 나라를 위하고 백성을 위하는 황제이자 위기를 극복하고 발전적 방향을 향해 나아가고 싶은 지도자라면 왜 그런 일이 일어나고 있는지 고민한 후, 다른 사람의 의중을 파악하여 체계적으로 정책에 반영하려고 노력했다면 결과는 달

---

05 광무 연간에 실시한 개혁으로 1897년(고종 34년)에 성립한 대한 제국이 완전한 자주적 독립권을 지켜 나가기 위하여 1904년(고종 41년)까지 단행한 내정 개혁이다.

라졌을지도 모른다. 하지만 고종은 대한제국 이전이나 후에도 자신의 권력을 유지하는 일에만 관심이 있었기 때문에 역시나 마무리가 아쉬웠다.

급기야 크게 의지했던 러시아마저 일본과의 전쟁에서 패배했고, 조선은 일본의 실질적인 보호국으로 전락하고 말았다. 게다가 1905년(고종 42년) 11월 천황의 특사로 온 이토 히로부미는 고종에게 '외교권을 박탈하는 문서'에 서명하도록 협박했으며 끝내 허락하지 않는 고종을 대신하여 을사오적[06] 이완용, 이근택, 이지용, 박제순, 권중현의 찬성을 얻어 제2차 한일협약인 '을사조약[07]'을 통과시켜버렸다.

1895년(고종 32년)부터 1905년(고종 42년)까지 10년이라는 시간은 죽어가는 조선에게 골든타임이라 할 수 있었는데 그는 기어이 그 기회를 날려 먹었고, 망국의 시간을 앞당기고야 말았다. 물론 이후 5년 동안은 이미 멈춰버린 심장을 살리기 위한 인공호흡기와 같은 의병들과 독립 운동가들의 '국권수호운동'이 펼쳐지기는 했지만 이 땅의 장기를 하나하나 넘겨주듯 모든 권한을 일본에 내어주었으니 말이다.

후회하더라도 다시 안 할 거잖아요

INTP는 창의적 지능과 논리력이 뛰어나지만 실천이 부족해 마무리를 잘 짓지 못한다.

고종은 여러 나라의 개혁을 배우며 조선의 근대화를 추진하기 위해 노력한 왕이지만 재정, 군사, 정치 모든 면에서 아쉬움이 많았다. 1876년(고종 13년) 강화도 조약으로 일본과 불평등 조약을 맺으며 문호를 개방한 후 1897년(고종 34년) 대한제국이 세워지기까지 20여 년이라는 세월이 있었지만 어느 분야 하

---

06 구한말에 을사조약의 체결에 가담한 다섯 매국노로 외부대신 박제순, 내부대신 이지용, 군부대신 이근택, 학부대신 이완용, 농상공부대신 권중현을 이른다.

07 1905년(고종 42년)에 일본이 한국의 외교권을 빼앗기 위하여 강제적으로 맺은 조약으로 고종 황제가 끝까지 재가하지 않았기 때문에 원인 무효의 조약이다.

나 제대로 마무리 지은 일이 없었다.

물론 그는 대한제국을 세우고, 황제가 되어 추진한 '광무개혁'에서 군제를 개편하여 신식 군대로 탈바꿈하기 위해 노력하기도 했다. 하지만 영국처럼 강한 해군을 보유하고 싶었다면 재정적인 부분이 왜 뒷받침되지 못하는지 살펴 그 부분부터 확보하여 낡은 배 대신 조선을 지켜줄 튼튼한 배를 샀어야 하지 않을까? 특히, 왕이 궁궐을 버리고 러시아 공사관에 피신했던 아관파천 때에는 광산, 산림, 철도, 전기, 철도 등을 통하여 각국의 이권 침탈이 심해지기 시작했다. 하지만 고종은 전기가 들어오고 전차가 달리는 것과 같이 세상이 변할수록 나라와 백성은 점점 가난해지고 있다는 것을 모르고 있지 않았을 것이다. 결국 황제는 정치적 수완과 결단력이 부족하여 골든타임마저도 날린 채 1910년(순종 4년) 8월 29일 망국의 날을 맞이하고 말았다.

고종에게 후회하면 늦는다고 알려주고 싶다. '마음만 먹으면 잘 할 수 있다.'고 자신을 믿고 있는 거라면 누군가가 해줄 것이라고 생각하며 의존하거나 망설이지 말고 지금 바로 움직인다면 어떨까? 다시 그 기회를 만들기 위해서는 더 많은 시간과 노력이 필요하기 때문이다. 그렇지 않아도 귀찮아서 하기 싫고, 안 해도 상관없다는 듯 살고 있었는데 후회한들 다시 시작하겠냐 말이다.

그러니 더 이상 후회는 그만, 일단 일어서라!

INTP - 정약용

이름 정약용(丁若鏞) / **호** : 다산(茶山), 여유당(與猶堂)

출생 1762년(영조 38년) 8월 5일

사망 1836년(헌종 2년) 4월 7일(향년 73세)

#귀농 #천재 #정조_브로맨스 #다작_多作_작가
#유배지_18년 #너드남

멘탈이 강한 INTP

INTP는 여간해서는 상처를 받지 않는다.

조선 후기의 학자이자 문신인 정약용은 1762년(영조 38년) 진주목사를 지낸 정재원과 해남 윤씨 사이의 5남 3녀 중 넷째로 태어났다. 그는 어려서부터 매우 차분하고 화를 잘 내지 않는 성격이었다고 한다. 한 예로, 천연두에 걸려 눈썹 옆에 종기 자국이 생겼을 때 동네 아이들이 "눈썹이 3개래요~~"라며 놀려도 요즘 아이들 말로 "어쩔티비~"라 말하며 스스로를 삼미(三眉)라고 불렀다. 거기다 10살 때 직접 쓴 시를 엮어 만든 시집에 〈삼미집〉이라 제목을 붙일 정도여서 아이들은 더 이상 놀릴 필요도, 재미도 없었을 것이다.

정약용이 성균관 유생이었을 때에도 그의 멘탈을 확인할 수 있는 일이 있었다. 정약용은 학문적으로 매우 뛰어났기에 정조에게 바로 관심을 받았고, 시험을 봤다 하면 1등을 차지하였는데도 유독 대과에서는 계속 낙방했다. 누가 봐도 이해가 되지 않는 상황이었지만 그는 누구를 원망하거나 좌절하는 대신 좋아하는 학문을 탐구하면서 발전해갔다. 물론 정약용이 남인이라 노론 세력들의 입김이 작용했을 수도 있고, 그를 노론에게서 지키려는 정조의 큰 그림이라는 해석도 있지만 그의 멘탈이 강하지 않고서는 불가능한 일이었다. 또한 뛰어난 능력과 정조의 총애에도 불구하고 그는 각종 모함 앞에서 좌천되어 정3품 당상관 형조참의가 마지막 관직이었지만, 더 이상의 욕심을 부리지 않았으니 그가 멘탈이 강하다는 점은 확실했다.

또한 자신의 탈모에 대해서 1,000만 탈모인이 어떻게 받아들일지 모를 말을 남기기도 했다.

"이제는 머리털이 하나도 없으니
감고 빗질하는 수고로움 없고 백발의 부끄러움도 면하여라.
빛나는 두개골은 박통같이 희고, 둥근 두상이 모난 발에 어울리는데
널따란 북쪽 창 아래 누웠노라면 솔바람 불어라 머릿골이 시원하구나!
상투와 망건[01]도 필요 없으니 참으로 자유롭다!"

– 정약용, 『여유당전서[02]』 中 –

이처럼 탈모와 노안 앞에서도 담담했던 정약용은 여간해서는 상처를 받지 않는 INTP 대표라 할 수 있다. 다만, INTP라고 해서 늘 담담한 것은 아니다. 그의 〈증문(憎蚊)〉이라는 작품에서는 '맹호와 뱀도 괜찮은데 간담을 서늘하게 하고 신경 쓰인다.'라고 표현한 것이 있었으니 바로 '모기'였다. '왱'하고 귓가에 들려오는 모기 한 마리의 소리에 열 받아 기록에도 남길 정도이니 말이다.

---

01 상투를 튼 사람이 머리카락을 걷어 올려 흘러내리지 아니하도록 머리에 두르는 그물처럼 생긴 물건으로 보통 말총, 곱소리 또는 머리카락으로 만든다.
02 정약용의 문집(文集)으로 『목민심서』 및 그의 여러 논책과 실증적 이론을 수록하였다.

친한 친구 사이에서는 'E'인 INTP

INTP는 친한 친구 사이에서는 E스럽다.

INTP는 무뚝뚝해 보일 수 있지만 친한 친구들 사이에서는 'E'로 통하는데, 정약용은 열 살 위인 정조 곁에서 'E'스러운 행보를 보이며 둘은 브로맨스 영화 속 주인공이 되었다.

임금의 총애를 입어 근밀(近密)[03]에 들어갔네

임금의 복심(腹心)[04]이 되어 조석으로 모셨도다!

– 정약용, 〈자찬묘지명[05]〉 中 –

정조는 처음부터 정약용이 좋았다. 총명한데다가 아버지가 떠난 해에 태어났다는 성균관 유생 정약용에게 자꾸만 마음이 갔다. 정약용 또한 학문적으로 잘 통하고, 자신의 진가를 알아봐주는 왕이 감사했다.

다만, 두 사람의 술 취향은 전혀 맞지 않았다. 정조는 정약용을 술자리에 자주 불러 술을 권하며 사람들과 어울리게 했는데 정조는 불취무귀(不醉無歸), 취하지 않으면 돌아갈 수 없다고 말하는 강력한 주사파였지만 정약용은 술을 즐겨 마시지 않았다. 어느 날 정약용이 초계문신[06] 시험에서 1등을 하니 정조가 축하의 의미로 독한 삼중소주[07]를 마시게 했다고 한다. 그것도 500ml도 넘는 옥필통에 가득 따라서는 기어이 원샷을 하게 했으니 조선 MZ 세대 정약용은 그야말로 죽을 맛이었다.

하지만 훗날 아들에게 보내는 편지에서 술은 적당히 마시라고 당부했던 대목에

---

03 조심성 있고 치밀하다.
04 마음 놓고 부리거나 일을 맡길 수 있는 사람이라는 뜻으로, 심복과 같이 매우 가까운 사람을 뜻한다.
05 1822년(순조 22년) 정약용이 자신의 삶을 직접 기록한 묘지명이다.
06 규장각 37세 이하 관리들에게 실시했던 시험이다.
07 세 번 증류해서 79도가 넘는 독한 소주로 정조가 즐겨 마셨다고 한다.

서도 정조를 탓하지는 않았고, 술을 취할 만큼 마셔댔을 때의 흉악함이 싫다고
할 뿐이었다.

> **"술을 마시는 정취는 살짝 취하는 데 있는 것이지
> 얼굴이 붉은 귀신처럼 되고 토악질을 하고
> 잠에 골아 떨어져 버린다면 무슨 정취가 있겠느냐."**
>
> – 〈정약용이 아들에게 쓴 편지〉 中 –

정조는 끊임없이 술을 내렸고, 정약용은 기꺼이 받아 마셨으며 술뿐만 아니라
왕이 소장하고 있던 진귀한 책들도 선물 받았다. 더 이상 선물 받을 책이 없을
무렵 왕은 그에게 '병학통[08]'이라는 책을 하사하니 무예를 익혀 병법 분야 인재
까지 되어야하는 부담도 있었을 법한데 기꺼이 뜻을 받아들였다.
정약용은 어린 시절엔 형제들과 주로 공부하였지만 청년이 된 이후로는 정조를
만나며 함께 공부하게 된 사람들이 많아졌다. 왕의 부름으로 창덕궁 내 주자소[09]
에 들어가 박제가, 이만수, 이익진, 이재학 등과 함께 교정 업무를 보았고, 출
판할 책의 이름을 결정하는 데에도 자주 참여하였다. 그때마다 그는 정조에게
진귀한 선물과 맛있는 음식을 하사받았다.

> **6월 28일 임금께서 승하하셨다.
> 눈물이 비 오듯 쏟아진다.**
>
> – 〈자찬묘지명〉 中 –

또한, 왕이 승하시던 날에는 홍화문 앞에서 조득영과 함께 목 놓아 통곡하였다.

---

08 1785년(정조 9년)에 장지항 등이 편찬한 군사학서. 대체로 『병학지남』에 준하고 당시에 사용하던 연습도를 더하여 엮었으며 장조
　(場操), 별진(別陣), 호령(號令), 야조(夜操), 성조(城操), 수조(水操), 진도(陣圖) 따위를 수록하였다.
09 조선 시대에 중앙에서 활자를 만들어 책을 찍어 내던 부서로 1403년(태종 3년)에 설치하였는데, 처음에는 승정원에 속하였다가
　1460년(세조 6년)에는 교서관에 1782년(정조 6년)에는 규장각에 속하였다.

정조 외에도 정약용과 가까이 지내던 진실된 벗들이 몇 있다. 전라도 화순의 관아에 딸린 서재 금소당에서 책을 읽다가 만난 조익현과는 25살의 나이 차이도 불구하고 막역한 벗이 되었고, 한국 천주교 창설의 주역이라고 간주되는 이벽과는 서학 관련 이야기를 자주 나누며 천주교를 믿는 벗으로 지내다 이후 이벽이 정약용의 누나와 결혼하면서 처남 매부 관계가 되었다.

이 외에도 유배지 강진에서 만난 소년 황상을 제자로 받아들였고, 중인 신분에 공부 자신감마저 없었던 그에게 "부지런하고, 부지런하고, 또 부지런하면 오히려 너 같은 아이가 더 공부를 잘할 수 있다"고 격려하며 열심히 시를 가르쳤다. 그 결과 황상은 부지런히 공부하여 추사 김정희도 감탄할 만큼 멋진 시를 쓸 수 있었다. 그는 정약용이 죽고 난 다음에도 스승의 무덤을 찾았으며 끝까지 의를 다하였다.

다재다능하고 특별한 지식이 많은 괴짜 INTP

INTP는 관심사가 참 다양하고, 깊이 파고들어 가는 '관찰쟁이'이다.

정약용은 정치인이자 실용적인 학문의 중요성을 주장하던 실학자였다. 또한, 500여 권의 책을 저술한 작가이자 정치가이자 철학자였다. 뿐만 아니라 그는 현대의 크레인 격인 거중기를 발명하여 수원 화성을 축조할 때 시간과 비용을 절감하였고, 정조가 한강을 건너 사도세자 참배를 갈 때 36척의 배를 연결하여 '배다리'를 만들어낸 과학자이자 공학자이다. 이러한 다재다능한 능력 때문에 오늘날 사람들은 정약용을 조선의 레오나르도 다빈치라고 높이 평가하고 있다.

- 『주역』에 흥미를 느껴 연구하다가 『주역사전』을 집필함
- 도박에 빠졌을 때는 원리를 연구하여 기어이 판돈을 땀
- 호가 다산(茶山)[10]일 정도로 차(茶)에 조예가 깊음. 구증구포(九蒸九泡)[11]의 원리로 차를 달이고 농축하는 방법을 이용하여 떡차 제조법을 개발함
- 천연두, 홍역을 연구하여 『마과회통』을 집필함

이렇듯 그가 남긴 족적을 살펴보면 그의 관심사는 참 다양하고, 성향이 깊이 파고들어가는 '관찰쟁이'라는 것을 알 수 있다. 다만 말 타기와 활쏘기는 성적이 좋지 않았다고 하는데 그것은 그의 관심사가 아니었을 것이다. 그 부분에 관심이 있었다면 전 세계에서 가장 강력한 기마부대를 만들었을지도 모르겠다.

혼자 일하는 게 좋은 INTP

INTP는 자신의 뜻을 더 이상 펼칠 수 없는 상황이 오더라도 강한 멘탈로 자기합리화를 하며 자신의 관심사에만 집중한다.

위급한 상황이 올 때 논리력과 특유의 차분함으로 진가를 발휘할 줄 알며 미래를 내다볼 줄 아는 능력자이기도 하다. 그렇기 때문에 더더욱 조선과 백성들에게 영향력 있는 그의 능력은 절실했다.

하지만 정조가 세상을 떠난 뒤 정약용의 인생은 180도 바뀌었다. 정순왕후는 천주교를 성리학 질서를 어지럽히는 사교(邪敎)로 지목하여 천주교도들을 역적으로 다루라고 명령하였고, 이를 명분으로 남인 세력의 씨를 말리려고 1801년(순조 원년) 신유박해를 일으켰기 때문이다. 이 일로 정약용과 그의 가문은 큰 위기를 맞았다. 그의 둘째 형 정약전과 정약용은 이미 천주교를 버린 상태여서

---

10 정약용의 유배지였던 전남 강진의 만덕산은 야생차가 많아 다산으로도 불렸다.
11 약재를 만들 때에 찌고 말리기를 아홉 번씩 하는 일을 의미하며 구증구쇄라고도 한다.

유배형에 그쳤지만 독실했던 큰형 정약현과 조카사위 황사영, 매형 이승훈 등은 죽음을 면치 못하였다. 비극적인 이 사건 이후 정약용의 18년간의 긴긴 유배생활이 시작되었다.

INTP는 잘못된 것을 보면 바로잡고 싶어 하고, 규칙과 체계적인 것보다 자신이 옳다고 생각하는 이들이다. 하지만 더 이상 능력 있는 리더가 있는 것도 아니고, 애통하기 그지없는 백성들을 위해 개혁안을 내놓은들 눈을 반짝이며 실행에 옮겨줄 수 있는 세상이 아니었음을 누구보다 잘 알고 있었기에 그는 자신이 할 수 있는 최선을 다하기로 한 것이다.

> 나의 삶은 모두 그르침에 대한 뉘우침으로 지낸 세월이었다.
> 이제 지난날을 거두고자 한다. 거두어 정리하고 일생을 다시 시작하려고 한다.
> 진정으로 올해부터 빈틈없이 촘촘하게 내 몸을 닦고 실천하며
> 저 하늘의 밝은 명령과 나의 본분이 무엇인지 돌아보면서
> 내게 주어진 삶을 나아가고자 한다.
>
> – 〈자찬묘지명〉 中 –

전라도 강진 유배형은 혼자 일하기 좋아하는 INTP 정약용에게 자연스럽게 저술 라이프를 가져다주었다. 나라의 모든 제도에 대한 국가 개혁 논리를 담은 책인 『경세유표』, 홍역에 대한 의서 『마과회통』, 지방관을 비롯한 관리의 올바른 마음가짐 및 몸가짐에 대해 기록한 행정지침서 『목민심서』 등 무려 500여 권의 책을 탈고했으니 말이다. 물론 암울한 현실을 강력한 멘탈로 이겨낼 수 있는 INTP이자 대학자 정약용만이 해낼 수 있었던 일이었다. 그는 비록 그 시대를 구할 수 있는 힘은 없었지만 백성을 구할 방도와 시대의 문제점을 과감하게 드러내어 18세기 전후 조선 사회에 필요했던 개혁 의지를 집대성해냈다. 물론 그의 개혁안이 받아들여지지 않고, 좌절될 수밖에 없었던 시대적 이유에서 조선 왕조가 몰락할 수밖에 없는 필연성을 발견하게 된다.

망해가는 세상 속 유배 중인 정약용이 발휘할 수 있는 능력은 크지 않았지만 지극히 현실적인 대안과 추진력이 필요했던 때였기에 내내 아쉬움이 남는 것은 어쩔 수 없다. 무능한 왕과 부패한 관리들만 가득한 세상에서 저술 활동을 펼 수 있는 멘탈이 놀랍기도 하고 말이다.

그가 정조와 함께 개혁의 선봉에 섰을 때, 조금 더 현실적인 대안을 마련했다면 어땠을까? 실학이 현실적 대안이 될 수 있도록 성리학적 세계관에서 벗어나 파격적 개혁을 추진해나갔더라면 그의 위대한 생각들이 책 속에서만 머물지는 않았을텐데라는 생각이 들 수밖에 없다.

조선왕조MBTI실록 연표

15C

ESTJ
태종
12p

ESFP
양녕대군
30p

INFJ
태조
152p

INFJ
정도전
160p

ISFP
장영실
198p

INTJ
세종
168p

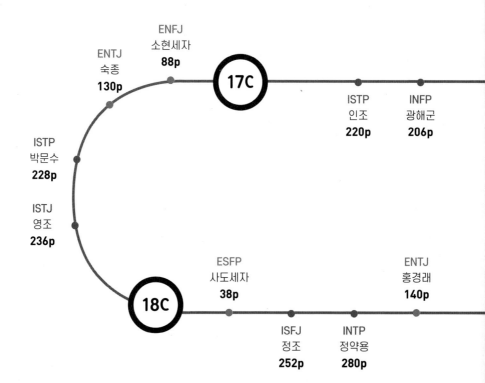

ENFJ
소현세자
88p

ENTJ
숙종
130p

17C

ISTP
인조
220p

INFP
광해군
206p

ISTP
박문수
228p

ISTJ
영조
236p

ESFP
사도세자
38p

ENTJ
홍경래
140p

18C

ISFJ
정조
252p

INTP
정약용
280p

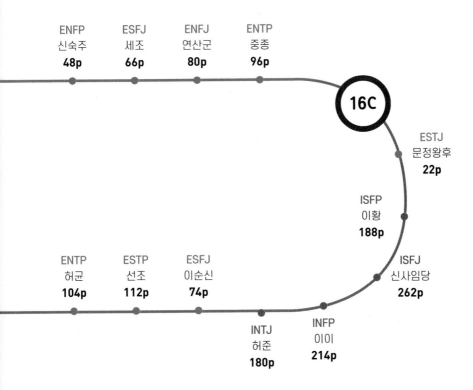

ENFP
신숙주
48p

ESFJ
세조
66p

ENFJ
연산군
80p

ENTP
중종
96p

16C

ESTJ
문정왕후
22p

ISFP
이황
188p

ISFJ
신사임당
262p

ENTP
허균
104p

ESTP
선조
112p

ESFJ
이순신
74p

INTJ
허준
180p

INFP
이이
214p

ESTP
김삿갓
120p

ENFP
명성황후
56p

19C

ISTJ
흥선대원군
244p

INTP
고종
270p

"선생님 T죠?"

"아니, 나 ENFP야."

"그럴리가 없어! 세상 냉정하시면서!"

나는 분명 공감 능력이 뛰어나고 즉흥적인 ENFP이다. 하지만 평가에 대한 피드백을 받던 아이들은 그 사실을 온몸으로 거부했다. 그날따라 "선생님 T죠?"라는 말이 재미있게 들려서 내가 진짜 변한 것은 아닌가에 대해 곰곰이 생각해보다가 이런 결론을 내렸다.

'나는 효율성과 객관성을 유지하며 공명정대해야 할 현직 교사라서 어쩔 수 없이 '사고형 T'와 '판단형 J'를 억지로 장착하여 살아가고 있구나!'

그렇다. 나는 A+를 바라며 구애의 춤을 추는 아이들의 모습이 귀여워서 함박웃음을 짓다가도 선을 넘는 모습에는 가차 없이 따끔하게 충고할 수밖에 없는, T처럼 보이지만 알고 보면 유쾌하고 허점 많은 ENFP 광쌤이다.

이처럼 어떤 한 사람의 MBTI는 장면 하나만 가지고 규정지을 수 없다. 복잡하디 복잡한 사람의 마음과 그보다 더 복잡한 세상살이가 만나 선택되는 행동은 16가지 MBTI로 설명하기에는 부족하기 때문이다. 행여 F와 T가 51:49인 경우처럼 양면성을 가진 성격이라면 더욱 그렇다.

역사 인물에 대한 MBTI를 분석하면서 가장 어려웠던 점은 그 사람에 대한 모든 면을 알 수 없다는 것이었다. 따라서 다채로운 인물의 성격과 인생을 특정 MBTI 유형에 대입한다는 것은 누군가의 해석과는 전혀 다르고 약간은 억지스러울 수도 있다. 지극히 저자의 개인적인 해석일 수도 있고, 특정 부분만을 부각하였다고 보일 수 있지만 그런 생각이 들 때마다 자료를 다시 찾아봤고, 그들의 마음 깊숙이 들어가보았다.

이 책은 실록을 기본으로 하고 있지만 승자에 의해 기록된 정사(正史)만으로는 그 인물의 면면을 살피기 어려워 야사(野史)를 비롯한 각종 사료와 각종 콘텐츠 속 모습도 참고했다. 이후 다행스럽게도 인물들이 MBTI적으로, 입체적으로 살아나는 기분이 들었다.

아는 사람의 몰랐던 이야기는 때로는 뒷담화처럼 들릴 수 있고, 예상치 못한 썰전이 될 수도 있다. 하지만 그저 MBTI를 수단으로 하여 역사인물의 숨은 재미를 만끽할 수 있기를 바라는 마음뿐이다. 그것이 역사에 대한 흥미를 가질 수 있는 첫걸음이라고 생각하기 때문이다.

좋은 책을 만드는 길, 독자님과 함께 하겠습니다.

조선왕조MBTI실록

초 판 발 행	2024년 07월 10일 (인쇄 2024년 06월 13일)
초 판 3 쇄	2024년 12월 10일 (인쇄 2024년 10월 16일)
발 행 인	박영일
책 임 편 집	이해욱
저 자	강미정(광쌤)
편 집 진 행	신주희
표지디자인	김지수
편집디자인	김예슬 · 채현주
그 림	전성연
발 행 처	(주)시대고시기획
출 판 등 록	제 10-1521호
주 소	서울시 마포구 큰우물로 75 [도화동 538 성지 B/D] 9F
전 화	1600-3600
팩 스	02-701-8823
홈 페 이 지	www.sdedu.co.kr

I S B N	979-11-383-7286-2 (03180)
정 가	17,000원